Grisélidis Réal

Erinnerungen einer Negerhure

Grisélidis Réal

Erinnerungen einer Negerhure

Autobiografischer Roman

Aus dem Französischen
von Marianne Schönbach

Piper
München Zürich

Mehr über unsere Autoren und Bücher:
www.piper.de

Die französische Originalausgabe erschien unter dem Titel »Le Noir est une Couleur« 1974 bei Éditions Balland, Paris, 1989 bei Édition d'En bas, Lausanne, und 2005 bei Éditions Verticales/Le Seuil, Paris.

Die kursiv gesetzten Wörter und Sätze wurden in der Originalsprache belassen.

Mix
Produktgruppe aus vorbildlich bewirtschafteten Wäldern und anderen kontrollierten Herkünften
www.fsc.org Zert.-Nr. SGS-COC-1940
© 1996 Forest Stewardship Council
FSC

ISBN 978-3-492-04955-9

Satz: Satz für Satz. Barbara Reischmann, Leutkirch
Druck und Bindung: GGP Media GmbH, Pößneck
Printed in Germany

Diese Geschichte wurde in der Erinnerung an Rodwell geschrieben, meinen schwarzen Geliebten, der in Chicago in der Michigan Avenue lebt, dem Viertel der Schwarzen.

»In Amerika«, sagt Rodwell, »tötet man unsere Seelen.«

Möge sein Körper Frieden finden. Möge sein großes samtiges Geschlecht, das ich gleich einer zitternden schwarzen Lilie in meinen weißen Händen hielt, die glänzenden Körper schwarzer Frauen vor Liebe schreien und ihre Brüste, bronzene Monde, sich aufrichten lassen.

Barfuß würde ich die Erde durchwandern und voller Lust spüren, wie Dornen sich in mein Fleisch bohren, wie heißer Sand meine Füße verbrennt und Schneekristalle meine Haut wie Messer ritzen, wenn ich nur einmal noch seinen glühenden Stängel tief in mir fühlen könnte, glutheißer Tornado schwarzer Liebe.

Ja, wir haben einander geliebt, wir haben uns aneinander berauscht, wir haben einander zerstört zu den heiseren Schreien des Jazz.

Ich bin leer. Die Erinnerung an dich ist mir das Kostbarste. Abends glänzt dein Fleisch blau an meinem Fenster, wird immer dunkler und hüllt mich in seine Kuppel aus goldenen Schweißperlen.

Ich bin du. Auf meinen Lippen habe ich kein anderes Lied als deinen Namen.

BILL

Schon immer habe ich die Schwarzen geliebt.

Schwarz, geheimnisvolle Farbe, aller Dinge Schatten. Wie ein Liebestrank durchdringt sie alles, führt es zurück in die große Nacht allen Ursprungs. Gesegnet sind sie, die Schwarzen, ihre glänzenden Basaltkörper feiern ihren Verzicht auf das Licht und auf die Hitze der Nacht, in der alles Leid ein Ende hat.

Die Farbe Schwarz, es gibt sie nicht. Die Macht ihres Nichtseins verstört alles, was lebt, nimmt es mehr in sich auf, als das Helle, als der Tag es vermag.

Ich bin eine Zigeunerin. Ich liebe die Nacht und ihren unsichtbaren Atem, der die Grenzen des Universums verwischt. Als ich sechs war, setzte man mich in einem Krankenhaus in Alexandria einem schwarzen Krankenpfleger auf die Knie, während ein deutscher Arzt mir unter leichter Betäubung einen Teil der Mandeln entfernte. Das Gesicht des reglos dasitzenden Schwarzen glänzte über seinem weißen Kittel, und die Sanftheit seiner Hände nahm mir den Schmerz.

Meinen ersten schwarzen Liebhaber hatte ich erst mit siebenundzwanzig. Ich begegnete ihm in jener Stadt, in der die Lehre eines Propheten jedem den Verstand ausgedörrt, die Liebe verfälscht und sie zu einer Parodie ohne

Leidenschaft degradiert hat: zu dem, was man in unserem degenerierten Europa »Erotik« nennt.

Mit zweiunddreißig bin ich aus dieser frigiden Stadt geflohen, mit einem anderen Schwarzen, einem Verrückten, den ich aus einer psychiatrischen Klinik herausgeholt hatte, und mit meinen beiden unehelichen Kindern, die ich auf diese Weise den Klauen ihres Vormunds entriss. Ich ging fort, gesellte mich zur Truppe der Nomaden, und im Taxi, das uns wegbrachte, sah ich, eingezwängt zwischen Koffern und Plüschtieren, wie sich der gewaltige Schädel des Schwarzen wie ein Phallus vor dem Orange der untergehenden Sonne abhob. Es war wie eine Vorahnung davon, welche Macht diese Farbe über mein weiteres Leben haben sollte. Das geheiligte Schwarz machte sich die Sonne untertan und führte mich in die Tiefen der Nacht, für immer.

Bill war eine Sphinx aus schwarzem Granit mit dem Kopf einer Dogge. Als ich ihn nach einem Fußmarsch entlang einer sich endlos hinziehenden Straße in der Klinik abholte, bot sich mir ein faszinierender Anblick. Seine Füße steckten in Hausschuhen, sein Blick war herablassend, sein vom Körper losgelöster Geist schwebte über einem leeren Rumpf, wie einbalsamiert in einem gestreiften Pyjama. Von seinen dicken Lippen kamen nur sporadisch ein paar Worte; aus seinen gelben Augäpfeln sprach eine stille Wut.

Er hatte sich in einen inneren Dschungel zurückgezogen, in dem er seine Henker mit seinem viereckigen Kiefer zerriss. Je näher ich den hohen Gebäuden mit den Gitterfenstern kam, desto größer war mein Mitleid geworden. Der Gedanke, ihn diesen Mauern zu entreißen, wurde zu meiner Obsession, zu meinem eigenen Wahnsinn. Nach drei Monaten unaufhörlichen Drängens, Bittens, Drohens, langer Unterredungen mit den Ärzten, die sich über den Grund seiner Anwesenheit in ihrer Einrichtung ausschwiegen, hatte ich schließlich Erfolg. Ich durfte ihn mitnehmen, vorausgesetzt, ich würde mich um ihn kümmern und dafür sorgen, dass er innerhalb der nächsten achtundvierzig Stunden das Land, die Schweiz, verlassen würde. Wir mussten also fliehen, und ich hatte keinen Pfennig.

Mit halsbrecherischer Geschicklichkeit gelang es mir, eine etwas überspannte, aber gutherzige Amerikanerin zu überreden, die Wohnung zu übernehmen und mir die Miete sechs Monate im Voraus zu bezahlen. Innerhalb einer Stunde packte ich die Koffer, vor den Augen des Vormunds, der uns – unglaublich! – rein zufällig am selben Nachmittag einen Besuch abstattete. Der Vormund, ein zynischer bebrillter Frosch (überall sah er sexuelle Symbole, natürlich auch in den Drachen und Schlangen, die ich in der Küche auf die Fensterscheiben gemalt hatte), fragte meine Tochter nach ihren Fortschritten in der Schule.

Zwischen Bergen von Kleidern, Schuhen, Papierkram und Spielsachen sitzend und seinem Blick ausweichend, antwortete meine hübsche sechsjährige Tochter, die ich einige Monate zuvor ihrer Großmutter weggenommen hatte (sie hatte sie zu sich geholt, während ich im Sanatorium war), mit ihrem hohen Stimmchen: »Ich will nicht mehr zur Schule, und außerdem verreise ich mit Maman und Billy!«

Überrascht drehte der Frosch sich zu mir um, in seinen Augen glänzte die boshafte Freude eines Feiglings, der ein ihm überlegenes Opfer in die Falle gelockt hat (er wartete nur auf die Gelegenheit, sich zu rächen, denn nachdem ich das Kind bei seiner Großmutter abgeholt hatte, war es ihm nicht gelungen, es mir wieder wegzunehmen): »Wie, was höre ich da? Die Kleine sagt, Sie verreisen?«

Mit dem Fuß hatte ich die Koffer unter den Tisch geschoben, und um so normal wie möglich zu wirken, schälte ich Kartoffeln, die ich gar nicht brauchte. »Aber keineswegs, Monsieur. Ich habe ihr nur versprochen, dass wir irgendwann in die Ferien fahren. Die Kinder verreisen so gern, genau wie ich, aber im Moment ist das kein Thema.«

»Ach so.«

Er hörte nicht auf zu reden, das Gespräch zog sich hin mit Banalitäten über Gesundheit, Arbeit, Malerei. Die Zeit drängte, ich saß auf glühenden Kohlen. Dieses Schwein würde alles zum Scheitern bringen. Ich musste doch Bill um sechs Uhr abholen, und vor allem musste ich zu der Amerikanerin, um mir den Vorschuss abzuholen. Endlich stand der Kerl auf und ging. Wie eine Kakerlake kroch er die Treppe hinunter.

Ja, wir hauen ab, du Blödmann! Keine Kontrolle mehr, Schluss mit den Verstellungen und deiner Besserwisserei. Ich gehe weg, mit den Kindern und einem Mann, einem Schwarzen, und wir werden unser eigenes Leben leben! Und wenn du mit der Polizei zurückkommst, wird man dir sagen, dass ich weg bin! Welch ein Schock für deine

Berufsehre! Hoffentlich verlierst du deine Stelle, du kleiner impotenter Frosch!

Es war so weit. Die Koffer waren zum Bersten voll. Der einzige Wermutstropfen: Wir mussten die dicken Teddybären, einer blond, der andere braun, traurig gegen den Schrank gelehnt zurücklassen, sie passten nicht mehr ins Gepäck. Die Kinder haben ihnen lange nachgeweint.

Alles andere, meine Schallplatten, mein Klavier, meine Bücher, die ich verkauft, meine Kleidungsstücke, die ich weggegeben hatte, meine Manuskripte, meine Gedichte, die ich nie wieder gefunden habe, all das war mir gleichgültig.

Mit einem wilden Triumphgefühl ließ ich alles hinter mir: mein kleines langweiliges Leben, das Modellsitzen, das alltägliche Elend, nie Fleisch essen zu können, mir für die Kleinen alles vom Mund abzusparen, ihnen sonntags einen Braten aus Pferdefleisch zu servieren und mich selbst mit Mais zu begnügen, Mais morgens, mittags, abends. Und eine heruntergekommene Wohnung, die nie ein Sonnenstrahl erreichte. Gase aus rissig gewordenen Kaminen: Im Winter hätten sie uns zum Verhängnis werden können. Weder Heizung noch warmes Wasser, eisige Zugluft in der Küche, Tuberkulose und als Folge davon ein Jahr Sanatorium.

Und allmonatlich der Besuch des Vormunds und die offizielle Einbestellung ins Büro. Der Frau dort zitternd gegenüberzusitzen, die Tränen zurückhaltend, während der Finger der alten Schreckschraube, die nie eigene Kinder gehabt hat, meine Akte durchblätterte und sie mit dünner, fast hasserfüllter Stimme meinte: »Aber sehen Sie doch ein, so geht das nicht, so geht es nicht weiter, Madame. Sie haben nicht genug Geld zum Leben. Und Sie arbeiten nicht? (Rache blitzte auf in ihren grauen Augen hinter den Brillengläsern.) Nicht wahr, Sie arbeiten doch nicht, aber … es scheint – oh, wir haben uns genau erkundigt! (Glucksen) – Sie gehen abends oft aus …«

»Aber nein, ich versichere Ihnen …«

»Leugnen Sie nicht, unsere Informationen stammen aus sicherer Quelle. (Heftiges Zuknallen des Aktendeckels.) Und da die Sache so liegt, sind wir gezwungen, Ihnen die Kinder wegzunehmen und sie anderswo unterzubringen. Auf Wiedersehen, Madame.«

Ah, die kann wirklich von Glück sagen, dass sie jetzt im Ruhestand ist. Denn lange Zeit hatte ich nur einen Wunsch: sie nach Büroschluss abzupassen, ihr zu folgen und ihr im ersten dunklen Treppeneingang etwas anzutun. Sie zu packen, ihren faltigen Schildkrötenhals zu würgen.

Ja, ich habe Mais und immer wieder Mais gefressen, bin jede Nacht von einem Verrückten verprügelt worden, habe mich auf den Strich schicken lassen, uns stand das Wasser oft bis zum Hals, im Sommer, im Winter, im deutschen Gefängnis. Aber ich habe geliebt, und wie ich geliebt habe! Und selbst im schlimmsten Elend habe ich die Arme meiner Kinder um meinen Hals gespürt wie eine Kette aus purem Gold!

Jetzt gehört er mir, der dicke Bill, den ich den Spritzen der Ärzte entrissen habe, Bill mit seinen blutunterlaufenen braunen Augen, seinen starren, an einen Luchs erinnernden, vom Wahnsinn getrübten Pupillen, seinem Stierkörper und seinen platten Füßen.

Das Licht der untergehenden Sonne erlischt, die Kleinen schlafen ein, das Taxi rast und vibriert in den Spurrillen der Nacht, und auf dem Fensterglas, im gelben Glanz der Scheinwerfer, zeichnet sich noch immer unbeweglich die schwarze Sphinx mit den dicken Lippen ab.

Vierzehn Tage warten wir in einem kleinen Hotel, vor Ungeduld scharren wir mit den Füßen. Der harte Blick der Hotelbesitzerin lässt uns nicht los; dieses seltsame Grüppchen, ein Schwarzer, eine Weiße und zwei weiße Kinder, die in ihrem billigsten Zimmer in einem einzigen Doppelbett zusammengepfercht sind, ist ihr nicht geheuer. Ich habe einen Spirituskocher gekauft, köchele im Badezimmer etwas zusammen, danach füllen die Kinder den Topf mit Wasser und lassen Papierschiffchen darin segeln.

Bill sitzt stunden-, ja tagelang nachdenklich auf einem Stuhl, scheint sich und die Welt nicht wahrzunehmen. Seine Haare hat er mit Pomade eingerieben und mit einem Taschentuch bedeckt. Sein Schweigen fasziniert und beunruhigt mich. Aber er ist mein Mann, mein dicker schwarzer Tiger, mit einer Haut wie Samt. Ich bin nicht mehr allein, wir sind eine richtige Familie, so seltsam sie auch sein mag.

Abends ist das Badezimmer wie eine Kapelle erleuchtet; in den Scheiben funkeln die roten und goldenen Augen der Stadt. Jede Nacht spielen unsere Körper zusammen wie Gitarren, wir lieben uns, fast ohne uns zu berühren, das Atmen der an jeder Ecke des Bettes schlafenden Kinder gibt uns den Rhythmus vor. Eine ursprüngliche Unschuld hält uns alle zusammen, gewährt uns eine Gnadenfrist in einer Welt, deren Gesetze uns nichts angehen.

Tagsüber spielen die Kinder im Park, sie genießen ihre Freiheit, niemand stört sie. Abends zeichnen sie Züge, Häuser – und uns vier, in schönen Farben.

Unsere Essensvorräte verstecke ich im Schrank. Den Abfall bringen wir in Papiertüten hinunter, die wir unter unseren Mänteln verbergen und dann an einer Straßenecke ausleeren. Der Blick der Hotelbesitzerin wird immer misstrauischer, denn ich bin ihr seit einer Woche die Miete schuldig: die zweite Rate der Amerikanerin steht noch aus. Endlich trifft das Geld ein. Wir waren schon so abgebrannt, dass wir uns nur noch von Makkaroni und Wasser ernährten. Am selben Tag noch nehmen wir den Zug Richtung Deutschland, am Abend sind wir in Erlangen. Bill will hier sein Medizinstudium beenden.

Es regnet, wir sind erschöpft und haben keinen Pfennig mehr. Bisher war ich es, die alles bezahlt hat, die Reise und Bills Schulden, nur weil er mich eines stürmischen Tages auf einer Brücke in die Arme genommen und mir hoch und heilig versprochen hatte, dass er unermüdlich arbeiten werde, um für mich und die Kinder zu sorgen. Auf einer Bank in der Bahnhofshalle harren wir aus, bis Bill ein Zimmer für uns gefunden hat. Seit Stunden ist er unterwegs. Die Kleinen werden nervös und kriechen unter den gleichgültigen Blicken der Deutschen auf allen vieren um die Bank herum.

Unsere erste Nacht verbringen wir im Schlafsaal einer Schule. Es ist Ostern, Ferienzeit, alles ist leer, und die Kinder sind begeistert von den vielen Reihen Hochbetten. Sie klettern nach oben und sind schon bald eingeschlafen. Ich liege mit Bill im Bett unter ihnen, meine Kehle ist wie zugeschnürt: Wir haben nur noch zwei Mark fünfzig. Gerade so viel, wie die Übernachtung in diesem einzigartigen Hochbett kostet. Am nächsten Morgen mache ich Frühstück: In einem Plastikbecher mische ich unsere letzten Haferflocken mit Zucker, kaltem Wasser und den Schnitzen einer allerletzten Orange. Danach bleiben nur Hunger und die Straße.

Hinter der anonymen, falsche Versprechungen machenden Tür eines kleinen Büros erklärte mir bald darauf ein deutscher Polizist, wobei er lächelnd seine Wolfszähne entblößte: »Madame« – unter der höflichen Oberfläche ist seine Stimme hart wie Granit –, »ich mache Sie darauf aufmerksam, dass Sie als Touristin kein Recht haben, ohne Geld in Deutschland zu bleiben oder hier zu arbeiten. Ich *müsste* Sie eigentlich sofort verhaften.« Er hält inne, um seinen niederschmetternden Worten Nachdruck zu verleihen. »Aber aus Rücksicht auf Ihre Kinder habe ich anders entschieden. Ich befehle Ihnen jedoch, Deutschland unverzüglich zu verlassen, am besten heute noch. Wenn einer meiner Beamten Sie morgen noch in der Stadt antreffen sollte, muss er Sie festnehmen. Übrigens ist Ihr Pass schon seit fünf Jahren abgelaufen, Grund genug, Sie sofort auszuweisen.«

Es ist klar, man will uns hier nicht haben. Ab sofort gehören wir zur gehetzten Kaste der Parias. Beim Anblick eines Polizisten, und sei es nur einer jener harmlosen Hampelmänner, die an den Kreuzungen den Verkehr regeln, machen wir von nun an kehrt, beschleunigen unauffällig den Schritt und laufen in die entgegengesetzte Richtung davon. Die Kinder mit ihren scharfen Augen warnen mich schon von Weitem: »Maman, ein *flic*!«

Und wenn der kleine Bruder versehentlich von *police* spricht, wird er von seiner Schwester ausgeschimpft: »Maman hat doch gesagt, wir sollen *flic* sagen.« *Flic* versteht hier niemand, aber *police* klingt zu sehr nach »Polizei«, und wenn man es frech herausschreit, hört es sich an wie »Dreckskerl«, und man erregt sofort Aufsehen. Sinnlos, an Rückkehr zu denken: Wir haben keine Fahrkarte. Bill hingegen ist Student, offiziell hat er das Recht, in Deutschland zu bleiben. Natürlich weiß niemand, dass er seinen Aufenthalt mir zu verdanken hat, dass er nur wie durch ein Wunder aus einem vergitterten Gemeinschaftsraum in die Freiheit, die unbarmherzige Sonne jenes deutschen Vormittags entlassen wurde.

Als ich völlig deprimiert das Büro verlasse, redet Bill auf mich ein – er weiß noch nichts von unserem Pech. Die Hoffnungen, die ich in dieses schreckliche Schild *Ausländerpolizei* gesetzt hatte, haben sich in giftige Spinnen verwandelt.

Hier draußen werden uns die Sonne und die letzten Schneepfützen nicht verraten. In der frischen Luft sieht man ganz normal aus, ist man eine Kellerassel, die in ihr Loch zurückkrabbelt. Niemand weiß, dass unsere Mägen knurren, dass wir von weit her kommen, dass wir nicht wissen, wohin, und dass wir aus einer Stadt verjagt werden, die wir noch gar nicht richtig betreten haben.

Unsere seltsame kleine Truppe setzt sich in Bewegung. Bill geht voran, sein weiter Mantel bläht sich im Wind, die zerknitterte blaue Hose stößt auf seinen riesigen gelben Schuhen auf. Von Zeit zu Zeit bückt er sich, um eine Zigarettenkippe aufzuheben, die er sich im Weitergehen anzündet. Die Kinder spielen Fangen um uns herum. Ich gehe weit hinter ihnen, meine ungekämmten Haare hängen auf die mottenzerfressene Fischotternjacke, die ich vor Jahren auf einem Flohmarkt erstanden habe, die Hose steckt in ausgelatschten Stiefeln. Die Leute drehen sich nach uns um.

In dieser mittelalterlichen kleinen Stadt sind die Häuser niedrig, und große Leuchtreklamen hängen über den Türen der Restaurants und Kneipen. Die Fenster mit den weißen Vorhängen sind blumengeschmückt.

In keinem Hotel gibt es noch ein freies Zimmer. Die Leute an der Rezeption sehen uns misstrauisch an, den schlecht rasierten Schwarzen und die Weiße, deren Augen vor Hunger glänzen, mit zwei schmutzigen, völlig aufgedrehten Kindern. In der Nachbarstadt Nürnberg findet zurzeit eine Messe statt, und selbst die kleinste Kammer ist vermietet.

Mittag. Wir gehen durch einen wunderschönen Park, überall Blumen und Becken mit schimmerndem Wasser, gesäumt von roten Steinen und hohen weißen Gebäuden.

»Das ist die Universität, hier werde ich studieren«, sagt Bill.

Die Kinder haben Hunger. Wir laufen immer weiter, es ist drei Uhr nachmittags. Müde und von der Sonne verbrannt, schleppen wir uns auf eine noch schneebedeckte Wiese. Ich hasse Bill. Sein erbarmungsloser Automatengang treibt ihn mit großen Schritten voran, wir können ihm kaum folgen. Er dreht sich nicht um, reagiert nicht auf unsere Klagen. Ich muss die Kinder an den Händen mitziehen, sie sind völlig erschöpft. Am Horizont dieses Albtraums tauchen Holzhütten auf, umgeben von Schlamm und Schlaglöchern.

Ein schwarzer Soldat und seine Familie lassen uns bei sich ausruhen. Bei schwarzem Kaffee ohne Zucker und einem Apfel, den sich die Kinder teilen, schöpfen wir neue Hoffnung. Doch wir können hier nicht übernachten, in diesen zwei vom Elend gezeichneten Zimmern voller Kinderwäsche. Wir müssen weiterziehen. Wie in Trance laufen wir jetzt, taub gegenüber dem Flehen der Kinder. Ah, wenn ich es nur wagen würde, wenn die Angst, verhaftet zu werden, mich nicht zurückhalten würde! Dann würde ich von dem Obst stehlen, das uns aus den Schaufenstern der Lebensmittelläden herausfordernd anlacht, Kuchen, von denen die Bäckereien überquellen!

Hunger treibt uns vorwärts, erschöpft streichen wir an einer Hecke entlang bis an den Rand einer großen Straßenkreuzung. Und da, unter einem Strauch, stoße ich auf ein Wunder: In einem schmutzigen Papier stecken ein Stück angefressenes Obst und eine zerdrückte Tafel Schokolade. Wir stürzen uns darauf, alle zugleich. Bill reißt es uns aus den Händen, schnuppert daran, lässt es wieder zu

Boden fallen. Heimlich hebe ich es auf, und hinter seinem Rücken stopfen wir schnell alles in uns hinein.

Am späten Nachmittag haben wir jede Hoffnung aufgegeben, noch eine Bleibe zu finden. Wir sind auf einem Feld gelandet, im Regen, vor einem riesigen Wald. Bill ist stehen geblieben, er hält meinen wimmernden, von Fieber geschüttelten Sohn im Arm. Am schlammigen Horizont löscht die Nacht Pfützen aus gelbem Himmel.

In dieser Minute ist alles verloren, und dieser dicke Schwarze im nassen Gras kann nichts für uns tun. Soll er doch hier Wurzeln schlagen! Ich werde mit meinen Kindern per Anhalter zurückkehren, ohne unsere Koffer, die sich noch in der Gepäckaufbewahrung befinden.

Ich schreie Bill an: »Gib mir den Kleinen, ich habe genug! Ich fahre nach Hause zurück. Ich werde dir schreiben, wenn du uns die Koffer schicken sollst.«

»Wie du willst.«

Er stellt das Kind auf den Boden, und wir umarmen uns, der Regen auf unseren Wangen mischt sich mit meinen Tränen.

»Na dann, Adieu, und viel Glück«, sagt er. Dreht sich um und geht.

Während ich mich mit ausgestrecktem Arm der Straße nähere und hoffe, dass ein Auto anhält, taucht ein bärtiger Alter mit Helm und Pfeife auf einem Motorrad auf, das er direkt vor uns zum Stehen bringt.

Er wischt sich übers Gesicht: »Suchen Sie nicht seit heute Morgen eine Unterkunft? Hier, nehmen Sie diesen Zettel, darauf steht eine Adresse. Machen Sie schnell, die Wohnung ist noch frei. Sie müssen in die Stadt zurück.«

Tief in der Nacht führt man uns heimlich zu zwei kleinen Zimmern am Ende eines Hofes. An einer Mauer zeichnet sich im Dunkeln ein Metallkäfig ab, in dem weiße Tauben im Schnee ihres glänzenden Gefieders schlafen. Ihr eingesperrten Vögel, die ihr tagsüber in der Sonne gurrt, wir sind wie ihr, ebenso rastlos, ebenso gefangen in diesem engen Hof, wo wir vor Hunger krepieren.

Der Besitzer der Wohnung hat sich Bills Pass angesehen und war einverstanden, die Miete immer dann ausgezahlt zu bekommen, wenn Geld aus Amerika eintreffen würde. Der listige alte Deutsche tut, als wären wir Luft für ihn. Immerhin hat er uns nicht an die Polizei verraten.

In dieser Zeit, in der wir als Flüchtlinge unser Leben fristen, ereignen sich groteske Dinge: zum Beispiel bei meinen Versuchen, bei Nonnen oder bei der Fürsorge Unterstützung zu finden. Die Folge: Abweisung und Demütigungen. Ich erinnere mich nicht, mich als Nutte jemals in ähnlicher Weise geschämt zu haben. Ah, diese verlogene christliche Nächstenliebe, verborgen unter Schleiern aus gestärktem Stoff, die Augen stechend vor zurückgehaltenem Hass!

Zusammengekniffene Münder, knochige Hände, verwelkte Körper, wächserne Haut, keine Zärtlichkeit hat sie jemals durchströmt.

Ich eile zu dem weißen Mausoleum der katholischen Mission. In einem nach Gebet, Verzicht und verstaubter Heiligkeit stinkenden Salon treffe ich auf die Mutter Oberin. Am Ende eines langen Verhörs gönnt man uns eine dünne Suppe, in der Brotscheiben schwimmen. Wir löffeln sie im Korridor, wie bei der Armenspeisung, unter einem Kruzifix aus schwarzem Holz.

Wir haben zwar jetzt wieder etwas Flüssigkeit zu uns genommen, der Hunger jedoch nagt unvermindert an uns. Wir bedanken uns und gehen weiter, im Magen einen ganzen Ozean.

Versuchen wir unser Glück bei den Protestanten.

Nachdem wir den ganzen Nachmittag herumgeirrt sind und die Suppe hinter Hecken wieder ausgepinkelt haben, gelangen wir schließlich zur evangelischen Fürsorgestation, wo uns zwei blitzsaubere Frauen lächelnd in Empfang nehmen. Die Kinder bitten um etwas zu trinken; die armen Kleinen glauben vielleicht, nun sei Schluss mit fester Nahrung, wir seien nun endgültig zu Flüssigem verurteilt.

Die Frauen erschrecken ein bisschen, als sie sehen, wie die Kinder sich am Wasserhahn um einen Plastikbecher balgen. Sie trinken, bespritzen sich mit Wasser, bis sie klatschnass sind.

Aus dem »amerikanischen« Depot holt man uns ein paar Pakete Armeefraß. Man entschuldigt sich für das Mehl, in dem die Motten nisten, für den Käse, der ausgetrocknet, das Fett, das ranzig ist, die winzig kleinen Reiskörner. Man sagt, wir könnten wiederkommen, solange wir »bedürftig« seien. Bei den Lebensmitteln handelt es sich um »spezielle« Abfälle, Familien in Not vorbehalten.

Was für ein Fest! Anfangs gehe ich oft hin, dann immer seltener. Schließlich gar nicht mehr. Denn ich habe eine andere, »unanständige« Methode gefunden, zu leben und Geld zu verdienen. Immerhin hadere ich ganze drei Monate mit mir selbst, drei schreckliche Monate, geprägt von Hunger, verbranntem Mehl mit ranziger Butter und Wasserreis.

Am Abend, als ich meine Entscheidung treffe, kommt Bill zurück, mit prall gefülltem Bauch; er war so schlau, sich von einem Studenten zum Essen einladen zu lassen, zu einem »Beefsteak mit Pommes frites«. Schizophrenie hat zwar kein Herz, aber sie kümmert sich um den Magen. Fürs Medizinstudium braucht man schließlich viel Kraft!

Am Tag darauf finde ich Arbeit. In einer anderen protestantischen Fürsorgestation, mit geballter Frömmelei, »evangelischer« Kirche, Schlafräumen für Studenten, Schule und Kinderkrippe.

Man bietet mir an, meine Kleinen zum halben Preis in der Krippe aufzunehmen, wenn ich mich bei ihnen nützlich mache. Ich werde als *Putzfrau* eingestellt, eine angenehme Tätigkeit, so heißt es. Ich verdiene dreizehn Mark pro Tag, Mittagessen inklusive. Der Arbeitstag beginnt um acht Uhr morgens. Natürlich arbeite ich schwarz, man tut so, als wäre es eine Gnade.

Die Arbeit einer Putzfrau in Deutschland ist kein Zuckerschlecken, schon gar nicht in einer protestantischen Fürsorgestation! Zunächst muss ich einen langen Flur und zwei Treppen mit Bürste, viel Pulver und jeder Menge Schmierseife scheuern. Dann, nachdem alles trocken gerieben ist, warten achtundzwanzig Zimmer auf mich, die ich fegen, abstauben, aufräumen muss. Und zum Schluss muss ich noch Duschen, Toiletten und lange Reihen Waschbecken putzen.

Dazwischen liegt die Mittagspause. Man stellt mich meinen »Kolleginnen« vor, den legal arbeitenden Putzfrauen. Großen, kräftigen Frauen in blau-weiß karierten Kittelschürzen. Hingebungsvoll und schweigsam kauen sie mechanisch ihre Pellkartoffeln und die mit kleinen Cervelatstückchen gesprenkelten Nudeln. Die Minuten sind genau abgezählt. Die Mahlzeit endet mit einer Tasse Kräutertee ohne Zucker. Nach einer halben Stunde stehen sie alle mit einem Ruck auf, wischen ihre roten Finger an ihren Schürzen ab, packen ihre Besen, Bürsten und Eimer und kehren zur Arbeit zurück, schwerfällig und resigniert.

Ich fühle mich wie zweigeteilt, bin kaputt vom vielen Bücken und Scheuern, die Narbe auf meiner Lunge schmerzt. Ich kann mich nur noch auf allen vieren vorwärtsbewegen, erst nach drei Tagen kann ich wieder aufrecht stehen. Schon nach einem Tag weiß ich, dass ich der Arbeit einer Putzfrau nicht gewachsen bin.

»Wie sollen wir eine Wohnung finden, wenn du nicht mal fähig bist zu arbeiten!«, brüllt Bill am Morgen, als ich nicht aufstehe. Es folgt eine lange Predigt über den Wert des Geldes. Seltsam, wie sehr die Amerikaner, selbst wenn sie verrückt sind, an der Kohle hängen. Man muss »Geld machen«, sagt Bill, »es ist das Einzige, was zählt. Wer kein *money* hat, ist nichts im Leben.«

Nicht jeder hat das Glück, Amerikaner und schizophren zu sein, und noch dazu mit vierzig Jahren von seinen Eltern ausgehalten zu werden!

Ein paar Tage später mache ich mich per Anhalter auf den Weg nach Nürnberg; dort soll es eine Kunstakademie geben. Ich hoffe, als Modell arbeiten zu können, auch wenn ich vielleicht zu mager bin. Leider sind gerade Osterferien, die Akademie ist für einen Monat geschlossen.

Auf dem Weg zurück lande ich im großen schwarzen Auto eines ganz und gar merkwürdigen Typs. Noch heute wüsste ich nicht zu sagen, ob er verrückt war oder ob ich wie durch ein Wunder dem Sklavenhandel mit Weißen entgangen bin.

Ein riesiger, gutmütig wirkender Kerl, gut gekleidet, von schleimiger Höflichkeit, mit glasigem Blick. Ich erzähle ihm von meinem Elend.

»Hören Sie«, sagt er, »ich kann Ihnen helfen. Wenn Sie alles tun, was ich Ihnen sage, wenn Sie keine Angst vor mir haben und mir vertrauen, können Sie zwanzig Mark und dazu ein Abendessen verdienen. Aber Sie müssen mir versprechen, niemals mit jemandem darüber zu reden; ich lege Wert auf absolute Diskretion. Und Sie müssen mir in allem, was ich Ihnen befehle, gehorchen. Vertrauen Sie mir?«

Er holt eine Brieftasche heraus, prall gefüllt mit Geldscheinen. Nein, nicht ihm vertraue ich, sondern dem nagelneuen Zwanzigmarkschein: endlich essen, Fleisch kaufen! Mein Magen krampft sich zusammen! Erst gestern habe ich mein einziges Paar neue Schuhe aus blauem Wildleder zu einer Art Altkleiderhändler gebracht, und er hat sie abgelehnt mit dem Argument, sie seien nicht modern genug.

Meine Kinder sind auf Pump in der Krippe. Ich habe noch den ganzen Tag vor mir, es ist elf Uhr morgens, und ich habe noch nichts gegessen. Ich lasse mich auf den seltsamen Handel ein, worauf die trüben Augen des Typs feurig zu schimmern beginnen.

Das große schwarze Auto fährt mit hundert Stundenkilometern auf einer verlassenen Straße durch den Wald. Der Zwanzigmarkschein ist in meiner Tasche sicher verwahrt. Das Auto biegt ab und kommt am Fuß eines Baumes zum Stehen. Der dicke Kerl erinnert mich an ein vor Freude grunzendes Schwein, er ist ganz feucht vor Gier.

Er steigt aus und öffnet mir die Tür. »Nun«, sagt er, »wir sind da. Ich muss Sie jetzt einer kleinen Prüfung unterziehen, aber keine Angst, es geschieht Ihnen nichts. Können Sie ein paar leichte Schläge mit diesem Strick auf Ihren nackten Rücken aushalten? Und lassen Sie es zu, dass ich Ihnen die Augen verbinde und Sie an diesen Baum binde, die Hände hinter dem Rücken gefesselt? Sie sehen, ich frage Sie erst, wie es sich gehört. Ich zwinge Sie zu nichts. Auch ich habe Vertrauen, denn ich habe Ihnen ja die zwanzig Mark schon gegeben.«

Ich sage Ja.

Er strahlt und holt eine Tasche voll seltsamer Dinge aus dem Wagen. Kleine ovale Muscheln aus schwarzem Plastik, paarweise verbunden, Kordeln, Gazeschleier.

»Die Muscheln passen sich den Augen an«, erklärt er, »schließen sie hermetisch ab, hinter dem Kopf binde ich sie mit einem Gummi zusammen.« Darüber würde er dann ganz sanft einen der Gazeschleier knoten, ob ich lieber den blauen, den rosaroten oder den malvenfarbenen wolle. »Suchen Sie sich die Farbe aus, die Ihnen am besten gefällt.«

Ich entscheide mich für Malve, der melancholische Ton passt zum Geheimnis dieser Prüfung: so viel Angst, so viele geheimnisvolle Gesten, nur damit ich etwas zu essen für mich und meine Kinder bekomme.

»Und mit diesem Strick hier«, erklärt er weiter und spult ein hartes Seil ab, »werde ich Sie schlagen. Ich möchte Sie brandmarken, aber keine Angst, ich werde es nicht übertreiben. Wenn es wehtut, schreien Sie, dann höre ich auf. Machen Sie sich jetzt bitte bis zum Bauch frei!«, befiehlt er barsch.

Silberglänzende Stämme, raue Schuppen der Rinde, zartgrüne Blätter im Licht dieses Frühlingsmittags: Mit eurem lauen Schatten werdet ihr mich umhüllen. Auf welche Revolte, auf welche erniedrigte Kindheit gehen diese zerstörerischen Gesten, diese grausame Ausstaffierung zurück? Das deutsche Volk bewahrt seine Monster.

Es ist Mittag. Ich bin nackt bis zum Gürtel. Festgebunden lehne ich am Baum, seine Rinde schürft mir die Haut auf. Meine Arme sind nach hinten verrenkt, das harte Seil schneidet in meine Handgelenke. Mein Gesicht ist malvenfarben verschleiert, meine Augen unter dem Gazeschleier sind durch die blickdichten Muscheln versiegelt.

Ja, nur zu, auf dass er in seine Hose pisse und aus allen Poren schwitze, dieser wichsende Dreckfink!

Die Schläge erreichen mich nicht. In meinem tiefsten Innern bin ich die Unschuld selbst. Wie eine Luftblase gleite ich ins Zentrum eurer Träume, entwinde mich euren Gesten, euren Zungen und Klauen.

Was er geißelt, ist seine Lust, seine armselige Rute aufgerichtet wie ein Totem. Er geißelt sich selbst, indem er mich geißelt, doch er straft sich vergebens! Ich befehle ihm, mich loszubinden. Zerknirscht stammelt er Entschuldigungen, er ist ein einziges quabbliges Zittern. Seine bleichen Hände streicheln an dem Seil auf und ab, das er jetzt einrollt. Nun bin ich es, die ihn beherrscht, und seine armselige Komödie zerbricht an meinem Gelächter!

Im Auto werde ich durch Dörfer gefahren, blind und verschleiert, die Hände gefesselt, nackt bis auf den Büstenhalter. Noch immer verschleiert, gehe ich endlose Treppenstufen hinauf, durchquere einen Garten, überschreite eine Schwelle und laufe durch Säle, mein Henker führt mich an unsichtbaren Möbeln entlang. Dann nimmt man mir den Schleier ab und löst die Muscheln von meinen Augen.

Ich sitze in einem verloren im Wald liegenden Dorfgasthaus. Es ist niemand da bis auf die Gastwirtin, die mich mit seltsamem Blick fixiert, das Blau ihrer Augen ist scharf wie eine Klinge. Sie erkundigt sich nach unseren Wünschen. Zu dieser Stunde, sagt sie, könnten wir nur noch etwas Kaltes zu essen bekommen. Mein Hunger ist so groß, dass ich einverstanden bin. Eine Wanduhr schlägt drei. Der Saal ist kühl und staubig, er wirkt, als würde er nie benutzt. Die Vorhänge sind zugezogen. Man drückt mir wieder die Muscheln auf die Augen, verschleiert mich und bindet mich fest. Und dann stopft man mir Stück für Stück riesige Happen in den Mund, vermischt mit einer eiskalten festen Materie, wahrscheinlich Speck. Man lässt mir keine Zeit zum Kauen.

Nach jedem Bissen werde ich gezwungen, große Schlucke kaltes Wasser zu trinken. Kaum ist es mitsamt dem Rest unten, zwingt man schon wieder ein neues Stück dieser monströsen Nahrung in meinen Mund.

Ich flehe um Gnade.

»Es ist gut«, sagt die raue Stimme neben mir. »Sie haben jetzt genug gegessen, ich werde Sie nach Hause bringen.«

Er nimmt die Muscheln von meinen Augen. Dann bezahlt er die Gastwirtin, die ihm mit eisigem Lächeln dankt. Immerhin hat sie gesehen, wie ich ihr stilles Gasthaus betreten habe, gefesselt und verschleiert. Sie hat auch gesehen, wie ich durch die Räume ging, geführt von diesem dicken keuchenden Schwein. Sie stand vor mir, als er mir die Muscheln von den Augen genommen hat. Und als sie die Platte mit den »belegten Broten« brachte, war ich wieder in den Schatten unter dem Schleier zurückgekehrt.

Wer ist diese Frau, welche Rolle spielt sie in dieser perversen Komödie, was ist das für ein merkwürdiges Gasthaus? Ich kann das Geheimnis nicht enträtseln, und dass ich später dieser Bande von Folterknechten entkommen bin, habe ich nur einem Warnsignal in meinem Kopf zu verdanken, einem magischen Ton, der im entscheidenden Moment erklang, ausgelöst vom Instinkt des Selbstschutzes.

Wir fahren im Auto durch Nürnberg, vorbei an endlosen Fassaden aus rotem Backstein. Der Wagen hält an.

»Warten Sie hier auf mich«, sagt der Dicke. »Ich muss nur kurz in mein Büro und Geld holen, viel Geld, Lohn für eine gefährliche Arbeit. Ich bin in einer vertrauensvollen Position tätig. Schauen Sie, hier ist mein Personalausweis.«

Auf dem Foto sehe ich den Doggenkiefer, die fliehende Stirn und die grausamen Augen eines Nazimörders, wie man sie in den Zeitungen sehen kann, wenn sie vor Gericht erscheinen. Das Foto lässt mir das Blut in den Adern gefrieren. Als er zurückkommt und triumphierend seine Brieftasche schwenkt, habe ich das Gefühl, als wären selbst seine Schwächen, sein wimmerndes Flehen nur Ausdruck eines Bedürfnisses, dessen Befriedigung mit Geld bezahlt wird, an dem Blut klebt.

Ich bin keine Nutte, nein, noch nicht. Er selbst hat mich nicht berührt. Ich habe das Risiko, mein Leben zu verlieren, nur auf mich genommen, damit meine Kinder und ich nicht hungern müssen.

Er stellt mir weitere »Spazierfahrten« in Aussicht, will mir für meine Gesellschaft denselben Preis zahlen. Er verabredet sich für den nächsten Tag in einer kleinen Bar in der Nähe mit mir, dort ist er Stammgast. »Dann trinken wir eine Flasche Sekt«, sagt er.

Ich habe die Kinder aus der Krippe geholt und ihnen ein leckeres Abendessen gekocht. Jetzt schlafen sie. Bill kommt vom Restaurant zurück. Ich erzähle ihm, dass ich zwar keine Arbeit als Modell gefunden habe, dass mich aber ein mitfühlender Herr in seinem Auto mitgenommen und mir zwanzig Mark geschenkt habe (die Wahrheit kann ich ihm nicht gestehen).

In der Nacht reißt mich eine grässliche Übelkeit aus dem Bett. Ich stürze zum Waschbecken, wo ich riesige Stücke einer seltsamen Materie auskotze. Es dauert lange; ich ersticke beinahe. Als es vorbei ist, mache ich das Licht an und betrachte mit Entsetzen eine rote Masse, klebrig und transparent wie Knorpel. Nie habe ich etwas Derartiges gesehen. Ich muss alles mit einem Löffel in den Abfalleimer entsorgen. Hat man mich vergiften wollen? Hat man mir Menschenfleisch zu essen gegeben?

Am nächsten Vormittag um elf bin ich pünktlich in der kleinen Bar. Das Licht ist gedämpft, und dicke Männer mit Aktentaschen, wahrscheinlich Vertreter, nehmen auf hohen Hockern einen Aperitif. Eine platinblonde Bardame bedient sie hinter einer Theke aus gewachstem Holz.

Ich bin krank vor Verlegenheit und Unruhe. Das dicke Schwein ist noch nicht da; ich habe Angst, dass er mich versetzt und ich mein Getränk selbst bezahlen muss. In meiner Tasche sind nur noch fünf Mark. Noch nicht wirklich genesen von meiner nächtlichen Übelkeit, bestelle ich einen Tee mit Zitrone. Ich bin so schäbig angezogen, dass niemand Notiz von mir nimmt.

Da kommt er, lächelnd, sein fetter Körper ist in denselben grauen Anzug gezwängt wie am Tag zuvor. »Guten Tag«, sagt er. »Na sehen Sie, ich bin tatsächlich gekommen. Trinken wir Champagner, das habe ich Ihnen versprochen. *Fräulein, eine Flasche Sekt bitte*!«

Wir stoßen an. Die pisswarme Sekt-Limonade ist abscheulich. Er lehnt sich zu mir herüber, vertraulich. »Heute mache ich Ihnen einen ganz seriösen Vorschlag. Begleiten Sie mich zu einer kleinen Spritztour? Dann können wir in aller Ruhe darüber reden. Wissen Sie, ich habe viel an Sie gedacht und einer Freundin von Ihnen erzählt. Sie ist eine wichtige Frau und lebt in einem Schloss. Sie ist einverstanden, Sie auf meine Empfehlung hin zu sich zu nehmen und Ihnen Arbeit zu geben. Es handelt sich allerdings, das sage ich Ihnen gleich, um eine sehr spezielle Arbeit. Kommen Sie, gehen wir, dann erkläre ich Ihnen alles im Detail.«

Wir fahren durch die sonnenbeschienene Landschaft, es ist wärmer, Frühling. An einem Feldweg bringt er den Wagen zum Stehen.

»Hier können wir in Ruhe reden. Es geht um Folgendes: Meine Freundin ist, wie ich Ihnen schon sagte, eine sehr reiche Frau. Sie will Sie zu sich in ihr Schloss holen, Sie und Ihre Kinder. Ganz in der Nähe gibt es einen Park, ein Schwimmbad, eine Schule. Von Ihnen wird nicht mehr erwartet, als dass Sie jeden Tag zu einer bestimmten Stunde vor dieser Dame erscheinen, nackt, mit verschleiertem Gesicht und gefesselten Händen, so wie gestern. Sie werden an einen Pfahl gebunden und ausgepeitscht. Dafür bekommen Sie fünfzig Mark. Beim hundertsten Peitschenhieb wird man Sie losbinden, es sei denn, Sie sind bereit, sich weiter auspeitschen zu lassen. Bei jedem zusätzlichen Hieb bekommen Sie weitere zehn Mark. Die Dame wird anwesend sein, sie wird Sie anschauen, ohne Sie zu berühren. Auch ich werde da sein, ganz nackt. Ich werde Sie auspeitschen und mich dabei befriedigen. Sie werden sehen: Meine Gönnerin ist eine schöne und reiche Frau und sehr gut zu mir. Hier, schauen Sie.«

Auf einem Glanzfoto sehe ich eine hochaufgerichtete, große Frau in schwarzem Kleid. Ihr schlanker Vipernkörper, eingezwängt in ein Samtkleid, ihre lackierten Klauen, das grausame, seidige Lächeln, der perverse Mund, ihr dreieckiger Kopf mit den schrägen Augen, ihre puppenhafte Frisur: Alles an ihr scheint ein raffiniertes Laster zu verkörpern.

Selbst ihr Schmuck, das Perlencollier, das ihren Hals abschnürt, eine große Brosche, die ihr die scharfen Spitzen ihres Blattwerks in den Busen stößt, die Ohrgehänge wie kleine Messer, alles unterstreicht ihre blutrünstige Seele und schmückt sie mit einem mörderischen Glanz. Ich kann meinen Blick lange nicht abwenden vom Porträt dieses in eine Dame verwandelten Vampirs.

»Sie ist schön, nicht?«, murmelt der geile Dicke. »Sagen Sie Ja, kommen Sie mit mir, wir beide werden ihre Sklaven sein. Sie wird Sie mit Schmuck behängen, denn sie liebt die Eleganz, sie ist eine Königin!«

Ich sage nichts. Ich schwanke. Die Peitschenhiebe und dieser seltsame Vamp machen mir Angst. Schließlich willige ich doch ein. Wir verabreden uns für den folgenden Tag. Morgens um elf wird er mich abholen und mich zuerst in ein großes Kaufhaus bringen.

»Verstehen Sie, ich möchte, dass Sie schön sind. Ich werde Sie verschleiern und Sie mit verbundenen Augen in ein Geschäft führen. Sie werden malvenfarbene Unterwäsche anprobieren, ein neues Kleid, Schuhe.«

In diesem Moment läutet in meinem Kopf eine Alarmglocke. Ich begreife, dass all das womöglich nur eine Falle ist, aus der ich nicht lebend herauskommen werde. Wer garantiert mir, wenn ich nackt, verschleiert und blind bin, dass man mich nicht entführen, mich betäuben, mich in ein Flugzeug nach Brasilien oder Tunis stecken wird? Wer wird mich sehen, wer wird mich in meinem neuen Kleid noch erkennen? Sobald ich eine Gefangene bin, ohne meine Kinder, wird es keine Spur mehr von mir geben. Ich unterdrücke mein Zittern und lasse ihn eine Verabredung treffen, zu der ich nicht gehen werde.

Als ich ihn am nächsten Tag gegen Mittag an die Tür klopfen höre, sind die Kinder in der Krippe, und ich liege noch im Bett. Durch den Spion aus mattem Glas erkenne ich den riesigen Schatten seines Gesichts. Er hat lange auf mich warten müssen. Dann hat er sich die Tür zum Hof aufmachen lassen und sich nach meiner Wohnung erkundigt. Ich höre seinen lüsternen Atem. Er klebt an meiner Tür, der dicke bleiche Blutegel. Ich rühre mich nicht. Lange bleibt er da stehen, vor unterdrückter Wut spuckt er aus, hämmert mit seinen riesigen Fäusten gegen die Tür. Dann geht er, das harte Geräusch seiner Schritte verklingt auf dem Pflaster im Hof, das Eingangstor schlägt zu. Ich habe ihn nie wieder gesehen.

Wahrscheinlich spukt er noch immer in den Wäldern herum, vielleicht sind manche, die auf seinen Vorschlag eingegangen sind, schon tot. Vielleicht wird ihn irgendwann eine hysterisch gewordene Frau zerkratzen, zerstückeln, mit ihren Klauen zerfetzen. Ich wünsche es ihm.

Eines sonnigen Nachmittags schalte ich eine Anzeige in einer Nürnberger Zeitung und biete mich als Modell an. Die Antworten lassen nicht auf sich warten. Aber gesucht wird eine ganz besondere Art von Modell: für Bootsfahrten, Flugreisen, als Begleitung für Spritztouren im Sportwagen und Ausflüge im Segelboot! Oder um jemandem in einem Chalet am See die Einsamkeit zu vertreiben. Ein reicher Industrieller, sportlich, fünfunddreißig, sucht jemanden »ohne moralische Vorbehalte«. Diese Leute haben ganz gewiss kein Kunststudium absolviert!

Unter den Angeboten immerhin *ein* Maler, zumindest behauptet er es. Er lädt mich ein in sein Dorf, und ich fahre stundenlang im Zug durch eine verschneite Landschaft.

Auf dem Bahnsteig erwartet mich ein großer, junger blonder Mann, er fröstelt. Er hievt mich auf sein Motorrad. Wir zuckeln im Zickzack um Bauernhöfe und Scheunen herum und halten schließlich vor einer stillgelegten Fabrik. In einer eisigen Halle stehen schwarz abgedeckte Maschinen. Keine Heizung. Eine Wendeltreppe führt zum Dachboden. »Ziehen Sie sich aus.«

Stille. Stunden der Unbeweglichkeit. Zartes Kratzen des Bleistifts auf Papier. Der junge Mann seufzt. Ich klappere mit den Zähnen.

Schließlich: *»Es ist fertig.«*

Er legt seinen Bleistift hin, holt seine Brieftasche heraus. »Ist das genug?«

Er reicht mir fünfzehn Mark. Ich wage nicht, mich zu beschweren. Als ich die Hand ausstrecke, werfe ich einen

Blick auf sein Werk. Im Zentrum des weißen Blatts steht eine ganz kleine Gestalt, ungelenk, kindlich. Und dafür hat er Stunden gebraucht!

Ein Fotograf meldet sich aus Nürnberg. Mittags gehe ich zu seinem Atelier, mir ist schwindlig vor Hunger und Müdigkeit.

»Beeilen Sie sich, ich hab nicht viel Zeit! Ich werde zum Abendessen erwartet.«

Ich entblöße meine magere Gestalt.

»Wir machen zuerst Probeaufnahmen. Posieren Sie.«

Schlotternd gegen eine weiße Wand gelehnt, vollführe ich ein stummes Ballett. Ich knie mich hin, erhebe mich, beuge mich, strecke mich.

»Gut, das reicht. Ziehen Sie sich wieder an, ich werde Ihnen schreiben.«

Er hat mich nicht bezahlt und mir auch nie geschrieben.

Mit leerem Magen, blind vor Tränen fahre ich nach Nürnberg. Die schreckliche Aprilsonne wärmt die zerstörten Fassaden. Ich gehe im Skelettschatten der zerstörten Gebäude, bin ein Teil davon.

Eines Nachmittags begegne ich in den verregneten Straßen Nürnbergs einem hochgewachsenen alten Mann mit weißem Bart, Typ biblischer Prophet und sich vegetarisch ernährender Einsiedler. Ich komme wieder einmal von einer fruchtlosen Verabredung zurück, und er spricht mich an. Zwei blaue Augen taxieren mich, so klar wie der Himmel über der Wüste. Wie kann er aufgrund der wenigen ungeschickten Worte, die ich ihm erwidere, von meinem Elend wissen?

Seine Antwort besteht aus einem einzigen Satz: »Folgen Sie mir, wir gehen etwas essen.«

Ich weine vor Freude, meine Tränen vermischen sich mit den Regentropfen. Die Leute drehen sich nach mir um, fragen, ob ich Hilfe brauche.

Nein, was mich schmerzt, ist nicht mehr der Hunger, sondern die Aussicht, ihn so unverhofft stillen zu können.

Der große alte Mann vor mir spaltet die Menge wie ein Weiser aus dem Morgenland, geführt von einem unsichtbaren Stern. Wir steigen in einen Turm hinauf. Im dritten Stock befindet sich ein vegetarisches Restaurant. Ich lasse mich entkräftet an einen Tisch fallen und bekomme Quark und Käse, Obst mit Haferflocken, Heidelbeeren mit Sahne.

Es ist wie das letzte Abendmahl. Ich speise mit Christus. Die Nahrung geht mir hinunter wie Manna, die blauen Augen des Alten blitzen in seinem von Schnee umrahmten Gesicht.

Ich kaue voller Entzücken. Er schaut mich an mit seinen blauen Augen und seinem ikonenhaften Lächeln.

Nur noch einmal habe ich ihn wiedergesehen. Zu Ostern kam er in unseren Hof und brachte uns Eier. Zusammen mit den Kindern haben wir sie mit Buntstiften bemalt und dann gegessen: eine wunderbare Mahlzeit.

Nicht immer herrscht Feststimmung im Taubenhof. Die Kinder verbringen Stunden auf den ausrangierten Motorrädern, die an den Hauswänden lehnen. Es ist verboten, aber sie tun es trotzdem. Sie klammern sich an die Metallteile und imitieren das Geräusch der Motoren.

Unter den apathischen Blicken der eingesperrten Tauben brechen sie zu langen Reisen auf.

Eines sonnigen Nachmittags fassen wir den Entschluss, den Tauben ein wenig Freiheit zu gönnen. Wir öffnen den Käfig. In einem Wirbelsturm aus prächtigen Federn fliegen die Tauben ins Freie, flattern durch den Hof, gurrend und flügelschlagend versuchen sie, die Mauer zu bezwingen. Die Kinder machen Jagd auf sie, was sie noch heftiger mit den Flügeln schlagen lässt. Was schließlich den Taubenzüchter auf den Plan ruft. Seine Wut grenzt an Raserei!

Arme Tierchen! Eben noch fröhlich und strahlend in der Sonne, sperrt er sie eins nach dem anderen zurück in ihr dunkles Loch, ihre Flügel hängen traurig herunter. Sie fügen sich und schmiegen sich nebeneinander auf die Stangen. Der Alte droht, uns vor die Tür zu setzen.

Bill hat sein Studium wieder aufgenommen. Morgens rasiert er sich im Stehen vor einem wackeligen Waschbecken, das eines Tages fast auf meine Füße stürzt. In seiner schwarzen Nacktheit läuft er durchs Zimmer, die Taille gekrümmt wie auf den Lithografien von Georges Rouault, gestützt durch riesige Schenkel auf massiven Plattfüßen mit gelben Zehennägeln.

Sein Kopf ragt über seinen Doggenhals, die Lippen von der hochgerollten Zunge vorgewölbt.

Die Kinder berühren in aller Unschuld seinen Körper. Ich sehe, wie sich sein Geschlecht bei der Berührung ihrer Hände aufrichtet, und sie lachen schallend, während er so tut, als wäre er beleidigt. Sie betteln, ihn auf seine dicken Lippen küssen zu dürfen.

Auch mit mir ist er zärtlich, und wenn die Kinder draußen sind, schließt er die Tür ab und kommt zu mir ins Bett. Das sind unsere Glücksmomente. Wenn das Leben nicht so hart wäre, könnte ich mit diesem verrückten Neger das Paradies erleben, mich in den Wellen seiner Arme wälzen, auf seinem Bauch und seinen Schenkeln schaukeln, sein großes heißes Geschlecht in mich gepflanzt, mich mit sprudelndem Liebeslikör erfüllen lassen und meinen Mund in seinen Lippen vergraben.

Doch zu dieser Zeit ist alles so schwierig, und es soll noch schlimmer kommen, nur wenige Augenblicke bleiben mir von diesem Paradies.

Die Nürnberger Kunstakademie hat ihre Pforten wieder geöffnet. Frisiert, geschminkt, in Rot und Schwarz gekleidet, stelle ich mich vor und werde als Modell engagiert.

Die Kinder spielen derweil im nahe gelegenen Wald.

Ich posiere für eine Bildhauerklasse, stehe nackt auf einem Brett, das direkt auf dem Zementboden liegt. Nach ein paar Tagen habe ich mir die Blase verkühlt. Schluss und vorbei mit dieser Arbeit, sie macht mich krank, die Blasenentzündungen verfolgen mich wie Harpyien.

Bill sieht, wie ich stöhne, mich zusammenkauere. In seinem dicken Kopf regiert erneut der Wahnsinn. Er vergewaltigt mich, er liebt es, wenn ich vor Schmerz schreie, seine Affenfinger erfinden Zärtlichkeiten, die mich zerreißen. Er ist wie ein Raubtier, dessen Appetit von den Zuckungen einer Antilope angeregt wird. Um ihn zu besänftigen, stelle ich mich tot, höre auf, mich zu wehren, bis er mich schließlich in Ruhe lässt.

Ja, der Wahnsinn macht sich wieder bemerkbar, erhitzt sein Blut, färbt seine gelben Pupillen rot, sucht einen Ausweg. Eines schönen Abends kommt es zum Ausbruch.

Die Kinder und Bill sind um den ewigen Nudeltopf versammelt und warten auf das Dessert. Meine jüngste Erfindung ist ein seltsames Gemisch, schwärzlich zuckerig. Getrocknete Bananen, eingeschweißt in Zellophan, sie kosten fast nichts.

Bill kaut, schweigend. Plötzlich spuckt er aus und ruft mit drohendem Unterton: »Was hast du da reingetan? Das ist Gift, oder? Du willst mich umbringen!«

Wütend steht er auf und geht, ohne zu sagen, wohin. So habe ich wenigstens meine Ruhe. Wenn er wütend ist, rührt er mich nicht an.

An einem anderen Tag, als er gute Laune hat, fordert er mich auf, mit ihm auszugehen: »Mach dich fertig, heute Abend stelle ich dich Freunden vor. Das Mädchen kommt aus demselben Land wie du, sie lebt mit einem schwarzen Studenten zusammen. Wir haben uns in einem Café verabredet.«

Ganz gerührt ziehe ich mein einziges schönes Kleid an, es ist aus schwarzem Samt, meine Haare lasse ich unordentlich. Nachts sieht man nicht, dass meine Pelzjacke fast auseinanderfällt. Meine Ohren schmücke ich mit meinen schönsten Glasperlenohrringen, ich nenne sie »rosa Wüstendiamanten«.

Ohrringe waren schon immer mein Trost. Früher kaufte ich sie auf dem Flohmarkt, am Stand einer kleinen Alten, die behauptete, sie kämen aus Böhmen.

Heute habe ich andere. Teuren Modeschmuck. In meinem Schrank gibt es eine Art Grotte, in der es funkelt.

Die rosa Wüstendiamanten waren aus karamellfarbenem Glas, das mit falschem Gold angereichert und von einer schillernden Fleischfarbe umgeben war. Ich hing sehr an ihnen. Ich hatte auch »spanische Friedhöfe«, schwere Traumblumen aus schwarzem, grauem und gelbem Glas mit falschen Brillanten, die fast bis zu den Schultern reichten. Die kleineren waren »Blutstropfen«, zwei strasseingefasste rote Perlen.

Ich trage jeden Tag Ohrringe und wechsle sie, sooft es mir gefällt; das ist mein Tribut an das Volk der Zigeuner.

Die Kinder liegen schlafend im gelben Holzbett.

Bill streift seinen hellen Mantel über. Mit großen Schritten geht er hinaus, und ich folge ihm, schließe alle Türen hinter mir ab. Die Tauben in ihrem Käfig schlafen, wie eingefroren sitzen sie auf den Stangen.

Wir fahren durch das verschlafene Erlangen, unter einem hohen Frühlingshimmel mit vereisten Sternen. Am Ende einer verlassenen Straße sehe ich ein Schild glänzen, das Gasthaus »Zum silbernen Mond«. Bill stößt ein Tor auf, und der Lärm, die Musik und die glänzenden Gesichter eines von Schwarzen überfüllten Cafés springen uns förmlich an. Ich gehe hinein wie in einen aufgewühlten Ozean.

Meine Schwarzen, meine schwarzen Götter, in jener Nacht begegne ich euch zum ersten Mal! Noch heute träume ich von euren prachtvollen Körpern, geschüttelt vom Rhythmus des Rock. Ich träume von euren Gesichtern, von euren wundervollen Händen, die wie Pranken auf den Schultern weißer Frauen liegen. Die Frauen in euren Armen sind verzaubert vom Duft nach Zimt und Weihrauch, der von euren Lenden aufsteigt. Ich klammere mich an Bill und durchquere mit ihm diesen Dschungel aus menschlichen Lianen.

Seine Freunde sitzen ganz hinten im Saal. Die Haut der jungen Frau ist weiß, ihr Haar rot. Sie heißt Rose, sie lächelt mir zu, wir sprechen Französisch miteinander. Bill bestellt goldfarbenes Bier in großen Gläsern.

Ein riesiger Schwarzer in einem gestreiften Trikot kommt an unseren Tisch und fordert mich zum Tanzen auf. Ich schaue Bill an. Er bedeutet mir gelassen, ich solle mit ihm gehen. Ich stehe auf, der Schwarze nimmt mich in seine Arme, die mich fast zerdrücken, sich wie zwei Schlangen um meinen Körper winden. Ich tanze, schmiege mich eng an ihn, er wiegt sich im Blues.

Bill steht auf, wahnsinnig vor Wut. Er sieht mich an, sieht, wie ich förmlich an dem Schwarzen klebe, meine Augen in den seinen, auf meinem Gesicht ein Lächeln, wie er es bei mir noch nie gesehen hat.

Er reißt mich von ihm fort und stößt mich gegen einen Tisch. Ich schnappe ein Glas und werfe es ihm ins Gesicht. Triefend von Bier, englische Schimpfwörter fluchend, stürzt sich der dicke Bill auf mich und schleudert mich durch den Saal.

Schwankend verlasse ich das Café, blind vor Tränen, gestützt von zwei kleinen schwarzen Soldaten mit sanften Stimmen, die mir anbieten, mich mit zu sich zu nehmen, aber ich lehne ab und gehe zu meinen Kindern zurück, lege mich ins Bett.

Am nächsten Abend gehe ich allein aus, mit leerem Bauch, zurechtgemacht und geschminkt. Bill ist auch ausgegangen, wie üblich. Ich habe beschlossen, mich zu rächen.

Mit ihren Cafés und ihrer Musik ziehen die Straßen mich an. Der Hunger hat fast etwas Festliches. In einer Bar, die wie ein rotes Aquarium flimmert, setze ich mich auf einen Barhocker und trinke ein Glas Wein. Rechts von mir ein Mann vom Typ schmieriger Orientale, der mich fixiert. Er kommt behutsam näher, er wird mich ansprechen, ich fühle es. Na, und wenn schon. Mein Hunger ist zu groß. Als er mich einlädt, willige ich ein.

Wir haben kaum ein paar Worte miteinander gewechselt.

In seiner dunklen Studentenbude legt er mich auf einen alten Diwan und bringt mir einen Teller mit belegten Broten. Ich lasse ihn eine Schallplatte mit arabischer Musik auflegen, ich esse und trinke, während er seine Hand über meinen Körper gleiten lässt. Er wird mich nicht bekommen. Ich wehre mich schweigend und verlasse ihn wie eine Diebin, die ein falsches Versprechen gegeben hat.

Um vier Uhr morgens schleiche ich in unseren Hof zurück. So leise wie möglich öffne ich die Tür, trotzdem hat Bill mich gehört.

Reglos liegt sein Raubtierkopf auf dem Kissen, seine Augen sind weit geöffnet. Vom Bett steigt seine raue Stimme auf: »Wo kommst du her?«

»Ich war eingeladen.«

Ich lasse mich neben ihn gleiten.

Er weicht brüsk zurück. »Rühr mich nicht an! Du hast mich betrogen, du riechst nach einem anderen Mann.«

»Ich schwöre, ich habe nichts getan! Niemand hat mich angerührt!«

Armselige Worte, die in sich zusammenstürzen. Bill redet nicht mehr mit mir. Er schläft, hat sich der Wand zugedreht. Ich begreife, dass aller Widerspruch nutzlos ist, und weine lautlos vor mich hin. Meine letzten Tränen trocknen erst im Morgengrauen.

Bill steht auf, er ignoriert mich, schweigend zieht er sich an und geht.

Am Nachmittag nehme ich den Bus und fahre allein nach Nürnberg. In einer stickigen Wohnung mit geblümten Vorhängen, Plüschsesseln, Tagesdecken aus Kunstseide stehe ich einem Sonntagsfotografen Modell. Auf einer Tapete mit Samtstruktur zieht eine Kamel-Karawane unter einem orangefarbenen Himmel zwischen grellgrünen Palmen dahin.

Nackt, zähneklappernd, mit einem Bein auf den Zehenspitzen stehend, das andere Bein angewinkelt auf einem Stuhl, zwinge ich mich zu lächeln. Die Hände halte ich nach vorn gestreckt, als würde ich eine Opfergabe darbieten, und mit aller Kraft ziehe ich den Bauch ein.

Der Fotograf hat sich nackt ausgezogen, »weil«, so sagt er, »ich mich so wohler fühle«.

Er tanzt um mich herum, geht in die Hocke, steht wieder auf, macht Fotos in blendendem Blitzlichtgewitter. Die durchgeschmorten Glühbirnen wirft er auf den Boden und flucht, wenn die Aufnahmen missglückt sind.

Er regt sich auf. Schweiß rinnt ihm unter den Achseln hervor, und sein halb steifes Glied baumelt auf seinen Insektenschenkeln. Der säuerliche Geruch seines käseweißen Fleisches vermischt sich mit dem Staubgeruch der Teppiche. Ich ersticke fast, immer darauf bedacht, das Arrangement meines schwankenden Körpers nicht aus dem Gleichgewicht zu bringen.

Später wird er freundlicher und serviert mir Tee und Kekse auf einem Tablett. Er flötet zuckersüße Komplimente, und die tief in seinem Mäusegesicht mit der langen neugierigen Nase eingegrabenen Augen bohren sich in die meinen.

Ob ich denn nicht wolle? Ich solle ihn nur machen lassen! Sein ganzes langes Gestell, selbst die Knöchelchen seiner Hände zittern dabei!

Ich stoße ihn abrupt von mir. Er stammelt Entschuldigungen und klagt über die Frigidität seiner Frau, die den ganzen Tag als Kellnerin in einer Kneipe arbeitet und sich ihm allabendlich verweigert. Dennoch bleibt er bei ihr, Fotografieren ist teuer, und er braucht ihr Gehalt. Der Kredit für die Möbel ist auch noch nicht abgezahlt.

Dieser Fakir-Torso hält sich für einen künstlerischen Don Juan. Mit bewundernden Blicken paradiert er vor den Spiegeln und verrückt dabei Möbel für immer neue Posen, bei denen ich auf dem Teppich liegen muss.

Er legt sich ebenfalls flach hin, der Fotoapparat fast direkt am Boden, und macht immer weiter Aufnahmen, von denen die Hälfte misslingt. Er flucht und wirft mit milchigen Birnen um sich, die ihm die Finger verbrennen.

Um sechs Uhr abends, kurz bevor seine Frau nach Hause kommt, sind diese kostspieligen Sitzungen zu Ende. Der Nachmittag bringt mir üppige zwanzig Mark.

Als Nächstes versuche ich es als Animierdame in einer Nachtbar. Auf den Scheiben prangen in Zuckungen verrenkte Sirenen. Die »Erotic-Bar« wird von einem Juden und seiner Frau betrieben, einer alten Brillenschlange, die nach süßem Parfüm riecht.

Man erklärt mir, was ich tun soll. Ich muss mich allein an einen Tisch setzen, gut gekleidet, auf bescheidene und demütige Art lüstern, und ein Glas Tee trinken. Man rät mir zu einem Künstlernamen. Nach einiger Überlegung entscheide ich mich für »Mimi«, armseliger Hinweis auf das Leben der Boheme. Zitternd setze ich mich, eine unerfahrene Kurtisane, und trinke meinen Tee. Das Spektakel hat noch nicht begonnen. Auf ein Zeichen der Chefin hin werde ich zu einem Herrn geführt, der sich Gesellschaft wünscht.

Ich bitte ihn um einen »Champagnercocktail«, das teuerste Getränk des Hauses. Wenn ich zehn davon trinke, bekomme ich zehn Mark Provision. Der Alte sieht mich an; ich sage kein Wort. Arme Mimi, in ihrem billigen Rock, der nach einer Viertelstunde auf dem Stuhl ganz zerknittert aussieht, mit der ärmlichen Samtbluse, die unter den Achseln schon feucht ist!

Auf dem Weg zur Toilette werde ich diskret gerügt. »Du musst liebenswürdiger sein«, sagt man mir, »dich ein wenig streicheln lassen, dich ein wenig lieb anfassen lassen, alles in den Grenzen des Anstands, und vor allem: *trinken, trinken, trinken! Champagnercocktail und Whisky*!«

Ich habe keinen Durst. Und dann dieser Alte: Ich weiß nicht, was ich mit ihm reden soll. Er gibt schließlich auf, und ich bleibe allein sitzen.

Mit einem Mal nehme ich all meinen Mut zusammen und setze mich zu einem bäuerlich aussehenden Mann, bei dem schon ein blondes Fräulein sitzt. Sie macht ein wenig auf »Bardame aus Fürsorge«, mit zusammengekniffenem Mund unter einem eleganten Haarknoten. In meiner Naivität denke ich, dass sie froh sein wird, wenn wir zu zweit sind, wir können uns die Arbeit teilen und den Gewinn auch, ihm durch doppelten Verzehr mehr Geld aus der Tasche ziehen. Der Dicke scheint auch hocherfreut, doch das Mädchen verzieht das Gesicht. Sie steht auf und geht abrupt weg. Dabei wollte ich ihr doch nur helfen.

Plötzlich ruft mich eine schmierige Stimme übers Mikrofon: *»Fräulein Mimi, Telefon bitte!«*

Ich zucke zusammen. Ich, ans Telefon? Niemand weiß, dass ich hier bin. In meinem Kopf dreht sich alles, ich sehe tote Kinder vor mir.

Dabei werde ich nur ins Büro zitiert, um mir neue Beschimpfungen anzuhören, sehr scharfe diesmal: »Was soll das heißen? Sie nehmen einer anderen den Kunden weg? Wissen Sie nicht, dass das untersagt ist? Ihre Kollegin hat geschworen, es Ihnen heimzuzahlen!«

Ich muss mich entschuldigen.

»Und vor allem trinken Sie, trinken Sie doch, Sie können es nicht bei zwei Gläsern bewenden lassen, Sie sind schon eine Stunde da!«

Ich gehe zu dem Dicken zurück, und in verzweifelter Euphorie bestelle ich eine Flasche Rotwein. Das wird sehr viel besser sein als diese blutarmen »Cocktails«, wenigstens werde ich mein Elend damit besser ertränken können. Man bringt eine wunderbare Flasche französischen Wein für achtzehn Mark.

Ich stoße an, ohne auf die verstohlenen Seitenblicke des Kellners zu achten (man muss ihm gesagt haben, dass ich nicht genug auf den Preis achte, weil ich es gewagt habe, mir ein proletarisches Alkoholgetränk zu bestellen!).

Da erscheint auf der Bühne inmitten der Bar die Tänzerin Inès, begleitet von lauten Posaunenklängen, gepeitscht von violetten Blitzen. Sie ist eine Tigerin mit rotem Haar, hoch aufgerichtet steht sie auf spitzen Absätzen, üppig und autoritär. Auf einem dunkelroten Diwan zieht sie sich aus, wirft ungestüm ihre Kleider in alle vier Himmelsrichtungen, reckt sich wie eine wütende Katze. Sie biegt sich im Takt, im spitzen Miauen der Saxofone, lässt sich dann erschöpft fallen und bringt den altersschwachen Diwan in Gefahr.

Magere Walküren in Ledermänteln ziehen sich feierlich in einem grünen Licht aus, eine silbergepanzerte junge Husarin tanzt einen Militärwalzer.

Auch wir tanzen Walzer. Ich bin betrunken, ich segle durch einen Nebel, klebe an dem alten Elefanten, der mir die Füße zertritt. Wir sind bei der dritten Flasche angelangt. Die Schlange hinter der Bar lächelt mir ermutigend zu.

Es ist drei Uhr morgens. Die Musik hört auf, die Tänzerinnen sind verschwunden. Ich taumle zur Küche und bitte um meinen Lohn.

»Kommen Sie morgen wieder«, sagt man mir trocken.

Ich gehe in den grauenden Morgen hinaus, im Regen schlotternd. Mir bleibt gerade noch Geld für den ersten Zug um vier Uhr.

Im überfüllten Wartesaal – Wollmäntel tragende alte Frauen, die inmitten von Einkaufskörben und Taschen sitzen, machen zusammen mit Nonnen einen Ausflug – lasse ich mich auf eine Bank fallen. Der Asphalt des Bahnsteigs färbt sich blaurot, eine Glocke gibt einen dünnen Ton von sich.

Namenlose Verzweiflung packt mich beim Gedanken an diese verlorene Nacht; ich muss um sieben Uhr aufstehen, die Kinder zum Hort bringen, und mein Geldbeutel ist leer.

Am Abend kommt Bill von der Universität. Er wäscht seinen dicken krausen Kopf, schmiert seine Wolle mit Pomade ein und bedeckt sie mit einem an allen vier Ecken zusammengeknoteten Taschentuch. Er setzt sich auf unser Bett in der Küche und raucht, stiert vor sich hin. Er ist wie ein Roboter, neben dem wir leben, spielen, schlafen, ohne dass er es bemerkt.

Eines Nachts sagt er plötzlich zu mir: »Du solltest mit Männern Geld verdienen, du bist dafür gemacht. Geh ins Hotel und verlange fünfundzwanzig Dollar. Aber vergiss nicht, dich zu waschen. Wenn du eine Krankheit nach Hause bringst, töte ich dich.«

In Nürnberg sind die Schaufenster am Abend blendende Altäre. Ich laufe durch die Straßen. Ich bin nicht mehr allein. Neben mir tauchen herausgeputzte und geschminkte Frauen auf. Verstohlen gleiten sie durch die Menge und bleiben am Rand der Gehwege stehen, mit der Gleichgültigkeit von Statuen. Stillschweigend sind wir Komplizinnen.

Ein alter Herr mit grauen Schläfen folgt mir schon geraume Zeit. Er holt mich ein, lächelt mich an, verbeugt sich, küsst mir die Hand. Je mehr Höflichkeiten wie diese vorausgehen, desto größer sind die Erwartungen. Er hat meinen Arm genommen, lässt mich nicht los, ich kann ihm jetzt nicht mehr entkommen. *»Na, wohin gehen wir essen, schöne Frau?«*

Er führt mich aus. Wir gehen in ein chinesisches Restaurant. Köstliche Speisen übertünchen meine Angst. Um mir Mut zu machen, trinke ich Wein. Dann laufen wir Seite an Seite durch die Straße, mit gut gefülltem Magen.

Mir ist kalt.

Im siebten Stock eines alten Hauses ohne Aufzug öffnet er die Tür zu einer Mansarde. Wir sind da.

Er hält mir einen Fünfzigmarkschein hin, einen elenden braunen Schein, und lässt sich auf alle viere auf ein geblümtes Sofa nieder, hält mir die Öffnung seines ausladenden behaarten Hintern entgegen.

Hier ist sie also, die geheimnisvolle, geduckte Pforte zum Paradies. Wenn ich von nun an etwas zu fressen haben will, muss ich sie lecken und lutschen wie eine Übelkeit erregende Hostie. Der dicke Deutsche schreit vor Lust. Was hat dieses alte Baby wohl schon Geldscheine scheißen müssen! Wahrscheinlich glaubt es, noch immer den sanften Finger der Frau zu spüren, die es einst gewickelt hat! Als alles vorbei ist, steht er auf und zieht sich wieder an.

Mit der Krawatte kehrt seine Würde zurück. *»Gehen wir ein Gläschen trinken.«*

Im kleinen Gastraum einer Wirtschaft mit rot-weißen Tischdecken und rustikalen Lampen genehmigen wir uns einen Cognac. Es ist, als wäre nichts geschehen. Und doch bin ich auf die andere Seite geglitten, die Seite, von der aus man nicht mehr zurückkehrt. Der Abstand ist so klein, und gleichzeitig so unüberbrückbar.

Um vier Uhr morgens schleiche ich mich heim. Bill wacht auf: »Na, hast du Geld? Wie viel?«

»Fünfzig Mark.«

»Zeig her.«

Ich lasse ihn den Schein sehen.

»Das ist gut. Komm in meine Arme.«

Bevor ich einschlafe, gibt mir eine armselige Freude Visionen ein von allem, was wir uns bald kaufen können, um endlich satt zu werden.

Am nächsten Tag – ein seltener Luxus! – führt Bill uns zum Essen aus. Der herrliche Geruch von Fleisch steigt uns in die Nasen, und wir erfahren endlich einmal wieder, wie gut es tut, einen vollen Bauch zu haben.

Es ist mein Körper, den sie zu sich nehmen, mein Fleisch, es sind meine Tränen, die auf den Tisch fallen. Was wir essen, wird von der Bitterkeit meiner Nächte gewürzt. Meine Kinder und mein schwarzer Freund verleiben sich mich ein in dieser vom Hunger diktierten Orgie.

Danach zieht Bill sein schönes helles Sakko an, und

wir machen einen Spaziergang in der Sonne. Der Sommer ist nicht mehr fern, am Fluss wogt das Korn mit seinen langen grünen Haaren. Der Wind macht mich rein, am liebsten würde ich mich auf der Erde wälzen, meine Zähne ins Gras schlagen. Zu einer Baumwurzel werden.

Bill führt uns auf eine Terrasse. In der Sonne ist seine schwarze Haut noch dunkler, und der Schweiß leuchtet auf seinen nach Safran duftenden Schläfen. Im Sommer werden die Schwarzen noch schwärzer, manche nehmen eine kupferrote Tönung an, andere schimmern blau vom vielen Sonnenlicht. Bill nimmt meine Hand in seine bernsteinfarbene Handfläche und umschließt sie mit seinen Nägeln, die orangefarbene Ränder haben und an gegrillte Garnelen erinnern.

Wie Buddhas sitzen wir schweigend in der Sonne. Bill trinkt ein Bier, die Kinder und ich sind völlig beansprucht von riesigen dreieckigen Eisbechern, gekrönt von rosafarbenen Waffeln.

Drei Monate leben wir nun schon im Taubenhof. Eines Nachmittags, als ich in der Küche stehe und Wäsche wasche, sehe ich durch das Fenster, wie sich zwei Gestalten nähern. Mit unerbittlicher Deutlichkeit heben sie sich von der blendend weißen Hausmauer ab. Kurz danach wird brutal an die Tür geklopft.

Ich mache auf und sehe mich zwei Männern gegenüber, die eigens vom Konsulat in München gekommen sind. Ihr Begrüßungslächeln spricht ihren gierig suchenden Augen Hohn. Sie haben den Auftrag, uns ausfindig zu machen, und sind endlich erfolgreich. »Sie können sich nicht vorstellen, wie viel Mühe es uns gekostet hat, Sie zu finden«, beginnt der eine, der das Sagen zu haben scheint.

»Ja«, stimmt der andere sorgenvoll ein; er ist der Vormund. »Wir müssen Ihnen mitteilen, dass Sie schleunigst in Ihr Land zurückkehren sollen.«

Sie sehen sich im Hof um, in der feuchten Küche: Auf dem Stuhl liegt das kaputte Waschbecken, auf dem Boden stehen Bills riesige Schuhe.

Dann gehen sie ins andere Zimmer, wo das Bett der Kinder steht, ein Tisch, zwei Stühle, ihr zerbrochenes Fenster. In ihren Augen liest man entrüstetes Staunen, aber auch Ärger und ein Quäntchen Mitleid. Dass Bill nicht da ist, wiegt in ihrer Vorstellung schwerer, als wenn er anwesend wäre. Sie wagen es nicht, sich zu setzen.

Ich ahne, dass sie alles über uns wissen: die Flucht, den Hunger, Bills Wahnsinn.

Ich rede und rede, ich lüge, erzähle irgendwas. »Sehen Sie, die Kinder sind im Hort, mein Verlobter studiert noch, aber bald werden wir heiraten. Sicher, hier ist es nicht sehr komfortabel, aber das macht nichts, wir kommen zurecht, wir sind daran gewöhnt.«

Skeptisch, auf trügerische Weise wohlwollend, hören sie mir zu und lassen ihre Blicke wie Aasgeier über unsere Habseligkeiten schweifen. Endlich gehen sie, nicht ohne mir das Versprechen abgerungen zu haben, meinen Pass bei der Polizei vorzuzeigen und für mich und die Kinder ein Touristenvisum zu besorgen.

Zum Schluss können sie sich nicht verkneifen, mich zu warnen: »Sie waren unglaublich nachlässig, und wenn wir Ihnen böse wollten, könnten wir sie mit gutem Recht sofort nach Hause zurückschicken.«

Ihr Besuch hat dennoch Konsequenzen: Am selben Abend wird Bill vom Hauseigentümer in den Hof zitiert.

Kurz darauf kommt er in die Küche, in der ich gerade das Abendessen mache. »Ihr müsst hier weg, du und die Kinder. Der Besitzer will keine Scherereien mit der Polizei. Pack deine Koffer, ihr müsst morgen verschwinden.«

Unser gemeinsames Leben ist vorbei. Ich weiß nicht, wohin, und ich liebe Bill noch immer. Ich muss mich fortreißen von diesem Zimmer, habe das Gefühl, als würde man mich vierteilen.

Es ist das erste Mal, dass man uns wie Tiere davonjagt: »Hauen Sie bloß ab mit Ihren Kindern, geht schon, elendes Pack, wir wollen keine Schwierigkeiten. Nicht unser Problem, dass Sie nicht wissen, wohin.«

Es ist das erste, aber nicht das einzige Mal, dass wir vertrieben werden: Es soll noch fünf weitere Male geben. Das letzte Mal bedeutet die endgültige Abschiebung.

Am frühen Morgen nehme ich mit den Kindern den Zug nach Nürnberg; unsere Koffer werden von Bindfäden zusammengehalten. Mir fällt ein, dass einer der Schüler in der Bildhauerklasse, in der ich Modell gestanden habe, mir von dem Gartenhäuschen seiner Eltern erzählt hat. Es ist die einzige Hoffnung, die uns bleibt. Wenn sie sich nicht erfüllt, müssen wir nach Hause zurückkehren, muss ich mein Scheitern eingestehen und zulassen, dass mir der Vormund die Kinder wieder wegnimmt.

An der Nürnberger Kunstakademie löst unser Eintreffen ein gewisses Erstaunen aus. Der Bildhauerstudent scheint entsetzt über unsere Dreistigkeit. Durch unser Flehen lässt er sich schließlich doch erweichen und ruft seine Eltern an. Er ringt ihnen die Erlaubnis ab, uns im Gartenhäuschen wohnen zu lassen, unter der Bedingung, dass wir Miete zahlen und nichts kaputt machen. Sie haben rund um das Häuschen einen Garten angelegt und fürchten um ihr Gemüse.

Wir nehmen den Bus bis zur Endhaltestelle am Stadtrand, einem Fabrikviertel. Nachdem wir eine Brücke passiert haben, liegt noch ein langer Weg vor uns, ein schmaler Pfad durch die Wiesen.

Dann, plötzlich, tauchen aus einem dunstigen Niemandsland Gartenhütten auf, sie sehen aus wie faulende Champignons. Um zu dem uns zugewiesenen Häuschen zu gelangen, durchqueren wir ein Labyrinth aus Kleingärten, jedes mit einer Hütte, einem Wachhund, wo überall gebückte Leute in blauen Arbeitshosen und Schürzen damit beschäftigt sind, Unkraut zu jäten und die Erde umzugraben. Sie richten sich auf, sehen uns neugierig an.

Der junge Mann grüßt sie, ganz verlegen. Wie sehr muss er bereuen, mir von dem Häuschen erzählt zu haben! Er ist dabei, einer zweifelhaften Familie, schäbig, zerlumpt, Unterschlupf zu gewähren. Wir passen so gar nicht in diese Gegend mit ihren Salatbeeten und dem sorgfältig aneinandergereihten Mais.

Der Student öffnet die Pforte zu »unserem« Garten, dann die Tür zu einer akribisch gebohnerten Hütte. Ein echtes Haus, ganz allein für uns! Zwei sehr saubere Räume mit geschrubbtem Holzboden und Betten, über denen eine karierte Stola liegt. Kein Wasser, kein Strom. Aber endlich ein Zuhause!

Am Abend laufen wir zu einer Wasserstelle, ganz weit weg, am Rand der Straße, und während ich den Griff des Hahns herunterdrücke und das Wasser in die Eimer gluckert, sehe ich am orangefarbenen Himmel wie durch Zauberei amerikanische Autos mit schwarzen Insassen vorbeifahren. Durch die Fenster winken uns ihre Hände in der Abenddämmerung zu, laden uns ein, mitzufahren, irgendwohin jenseits der staubigen Pappeln. Auf die andere Seite der Welt, nach Amerika vielleicht. Die Kleinen und ich schwenken unsere Taschentücher.

Doch sie fahren vorbei und verschwinden, der Himmel färbt sich schwarz, wir müssen zurück in unser trautes Heim, beschwert von zwei Eimern mit dünnen Henkeln, die mir in die Hände schneiden, Eimer, aus denen das Wasser bei jedem Schritt über meine Füße schwappt.

Eine wässrige Haferflockensuppe ist unser Abendbrot, gekocht auf dem Gaskocher zwischen den beiden Zimmern.

Die Kinder liegen im Bett. Ich wasche mich beim flackernden Schein der Kerze, in der Hand einen zerbrochenen Spiegel. Ausgiebig tusche ich mir die Wimpern, umrahme meine Augen mit schwarzem Lidstrich und gebe Silber auf die Lider. Ja, auch wenn die Umstände meine Jugend, meine Gesundheit aufreiben, will ich mir meinen Glanz bewahren. Meine Angst soll wenigstens funkeln!

Ich gehe in die Nacht hinaus, wie man sich ins kalte

Wasser stürzt, mit zusammengebissenen Zähnen, durch kniehohes Gras. Es ist Sommer, die Grillen bevölkern den Schatten mit ihrem unaufhörlichen Zirpen. Vor jeder Hütte bellen Hunde, als ich vorübergehe; meine Absätze versinken in der Erde. Ich muss mich beeilen, verschwinden, bevor jemand aufwacht.

Als ich mich nach einem langen Marsch der Straße nähere, kann ich wieder freier atmen, ein Ruck geht durch meinen Körper. Ich marschiere geradeaus weiter, gestreift von Autoscheinwerfern, diesen lauernden Pupillen. Jedes Mal, wenn ein Auto anhält, geht die Tür einen Spalt weit auf und eine Hand gibt mir ein Zeichen. Mir stockt der Atem.

Wer ist das, wer mag mich im Innern dieses dunklen Autos erwarten? Ich bin festgenagelt. Verdammt dazu, nicht wegzulaufen! Schritt für Schritt nähere ich mich, wie von einem unsichtbaren Faden bewegt. Vornübergebeugt schaue ich hinein: In dieser Sekunde spiele ich um mein Leben!

Dieser Mann, dessen magere oder massive Gestalt ich im Halbdunkel erahne, ist er ein Polizist? Ein Mörder? Ich muss seine Augen sehen, eine kurze, schmerzhafte Sekunde, ich muss mich entscheiden.

Schnell, das Auto wartet nicht, andere folgen, man beobachtet mich, man ruft. Ich brauche nur noch zu springen, mich davontragen zu lassen, kaum dass die Tür sich neben mir geschlossen hat.

Wie oft bin ich in die Falle geraten! Jede Nacht ein Glücksspiel. Jeder Morgen eine Befreiung, eine Auferstehung: Ich bin dem Schlimmsten entgangen.

Eines nebligen Abends steige ich in einen in einer Gasse versteckten Lieferwagen. Wir fahren zum Stadtrand, halten an einem Platz, der gesäumt ist von Schuppen. Kein Laut zu hören. Der Schimmer einer zittrigen Lampe erhellt die abgemähte Stelle.

Ich spule meine Litanei ab, die Kinder, der Geldmangel, die Unmöglichkeit, ohne Aufenthaltserlaubnis zu arbeiten.

Der Mann am Steuer ist gerührt. Auch er hat Kinder, er weiß, wovon ich rede, es ist teuer, sie durchzubringen. »Wenn Sie ganz lieb sind, schenke ich Ihnen etwas Schönes.«

Er schiebt einen Vorhang hinter sich zur Seite. Ein Haufen alter Lumpen wird sichtbar. Zwei Arme umzingeln mich, wir schaukeln in den Müll, in einen Geruch nach Schimmel. In den stinkenden Lumpen habe ich danach Mühe, meine Kleider wiederzufinden. Er sitzt bereits am Steuer, angezogen, zugeknöpft, und startet den Lieferwagen.

Ich heule: »Mein Geschenk!«

»Gleich!«

Wir biegen ab, und plötzlich hält er vor einem hell erleuchteten Schaufenster. »Hier«, sagt er, »hier haben Sie Geld. Seien Sie doch so lieb und holen Sie mir ein Päckchen Zigaretten, da vor Ihnen, am Automaten.«

Kaum bin ich ausgestiegen, schlägt die Tür zu, der Wagen fährt los und verschwindet im Nebel. Ich schaue in meine Hand: eine Fünfzigpfennigmünze.

Der Nebelregen fällt in feinen Tropfen, die Nacht ist eiskalt. Kein Windhauch, alle Häuser sind dunkel. Ich laufe los, ohne zu wissen, wohin, biege auf gut Glück in eine Straße. Ich weiß nicht mehr, durch welches Wunder ich in einem Auto gelandet bin, das plötzlich aufgetaucht ist. Der Wagen rollt Richtung Stadt, ich finde die Brücke wieder, die Hütten und Pfade, die zu meinen Kindern führen.

Ihr nächtlichen Peiniger Nürnbergs, ihr habt mich in euren Klauen, dennoch lasse ich Gnade walten, ihr Saukerle, schließlich haben wir dank euch immer etwas zu essen gehabt!

Nacht für Nacht bin ich unerbittlicher geworden, stolzer, und die Bullen haben uns nicht entdeckt!

Am Tag leben wir, laufen wir durch die Sonne. Jeden Morgen gehe ich zum Lebensmittelladen, wo die Scheine, die ich dem Tremolo eurer Eingeweide entrissen habe, sich in herrliche Mahlzeiten verwandeln! Der Tag gehört uns! Wir lachen, essen, gehen spazieren, kaufen sogar Spielsachen. Wir führen ein echtes Zigeunerleben!

In der Nürnberger Altstadt gibt es nachts viele wie mich, die zitternden Libellen gleich durch die Straßen ziehen. Unsere Absätze klacken auf dem Pflaster. In einem Schweigen aus Stoff, Kristall und Schmuck funkeln märchenhafte Blumen in erleuchteten Schaufenstern.

Es ist kalt, es ist Mitternacht, die Stadt teilt sich unter der Stille. Ein herumschleichender Greis, dessen Gestalt einem Raben ähnelt, hat mich am Arm gefasst. Er zittert. Sein Gesicht ist weißlich, seine dünnen Lippen enthüllen zahnloses Fleisch.

Seine Hände klammern sich an meine Schultern, er

erhebt die Stimme und säuselt mir ins Ohr: *»Liebe Frau, schöne Frau, bitte kommen Sie mit mir! Ich habe nur dreißig Mark, aber ich zahle das Hotel!«*

Er lässt mich am Eingang stehen und geht die Treppe hoch.

Ich presse mich an die Mauer.

Als er guter Dinge wieder herunterkommt, der rachitische Rabe, in der Hand ein in Zellophan eingeschweißtes Kondom, schreckt mich eine furchterregende Stimme auf: »Was machen Sie denn hier?«

Es ist der Herr von meinem ersten Abend, der aus dem Chinarestaurant. Er zieht mich mit, ich wage nicht, mich ihm zu widersetzen, und erst recht nicht, mich umzudrehen, um das betretene Gesicht des Alten zu sehen, der mit dem Kondom in der Hand auf dem Gehweg zurückgeblieben ist.

Wir beeilen uns wegzukommen. Die Gegend ist voller Polizisten in Zivil, vorhin hat den Alten und mich ein verdächtig aussehender Typ verfolgt. In der Altstadt ist das Pflaster zu heiß.

Ja, es ist tatsächlich der Mann vom ersten Abend, wieder ist er in seinen zu engen Anzug gezwängt. Seine Hände stecken in Wildlederhandschuhen, er öffnet eine Wagentür. Ich erkenne den vernickelten Katafalk.

Diesmal kein chinesisches Menü, keine Mansarde, keine Galanterien. Er hat es eilig, wir halten auf einem dunklen Weg zwischen zwei Villen. Er drückt auf einen Knopf, und die Sitze verwandeln sich in Liegen. Ächzend zieht er sich aus, und auf den dunklen Lederkissen kommt wie ein monströser Mond sein alter schlaffer Hintern zum Vorschein. Er hält ihn mir hin, fasst meinen Kopf mit beiden Händen und drückt mich in seine Falten. Während er das Manöver mit rauer Kraft dirigiert, wimmert er wie ein kleines Kind. Nach langen Minuten, halb erstickt, würgend und voller Tränen, landet alles in meinem Mund.

Pfeifend lässt er den Motor wieder an, während ich mich anziehe. Wie letztes Mal habe ich fünfzig Mark in der Tasche, die er mir zugesteckt hat, ohne dass ich darum gebeten habe. Er ist sogar so freundlich, mich in der Nähe der Gartenhütte abzusetzen.

Es ist das letzte Mal, dass ich ihn treffe. Wie eine dicke schwarze Hummel sehe ich seinen Wagen am Feldrand verschwinden, ich atme einen tiefen Zug Nachtluft ein und laufe, meine Tasche zwischen die Hände gepresst, zu dem friedlichen kleinen Haus, wo meine Kinder aneinandergekuschelt in ihrem Bett schlafen.

Bei meinem nächtlichen Herumvagabundieren habe ich dort, wo die menschenleeren Straßen einander kreuzen, einen brodelnden Vulkan entdeckt, eine kleine Kneipe voller Musik, in der schwarze Soldaten sich zum Tanzen verabreden. Wie ein unsichtbarer Magnet zieht sie mich an, lässt mich in eine Straßenbahn steigen, die durch die Gegend wankt wie eine altersschwache Katze.

Die Fahrt scheint kein Ende zu nehmen. Ich presse meine Nase an die Scheibe und drücke eine braune zerrissene Plastiktüte an mich, deren Griff nur durch Klebestreifen hält.

Jede Nacht lege ich das Geld beiseite, das wir zum Leben brauchen.

Ich trage das ewige dünne schwarze Kostüm und als einzigen Schmuck meine rosa Wüstendiamanten.

Manchmal steige ich an der verkehrten Haltestelle aus. Dann irre ich durch die menschenleeren Straßen, fehlgeleitet durch Laternen, deren Licht sich in der Erde der windzerzausten Gärten aufzulösen scheint.

Und plötzlich, als ich schon alles verloren gebe, ergießt sich aus dem Schatten ein Strauß grüner und roter Lampen, ein leuchtender Stern zwischen den Häusern, bebend vom Rock'n'Roll. Die so fieberhaft gesuchte Kneipe summt vor mir wie ein geheimnisvoller Bienenschwarm.

Ich öffne die Tür.

Vom trüben Glanz der Spiegel reflektiert, drängen sich Schwarze um die Tische. Ihr Geruch erinnert an in den Tiefen eines Lederschlauchs gereiften Wein.

Ihre Gesichter mit der Satinhaut und den schneeweißen Zähnen werden umrahmt von der honigfarbenen Täfelung. Sie lachen in ihren grünen Uniformen, trinken Gin und Cognac. Ich gleite in diesen Dschungel, verschwinde in der Dünung der Tänze.

Jeder von ihnen hält eine Frau im Arm, eine perlmutterglänzende blonde Deutsche. Wunderbar, wie ihre dunklen Hände auf den milchigen Nacken und Schultern spielen, wie sich ihre finstere Haut mit den hellen Haarsträhnen vereint, wie die rosa geschminkten Münder sich an bläuliche riesige Lippen schmiegen. Aus der Jukebox brüllt eine raue Stimme, tönt der Blues voller Leidenschaft und Verzweiflung.

Im Morgengrauen kehre ich im Taxi zur Gartenhütte

zurück, an einen Schwarzen gedrückt, immer ist es ein anderer, ich vergrabe mich in den Falten seiner khakifarbenen Jacke. Während wir zusammen über die festgetretene Erde der Pfade schwanken, beginnen die Hunde wütend zu bellen und an ihren Ketten zu reißen.

Später habe ich erfahren, dass mich, hinter ihren Fensterläden versteckt, alle möglichen alten Weiber beobachtet haben, voller Erstaunen, Abscheu und vielleicht auch heimlichem Neid. All das ist mir egal, als ich mit innerem Jubel die Tür zu unserem Häuschen öffne. Mit dem Finger auf dem Mund zeige ich dem Schwarzen die Köpfe der Kleinen, die sich ein Kissen teilen.

Im anderen Zimmer erwartet uns ein ungemachtes Bett mit zwei Decken aus rauem Stoff. Kein Schwarzer hat mir je ein Geschenk verweigert, und sei es noch so klein. Denn die schwarze Seele ist der Kinderseele verwandt.

Wenn ein Schwarzer mit einer Frau schläft, selbst wenn es nur ein vorübergehendes Abenteuer ist oder eine deutsche Hure, dann liebt er sie so, als wäre es seine eigene Frau. Ach, ihr süßen Bewegungen von der Sicherheit und Kraft eines Raubtiers, das seinem Weibchen gibt, was ihm gebührt! In ihrer ganzen Rohheit stößt die dampfende Klinge zu, verliebt und zärtlich!

In der Umarmung, im Kuss räche ich mich an den Weißen, an ihren jämmerlichen Herzen, ihren schlaffen Geschlechtsteilen. Ihre Erotik ist nichts als ein jämmerlicher Trick, um ihre Impotenz zu verschleiern! Ihr seid kleine Bettnässer, die sich heimlich selbst befriedigen: zurückgewiesen, in sich selbst verschanzt.

Ich spucke euch in die Fresse und trete euch in eure lächerlichen Eier! Möge das Wort »Liebe« nie euren Mündern entweichen!

In wenigen Nächten habe ich alle Frauen gerächt, denen in unserer Familie ein Liebhaber versagt geblieben ist: die frigiden; die, die nur einmal geliebt haben; die, die mit fünfundsiebzig, noch jungfräulich, an Krebs gestorben sind; oder die, die auf ihrem Sterbebett schrie: »Nie habe ich erlebt, was Liebe ist!«

Ich möchte mein Leben am liebsten in einem schwarzen Viertel beenden, in Chicago oder San Francisco, verbraucht und arm, aber glücklich, umgeben von Musik, Tanz und Zärtlichkeit. Ich möchte schwarz sein, in Nacht gehüllt. Ich bin so lange in eurem Schatten gewandelt, dass ich wie ihr sein werde, samtig und fast unsichtbar.

Das Zeitalter der Schwarzen ist angebrochen.

Wie dunkle Meteore fahren sie in ihren großen Schlitten mit den prächtigen Namen durch die deutschen Wälder: weiße Cadillacs, schwarze Chevrolets, staubig rote Buicks, die wie Panther schnurren.

Neben einem Schwarzen am Steuer eines dieser großen Käfer mit den funkelnden Flügeln spalte ich die unsichtbaren Bäume.

Mit dem Schatten vereint, seine großen Hände am Lenkrad, lässt er sich von mir seinen schönen braunen Stängel entblößen, den ich liebkose und zärtlich lecke. Der milchige Saft spritzt hervor, befruchtet die Nacht, die Landschaft, den Wind. Mit der Geschwindigkeit des Orgasmus fahren wir dahin.

Schwarzer, du hast dabei nicht mit der Wimper gezuckt, deine Augen sind weit offen, nicht einmal deine Hände haben gezittert! Ohne ein Lächeln, den Blick in die Ferne gerichtet, bist du steif geworden.

Du bist der Fürst dieser Nacht.

Um Mitternacht tigert ein anderer Schwarzer durchs Gras, überschreitet die Grenze zu unserem Garten. Auf dem Arm trägt er zwei Armeedecken aus Kamelhaar, die unser Toben dämpfen. Ich bewahre sie noch lange auf. Sie folgen mir von Unterkunft zu Unterkunft.

Eines Morgens entdecke ich darauf rote Schlieren. Ich bin krank, eine noch unbekannte Schweinerei hat meinen Bauch infiziert. Der Aussatz der Liebe ist furchtbar! Meine Vagina ist entzündet. Sie spuckt Blut. Eine etwas anrüchige Ärztin kümmert sich um mich. Sie ist die Einzige, die mich nicht abweist. Ich kann weder die Behandlung noch die Straßenbahn, noch die Medikamente bezahlen.

Zu Fuß haben wir uns durch die ganze Stadt geschleppt, um schließlich um drei Uhr nachmittags in einem Wartezimmer zu landen, das vollgestopft ist mit stummen, sich ganz ihren Beschwerden hingebenden Frauen. Schreie dringen durch die Tür. Eine Krankenschwester kommt heraus; sie trägt eine Schüssel mit blutiger Wäsche. Ich bin an der Reihe.

Die Bewegungen der Ärztin sind sanft. »Kommen Sie morgen wieder, und bringen Sie zehn Mark mit.«

In ihrem Blick lese ich ihre Überzeugung, dass ich nicht wiederkommen werde.

Diese Nacht wird hart werden. Ich muss Geld verdienen für die Zäpfchen, die meinen Unterleib heilen sollen.

Nürnberg ist von einer Stadtmauer aus rotem Backstein umgeben, die Kneipen speien jede Nacht schreiende Gestalten aus.

Heute ist es eine Frau, die hingefallen ist. Ich höre, wie sie auf dem Trottoir liegt und um Hilfe ruft. Ich nähere mich ihr; sie ist betrunken, sie schluchzt und klammert sich an mich. Ich hebe sie auf, sie ist mit Erde beschmiert. Ihr Gesicht ist aufgeschürft, ihr Kleid zerrissen. Sie mag zwanzig sein. Ihre Stimme ist rau vom vielen Alkohol.

Männer haben sie geschlagen, und sie hat sich gewehrt, da haben sie sie zu Boden geworfen und hier am Straßenrand liegen lassen. Sie ist nicht schön, im Gegenteil. Sie zuckt hysterisch, grölt so laut, dass sie die halbe Stadt aufschreckt.

Ich bringe sie nach Hause, mit ihrem ganzen Gewicht hängt sie an mir, hinkend und schniefend. Sie wohnt bei ihrer Tante, ein paar Gärten neben dem unseren, in einem hübschen, fast luxuriösen kleinen Pavillon. An den Fenstern gibt es sogar Vorhänge.

Die Tante sieht mich rachsüchtig an. Obwohl ich ihre Nichte zurückbringe, die halb tot auf dem Bett zusammenbricht, muss ihr bewusst sein, dass auch ich kein unbeschriebenes Blatt bin. Anständige Frauen ziehen nicht mitten in der Nacht allein herum. Sie lädt mich für den nächsten Tag zum »Tee« ein.

Ach, hätte ich nur gewusst, was mich erwartet, dann wäre ich nicht hingegangen, um diese versoffene Epileptikerin wiederzusehen!

Doch was habe ich getan? Ich habe die Rotznase am nächsten Tag, als sie wieder nüchtern war, mit zu mir genommen! Die Tante war begeistert, sie so einfach losgeworden zu sein. Vor lauter Freude hat sie uns mit Kuchen und Sirup verwöhnt. Den Auszug ihrer lästigen Nichte kann sie gar nicht genug feiern! Ein schönes Geschenk hat sie mir da gemacht!

Ich nehme einen Teil meines Doppelbetts und ziehe zu den Kindern. Diese Kreatur macht es sich bei uns gemütlich. Ihr unaufhörliches Geschwätz geht mir auf die Nerven. Sie faselt davon, Arbeit in der Fabrik zu suchen, Pullover für die Kinder zu stricken, uns Würstchen mit Sauerkraut zu kochen, sich die Haare schwarz zu färben und sich mit ihrem Bruder auszusöhnen, der wie sie aus einem »Heim« weggelaufen ist und den sie seit dem letzten Familienstreit nicht mehr gesehen hat.

Sie hat sozusagen Zigeunerblut, genau wie ich. Aber ihr Blut ist deutsches Zigeunerblut. Ein weiblicher Judas der Straßen, bereit, uns alle zu verraten.

Am Nachmittag verschwindet sie, um Arbeit zu suchen, und um fünf kommt sie zurück, mit einer ranzigen Wurst. Eine gewaltige Alkoholfahne weht ihr voraus. Sie verlangt, dass ich ihr etwas zu essen mache. Ich sage nichts, aber ich habe allmählich genug von ihr. Später geht sie wieder aus, und um neun Uhr abends kommt sie zurück mit einem schlampig aussehenden jungen Mann, einem etwas zurückgebliebenen Deutschen, den sie mir mit Tränen in den Augen als ihren wiedergefundenen Bruder vorstellt.

Die Kinder schlafen, und ich schminke mich im anderen Zimmer, wo sich Bruder und Schwester unter dem Vorwand, sehr müde zu sein, zu Bett begeben.

Ich drehe ihnen den Rücken zu, höre unterdrücktes Gurren. Dann höre ich, wie sie mit ihrer heiseren Stimme sagt: *»Du bist mein Bruder ... Ich liebe dich ... Aber es ist Blutschande ... Ja!«*, schreit sie plötzlich und richtet sich auf wie eine Wilde. »Es ist Blutschande! Unsere Liebe ist verflucht!«

Ich überlasse sie ihrem seltsamen Treiben. Ich will jetzt tanzen, mit meinen Schwarzen.

Am nächsten Tag ist die Kleingartenkolonie in heller Aufregung. Die Nachbarn schreien sich etwas zu, das Wort *Polizei* fliegt von Mund zu Mund, unterbrochen nur von den Geräuschen von Spaten und Rechen.

Es ist *verboten*, jemanden in der Gartenhütte übernachten zu lassen. Und erst recht ist es verboten, nachts einen jungen Mann bei sich zu haben! *Polizei! Polizei!*

Die falsche Zigeunerin hat sich gleich morgens mit ihrem Bruder aus dem Staub gemacht und hängt sicher in den Kneipen herum. Also prasseln alle Drohungen, alle wutschäumenden Rufe nach der Polizei auf mich nieder. Ich zittere und schweige, tue so, als würde ich nicht verstehen. Am Abend wird alles noch schlimmer, es ist die endgültige Katastrophe. Die Verrückte hat schon wieder einen »Bruder« mitgebracht, einen italienischen diesmal, sie feiern sogar zu mehreren, mit vier Flaschen, während ich unterwegs bin. Der Nachbar schäumt vor Wut.

Um das Schlimmste zu verhindern, sehe ich mich gezwungen, die Frau vor die Tür zu setzen. »Geh zurück zu deiner Tante!«

»Schlampe, Hure, verfluchte! Du wirst schon sehen, wie ich mich räche!«

Weil sie sich weigert, von sich aus zu gehen, schleudert der Nachbar sie in ein Bohnenbeet, wo er sie mit Fußtritten traktiert. Schwankend steht sie auf, hält sich den Bauch und schleicht an den Zäunen entlang.

Es ist Samstagabend, und Bill wird, wie öfter in letzter Zeit, übers Wochenende zu uns kommen. Niemand macht Aufhebens davon. Schwarze sind hier tabu. Die Deutschen haben Angst vor ihnen, oder aber sie sehen sie nicht, wenn sie, eins mit der Nacht, kommen und vor dem Morgengrauen wieder gehen. Vielleicht glauben sie auch, dass es immer derselbe ist.

Mitten in der Nacht, ich liege schon im Bett und warte auf Bill, habe wie immer das Gartentürchen offen gelassen, wird die Stille durch wildes Geschrei unterbrochen. Es klingt wie das Gebrüll eines Tieres, dem man die Kehle durchschneidet. Bills Kopf huscht am Fenster vorbei, er schlüpft herein, und ich renne im Nachthemd hinaus und schließe die Pforte.

Aus allen Gärten hört man Geschrei, Hundegebell, ich vernehme die wütende Stimme des Nachbarn und dazwischen immer wieder das Gebrüll der Verrückten, die sich am Eingang des Gartens von der Polizei hat erwischen lassen und jetzt über die ausgetretenen Pfade zu einem Auto geschleppt wird.

Sie hat uns verraten!

Es ist früher Morgen, wir liegen alle noch im Bett, als auch schon die Besitzer der Gartenhütte auftauchen, die Eltern des jungen Mannes von der Akademie; sie sind bleich vor Angst.

»Raus! Raus! Raus!«

Sie jagen uns fort. Der junge Mann, der sich hinter seinen Eltern versteckt hat, ist knallrot. Die Alte heult. Sie hilft mir beim Kofferpacken, gibt mir eine kleine geblümte Schürze, die sie für ihre Tochter genäht hat. Ein paar Tränen rinnen ihr aufs Kinn.

»Schnell, schnell!«, drängt ihr Mann.

Wir sind fertig. Hatten nicht einmal Zeit für ein Frühstück. Wir geben einander die Hand: *»Auf Wiedersehen!«*

Von Neuem zieht unsere kleine elende Truppe von dannen, wir schwanken durchs Gras, ohne zu wissen, wohin.

»Ich lasse euch nicht im Stich«, sagt Bill großmütig. »Kommt einfach mit nach München.«

Der Name dieser riesigen unbekannten Stadt geht über uns auf wie eine neue Sonne. Bill hebt die beiden übervollen Koffer an, die beinahe auseinanderbrechen. Mit der Straßenbahn fahren wir zum Bahnhof.

Wann endlich werden wir irgendwo ankommen? Ob München unsere hungrigen Augen zum Glänzen bringt?

Wir sitzen auf der Terrasse eines Cafés an der Leopoldstraße, die gesäumt ist von weißen und rosafarbenen Fassaden. Der Fluss der Autos rollt vorbei, ins Unendliche, unter einem schartigen Triumphbogen hindurch, an Rasenflächen entlang, die unter dem vielen Staub ersticken.

Wir suchen ein Zimmer. In einer altmodischen Pension, die von einem mumienhaften, in Pantoffeln herumschlurfenden Paar geführt wird, mustert man uns misstrauisch: »Sind Sie verheiratet? Andernfalls brauchen Sie sich gar nicht erst einzutragen.«

»Aber du siehst doch«, meint der auf seine Stöcke gestützte Alte zu seiner Frau, »dass sie verheiratet sind, sie haben zwei Kinder. Trotzdem: Wir haben kein freies Zimmer mehr.«

Im Flurschatten stehend, muss ich insgeheim lächeln. Sie haben nicht gesehen, dass die Kinder weiß sind!

Schließlich finden wir doch noch eine Unterkunft, in einem bürgerlichen, fast luxuriösen Hotel. Die Waschbecken haben heißes und kaltes Wasser. Wir bleiben nur eine Nacht dort, für länger reicht Bills Geld nicht. Er hat schon die Reise für uns bezahlt. Ich habe mich unter einem erfundenen Namen eingetragen, mit einem Adelsprädikat davor. Da wir nichts zu essen haben, gehen wir mit leerem Magen schlafen.

Die ganze Nacht über habe ich leise mit Bill gekämpft. Morgens ist mein Nachthemd zerfetzt. Meine Blase ist wieder entzündet, doch das hat Bill nicht gestört. In jener Nacht hätte ich ihn am liebsten getötet.

Am nächsten Morgen – wir haben ja nichts zu verlieren – suchen wir ein anderes Hotel auf, wo wir Kredit bekommen. Ein modernes kleines Appartement mit zwei Betten und einem Badezimmer im siebten Stock eines sehr schicken Gebäudes. Der Portier trägt eine Uniform aus grobem Stoff mit Goldknöpfen. Zur Begrüßung macht er einen Diener bis hinunter zum Boden.

Abends jedoch hat er für mich nur ein spöttisches Lächeln übrig. Er hat mitbekommen, dass der Herr und die Dame nicht zusammen ausgehen und auch zu unterschiedlichen Zeiten zurückkommen. Was er mir deutlich zu verstehen gibt, als er mir den Schlüssel reicht.

Diese riesige Stadt verschlingt mich wie ein Ozean. Um mich darin nicht zu verlieren, merke ich mir genau, wohin ich gehe.

In dieser Jahreszeit sitzen die Leute draußen, auf Terrassen, die bis an die Rasenflächen am Straßenrand reichen. Der Lärm, das Licht, die laute Musik, die aus den Cafés dringt, betäuben mich. In der Menge auf den Bürgersteigen bilden Studentengruppen und schwarze Soldaten geheimnisvolle Schneisen.

Die Stadt rüstet sich für die Nacht, bis hinauf zu den Bäumen, wo die Laternen im Wind klappern. In einem öffentlichen Park, in dem Gestalten umherstreichen wie Wölfe, lasse ich mich in einem japanischen Steingarten von hinten nehmen, auf allen vieren, wie ein Tier.

Danach setzen wir uns auf die Veranda eines Restaurants, zu den volkstümlichen Klängen eines Orchesters essen wir unter den Lampions ein Stück Sahnetorte. Zum Abschied küsst der Mann mir die Hand, lässt einen Zehnmarkschein unter meine Tasche gleiten. Den werden wir morgen im Restaurant ausgeben, einer blitzsauberen *Wirtschaft* mit weißen Vorhängen. Für zwei kärgliche Gerichte wird das Geld reichen, Kartoffeln mit Schweinegulasch. Bill isst eine Portion, die Kinder die andere, und ich tunke mein Brot in die Soße.

München hat keinen richtigen Mittelpunkt. In ihren Ausläufern beherbergt die Stadt dickbäuchige Dinosaurier, die wie in grauer Vorzeit nur ans Fressen, Saufen und Schwanzlutschen und bei Musik an Militärwalzer und Polkas mit *Münchner Bier* denken.

Um nicht noch einmal im japanischen Garten zu landen, laufe ich am zweiten Abend entschlossen in die entgegengesetzte Richtung. An dem Triumphbogen vorbei gehe ich bis zu den Universitätsgebäuden, die zu beiden Seiten der breiten Straße stehen, mit großen illuminierten Springbrunnen davor.

An einer Mauerecke lese ich die auf eine Eisenplakette gravierte Inschrift: »Hier fielen unter den Kugeln der Nazis Sowieso, Sowieso und Sowieso, Studenten.«

Ihr Blut ist auf dem Gehweg verdunstet, hat in den Mauerspalten Wurzeln geschlagen. Nun schwebt es, verwandelt in rosafarbene Wolken, am Himmel jenes Sommerabends. Es gräbt Rinnen in die Erde unter unseren Füßen. Sein fader Duft hat die Pflastersteine geschwärzt und die Seelen der Deutschen mit einer Säure verbrannt, die für immer bleiben wird.

Das Land ist von ihrem Blut gezeichnet! Deswegen müssen sie zuweilen schreien, die Deutschen, sich in Saufgelage steigern und in die heiseren Stimmen von Betrunkenen, die ihr Bier in Urinpfützen voller Zigarettenkippen kotzen!

Ich laufe weiter. Ein kleiner hagerer Typ folgt mir mit hängender Zunge und mit im Wind zitterndem Schnurrbart. Seiner Sache sicher, packt er meinen Arm. Ich kann ihm nicht entkommen, er spürt es. Er weidet sich bereits an meinem Unglück, wittert den Hunger, ahnt Unterwerfung und Demut im Tausch gegen ein paar Mark. Er zieht mich schon mit den Augen aus, sein Kiefer klappert vor Gier.

Armseliges Vorspiel in der Straßenbahn, wo er mir beim Küssen mit seinen harten Schnurrbarthaaren die

Haut rötet, ein struppiger Foxterrier mit abgestandenem Atem.

Zehn Uhr abends. Endstation in der Vorstadt. Wir steigen aus, eng umschlungen wanken wir zu seiner Junggesellenbude am Ende einer Holztreppe. Ich darf auf dem vergilbten Kanapee Platz nehmen.

»Erst will ich etwas essen, bitte.«

Er nimmt Brot, Käse und drei Tomaten aus dem Schrank, drapiert alles sehr sparsam auf einem Tisch, an den ich nicht herankomme.

Erst nach der Sitzung, nackt auf dem dreckigen Plüsch, soll ich ein Recht darauf haben. O nein, ich will jetzt essen!

»Ach so ist das! Madame will mich nicht lieben? Gut, wenn das so ist!«

Kaum dass ich sie gesehen habe, landet die karge Mahlzeit wieder im Schrank, den er sorgfältig verschließt.

»Und jetzt *raus! Hinaus!* Hier haben Sie fünf Mark, hauen Sie bloß ab!«

Ich renne die Treppe hinunter, bekomme noch einen wütenden Fußtritt.

Es ist dunkel geworden, und es regnet, kein Mensch weit und breit. Ich laufe weiter, instinktiv nehme ich die größte Straße und kehre langsam ins Stadtzentrum zurück. Im prasselnden Regen laufe ich vornübergebeugt immer weiter, als ich das gedämpfte Geräusch eines Automotors vernehme.

Ein langgestreckter himmelblauer Cadillac.

Schnurrend kommt er zum Stehen, und im Schatten

der grünen Scheiben sehe ich das Gesicht eines Schwarzen. Die Tür geht auf.

Noch heute habe ich diese geheiligte Minute genau im Kopf. Ich höre das sanfte Motorengeräusch, spüre, wie mich die Hitze umfängt, die Musik aus einem kleinen Radio, Regentropfen rinnen auf die blaugrüne Scheibe, hinter deren Schutz mich nichts Böses mehr erreichen kann.

Ah, wenn es ein Jenseits gibt, so möge es aus dem Innern eines alten Cadillac bestehen, mit blau verwaschener Karosserie, ein Wagen, in dem ich für alle Ewigkeit auf Lederkissen sitze. Möge an meiner Seite für immer das Gesicht eines schwarzen Gottes mit feinem Profil glänzen, mit geheimnisvollem Blick, aristokratischem Kinn, wie von einem Hieb gespalten.

Möge sein Körper nach dem Vanilleduft von Knabenkraut riechen. Möge er mich anlächeln und wie früher mit verschleierter Stimme murmeln: »*You trouble me.*«

Ah, wenn es ein Jenseits gibt, dann möge es ein alter Cadillac sein, ein Cadillac voll Liebe!

Wo auch immer du bist, du wunderbarer schwarzer Mann, aufgetaucht aus der Nacht der Zeiten, vergiss nicht, wie du mich unter dem herabprasselnden Regen in München auf der Leopoldstraße um vier Uhr morgens aufgesammelt hast!

Was man mir angetan hat, Hunger, Schläge, Knast, all das ist mir egal!

Doch um dich, mein schwarzer Retter, vergieße ich noch heute Tränen der Liebe! Du hast mich geliebt, mir zu essen gegeben, warst zärtlich zu mir.

Meine Kinder erinnern sich auch an dich, und wenn ich an deine Arme denke, kommen mir die Tränen. Wo auch immer du jetzt sein magst, wisse, dass du für immer einen Thron in meinem Herzen einnimmst, die Schürfwunden der Zeit haben der Erinnerung an dich nichts anhaben können.

»What are you doing so late?«, fragtest du mit deiner melodischen Stimme. Und ich antwortete wie üblich: *»Nothing. I'm walking.«*

Das stimmte. Das Leben war ein Spaziergang. In deinem himmlischen Cadillac neben dir war ich eine Prinzessin auf Reisen. Es war ein Zuhause, unser Reich. Schweigend fuhren wir durch den Regen. Du sahst mich verstohlen an. Ich wischte meine nassen Wangen ab, lächelte dir zu, schüttelte mich in meinem mottenzerfressenen Fischotternfell. Zum ersten Mal fühlte ich mich in Sicherheit.

Weil etwas mit dem Motor nicht in Ordnung war, hielten wir vor einer nächtlich erleuchteten Werkstatt. Bevor wir ausstiegen, hast du dich zu mir gedreht und mich gebeten: *»Kiss me.«*

Ganz sacht habe ich meine Lippen den deinen genähert.

»Thank you«, hast du gesagt.

Zusammen tranken wir die Flasche Wodka, die unter deinem Sitz versteckt war. Damals warst du immer betrunken, Tag und Nacht. Das machte deine Stimme weich, verlieh deinen entzündeten Augen einen geheimnisvollen Schimmer. Die Trunkenheit umhüllte dich wie mit einem Zauber, verlieh deiner Schönheit etwas Überirdisches, mit deiner ekstatischen Magerkeit, deinem nach Zärtlichkeit verlangenden Lächeln, deiner tiefen und traurigen Stimme.

Was für eine Nacht haben wir zusammen verbracht!

Der Cadillac fuhr weiter, bis zum frühen Morgen. Ich habe dir alles erzählt. Von unserer Flucht, den Kindern, Bill, den Schlägen.

Du hast schweigend zugehört. Von Zeit zu Zeit küssten wir uns oder tranken einen Schluck Wodka.

Der Himmel wurde weiß, die Sonne ging auf, wie eine riesige rote Blume brachte sie die Felder zum Leuchten. Eine Katze sprang aus dem Gebüsch hervor, kam auf uns zu, um vor dem Cadillac den Tag zu begrüßen. Schlaftrunken sahen wir zu ihr hin. Wir hatten keine Kraft mehr, um auszusteigen, saßen zusammengekauert hinter den beschlagenen Autoscheiben.

Und dann lachten wir, fuhren schnell wie der Teufel in die Stadt zurück. Du nahmst mich mit in ein kleines Café in der Nähe der Kasernen. Der Besitzer, ein dicker Mann mit Schürze, zeigte mit dem Finger auf dich und sagte: »Der da ist mein bester Freund. Wer ihm was zuleide tut, bekommt es mit mir zu tun!«

Wir aßen Eier mit Schinken, wie in Amerika, und tranken frisches Bier dazu. Es war köstlich!

Diese kleine Kneipe in der Nähe der Kasernen, wie sehr habe ich später danach gesucht! Es ist genau die, da bin ich mir sicher, die ich zwei Jahre später wiedergesehen habe, als ich mich, an die Gitterstäbe meiner Gefängniszelle geklammert, auf einen Koffer stellte und hinausspähte.

Genau dieses kleine verlorene Café habe ich fünf Monate lang verzweifelt angesehen, während ich mich an einen Lufthauch klammerte, einen Hauch Sommer hinter den Gitterstäben spürte, um fünf Uhr morgens, wenn der Klang der Trompete in der amerikanischen Kaserne die Dämmerung zerriss!

Doch heute, an diesem sonnigen Morgen, sitzen wir zusammen im Halbdunkel des Saals und frühstücken wie Liebende, die eine ganze Nacht unterwegs waren.

Du hast mir versprochen, mich um elf Uhr wieder abzuholen, mit den Kindern. Als Treffpunkt haben wir eine Bank am Rand der großen Allee vereinbart, wo wir einander zum ersten Mal begegnet sind.

»Diese hier. Um elf Uhr. Ihr wartet auf mich.«

In der Nähe des Hotels, wo ich die Kinder und Bill schlafend zurückgelassen habe, nehmen wir Abschied voneinander. Ich renne, tanze vor Freude durch die Straße.

Du bist in die Kaserne zurückgekehrt, für den Morgenappell, denn du bist Sergeant der amerikanischen Armee, wahrscheinlich der schlechteste und zugleich der beliebteste, den sie je hatten!

Bei der erstbesten Bäckerei kaufe ich von den fünf Mark, die mir aus der Nacht geblieben sind, Brötchen und Milch für die Kinder. Sie sind schon wach. Bill sieht mich zornig an. Bevor er explodieren kann, sage ich schnell: »Wir gehen.«

»Ich hätte euch sowieso rausgeschmissen«, sagt Bill. »Ich habe genug von euch. Beeilt euch! Ich will euch nicht mehr sehen.«

Dann werden wir eben draußen frühstücken. Die Koffer sind schnell zugeschnürt. Die Kinder bestürmen mich mit Fragen. Ich verschiebe das Antworten auf später. Bill braucht es nicht zu hören. Das Schlimmste ist, dass er das Zimmer wird bezahlen müssen. Das wird er mir niemals verzeihen. Noch Jahre später wird er es mir vorwerfen.

Wir sitzen auf einer Bank in der Allee und warten. Seit über einer Stunde warten wir schon. Die Kinder laufen ständig zwischen mir und dem Straßenrand hin und her.

Bei jedem etwas größeren blauen Auto, das sich nähert, schreien sie, fuchteln mit den Händen: »Da kommt er, der schwarze Freund im blauen Cadillac.«

Aber immer ist es ein anderer.

Ich bin todmüde und beginne allmählich zu glauben, dass alles nur ein Traum war, dass der Cadillac nie kommen wird. Wir werden allein auf dieser Bank bleiben, mit unsren kaputten Koffern, ohne Geld, und wieder einmal, ohne zu wissen, wohin.

Die Sonne steht schon hoch am Himmel. Die Brötchen sind gegessen, die Milch ist schon lange getrunken.

Plötzlich schreien die Kleinen ganz laut: »Da kommt er! Da kommt er!«

Und wirklich, er ist es. Das große hellblaue Fahrzeug hält mit ein wenig Abstand zum Straßenrand an, es funkelt in der Sonne. Die Kinder sind im Nu drinnen, sitzen schon auf den Knien meines schwarzen Freundes. Sie betäuben ihn mit ihren Freudenschreien und ihren Liebkosungen, er kann gerade noch seine Sonnenbrille retten!

Er lächelt ganz entzückt, versteht kein Wort von dem,

was sie ihm auf Französisch sagen, und stellt sich vor: »Robert Benson.«

Er gibt ihnen die Hand.

Der Cadillac ist so geräumig, dass wir zu dritt vorne sitzen können. Alle wollen neben ihm sitzen. Wir beschließen, uns während der Fahrt abzuwechseln.

Wir fahren los. Schluss mit dem Hotelleben, mit Bill, den Alten im Park, dem Hunger!

Majestätisch wie ein Schiff gleitet der dickbäuchige Cadillac durch die Stadt.

»Wohin soll es gehen?«, fragt Robert Benson.

Ich überlege. Verdammt, ich habe keinen blassen Schimmer. Da fällt mir ein, dass meine Mutter gesagt hat, in unseren Adern fließe Zigeunerblut. »Gibt es in München oder in der Umgebung Zigeuner?«

»Ja, irgendwo an der Autobahn nach Nürnberg ist ein Zigeunerlager. Aber warum wollt ihr denn dorthin?«

»Weil wir auch Zigeuner sind.«

»Okay.« Er lächelt sanft.

Ein Passant erklärt uns den Weg.

Hunderte von Malen bin ich diese Straße seither gefahren. An der Münchner Freiheit muss man nur den Straßenbahnschienen folgen, durch eine ganz gerade Allee, bis zum Gewerbegebiet am Stadtrand. Dann geht es zu einer Autobahnkreuzung und wieder zu einer anderen geraden Straße, gesäumt von Ferienhäusern, Hunderten kleiner Pavillons aus hellem Holz.

Wir biegen nach links ab und fahren an einem seltsamen Berg entlang, der kahl ist und stinkt. Später habe ich jemanden kennengelernt, der ihn »Chanel-Berg« genannt hat, wegen des scheußlichen Gestanks. Es ist die städtische Müllhalde, sie reicht bis in den Himmel.

An Gewittertagen, nachdem es geregnet hat, wird der Gestank widerwärtig. Er erstickt Töne, Farben und Gedanken, er ist so unerträglich, dass man sich in den Bauch der Mutter zurückwünscht!

Am Ende dieses unheilvollen Bergs geht es nach rechts.

Am Feldrand stehen noch einzelne Hütten, die Kettenhunde bellen Tag und Nacht wütend. Scharen von Gänsen und Hühnern ergreifen die Flucht.

Wir fahren weiter, die Straße steigt an und ist auf beiden Seiten gesäumt von steilen Böschungen. Plötzlich taucht rechts eine Wiese auf, vollgestellt mit Gefährten, die wie eine Fata Morgana wirken: zerbeulte Busse, verschmiert und verrostet, amerikanische Schlitten, die den Geist aufgegeben haben oder schon in Einzelteile zerlegt sind, Wohnwagen, Planwagen, armselige aus verrottetem Holz bis hin zu geräumigen luxuriösen Blechwürsten mit Fernsehantenne, bogenförmigem Eingang unter einem Vorhang aus orangefarbenem Tuch und blühenden Geranien vor den Fenstern.

Überall schwanken Wäscheleinen mit angeklammerten Hosen, Hemden, Bettwäsche und Babywindeln.

Selbst in den entlegensten Winkeln stehen diese bewohnten Konservenbüchsen, ein rauchspeiendes Rohr ragt heraus. Auch die Busse sind bewohnt, vor den Fenstern hängt Wäsche. Überall kläffen wütende kleine Hunde, die sich an ihrem Gebell fast verschlucken, und es wimmelt von kleinen Kindern, die barfuß durch den Staub rennen.

Der Cadillac bremst ab. Es gibt einen Zufahrtsweg zum Lager, der geradewegs in den Graben hinunter und zwischen den Wohnwagen entlangführt.

Von Weitem schon sehe ich auf der Böschung am Straßenrand eine ganze Schar Zigeunerkinder, die uns hektisch zuwinken und laut rufen: *»Kommt! Kommt!«*

Wir lehnen uns aus dem Fenster. Der Cadillac biegt ganz vorsichtig in den abschüssigen Weg ein und hält direkt vor dem Eingang des Lagers.

Die Zigeunerkinder führen uns zum ersten Wohnwagen rechts, einem alten verrotteten gelb-braunen Wagen mit Holzrädern und einer kleinen Leiter vor der Tür.

Die Zigeunerin zeigt sich auf der Schwelle: Sonja, Mutter von elf Kindern. Sie hat fünf Jahre Konzentrationslager überlebt. Von allen Frauen auf der Welt liebe ich sie am meisten. Wenn ich ihren Namen schreibe, füllen sich meine Augen mit Tränen.

Unmöglich, diese Frau zu beschreiben, die Schönheit ihrer hohen Stirn, ihrer Augen, die gesehen haben, wie Nazis Neugeborene gegen Mauern geschmettert haben. Ihr Mund kündet von der täglich wiederkehrenden Angst, nur selten zeigt er ein kindliches Lächeln.

Sonja ist ungarisch-deutscher Herkunft. Ihr Gesicht ist ausgehöhlt und von Schmerz, Warten, Hunger und Angst gezeichnet, es zeugt von Schlägen und Demütigungen, ist offen wie eine Blume, doch Sonjas Blick ist der einer Achtzehnjährigen, voll leidenschaftlicher Liebe zu ihrem Mann Tata und zu ihren Kindern. Liebende, Gebende, Opfer.

Sonja, der Klang deiner steinigen Stimme hallt noch in

meinem Ohr, dein Lächeln ist in mir verwahrt, es wohnt in mir.

Dein Bauch, durch die vielen Schwangerschaften und Krankheiten aufgebläht, unter der kleinen Schürze ist der Bauch aller Zigeunerinnen, die man deportiert hatte und deren vergessene Namen der Wind an stürmischen Abenden an den Toren der ehemaligen Lager, auf den Disteln, den Steinen und den im Boden vergrabenen Stacheldrähten flüstert.

Sie streckt uns ihre Hand entgegen und fordert uns auf, die Holztreppe hochzusteigen.

Wir betreten ihr Zuhause, den Wohnwagen voller Kinder auf abgewetzten Sofas, wir setzen uns an ihren Tisch, an dem Tata wartet, der Clanchef, mein Zigeunervater.

Später, viel später, als es für uns brenzlig wird, nimmt er den Polizisten den Wind aus den Segeln, indem er seine Hand auf meine Schulter legt und sagt: »Sie ist meine Tochter.«

Trotz ihrer Armut nehmen sie uns auf wie Brüder und Schwestern. Lächelnd fragen sie uns, woher wir kommen und was wir vorhaben.

Sie geben uns zu trinken.

»Wollt ihr etwas essen?«

Mein schwarzer Freund weicht nicht von meiner Seite.

»Wenn ihr wollt«, sagt Sonja, »könnt ihr bei uns bleiben. Wir haben noch einen alten Wohnwagen. Ich muss ihn nur ein wenig aufräumen; er ist sehr schmutzig. Dass ihr kein Geld habt, ist nicht schlimm.«

Wir stürzen die Leiter hinunter, um unser künftiges

Zuhause in Augenschein zu nehmen. Die Tür wird nur von einer Schnur gehalten, es fehlt ein Rad, das Dach ist leck. Egal: Es kommt mir vor wie ein Wunder.

Sonja und ihre beiden ältesten Töchter, Nina und Bertha, fangen an, den Wagen zu putzen, und schleppen schmutzige Kleidungsstücke heraus, die sie in einem dritten kleinen Wagen unter ein breites Bett werfen, das den ganzen Raum ausfüllt: Hier schlafen die beiden jungen Mädchen.

Plötzlich sehen wir aus unserem Wagen eine kleine verwahrloste Katze herauslaufen; sie hat da gelebt, in der Wäsche versteckt.

Heute Abend werden wir hier schlafen. Die Zigeuner versprechen, alles aufzuräumen.

Mein schwarzer Freund fährt uns inzwischen auf einer im Staub glühenden Straße zu einem kleinen Lebensmittelladen und kauft uns Vorräte, den ganzen Kofferraum voll.

Was für ein Festtag! Wir essen, trinken gekühlte Limonade und fahren in den schattigen Wald, wo die Kinder sich ausziehen und im Dickicht spielen.

Auf dem weichen Moosboden breitet mein schwarzer Geliebter zwei Decken aus, und wir hüllen uns hinein, gewiegt vom Murmeln der Insekten, unter heißen Sonnenflecken zwischen den Zweigen, im Geruch nach Wald und Erde.

Bis Sonnenuntergang habe ich dich geliebt, mein schwarzer Freund. Nackt, weißt du noch, haben wir in den rauen Decken und im pfeffrigen Duft deiner Haut geschlummert.

Der Abend bricht an. Im Mondlicht wirkt das Lager gespenstisch. Alle Fenster sind erleuchtet, und überall steigt aus den Dächern Rauch auf. Wie Katzen schleichen sich die Zigeunermädchen heran und überwachen unseren Einzug in den Wohnwagen. Nina und Anita sprechen ein wenig Französisch.

Mein Geliebter wird heute Nacht wiederkommen, für einige Stunden seiner Kaserne entfliehen, er wird dreimal sachte ans Fenster klopfen.

Die Wände unserer Unterkunft sind aus Holz, die großen Löcher sind mit Pappe bedeckt. Ich hänge meinen Schmuck daran auf, meine Zigeunerohrringe, meine Armbänder. Meine schönste Kette aus venezianischem Glas schenke ich Sonja. Die jungen Mädchen bringen sie ihr in den anderen Wagen und kommen mit einer Gegengabe für mich zurück, einer Kette aus undurchsichtigen rosa und violetten Kugeln, die an Hostien erinnern. Ich habe sie immer noch. Hier vor mir liegt sie auf dem Tisch, und wenn ich sie ansehe, denke ich an dich, Sonja.

Es gibt für uns vier nur ein einziges enges Bett, es steht an der hinteren, mit zerfetztem Goldpapier beklebten Wand. Der Wagen ist so niedrig, dass man in der Mitte kaum stehen kann. Meinen winzigen Spirituskocher habe ich auf dem von Mäusen angeknabberten Büffet deponiert. Da, wo das Rad fehlt, klafft auf dem Boden am Kopfende des Bettes ein großes Loch, durch das man die Erde sieht.

Mitten in der Nacht, als ich an die Kinder geschmiegt im Bett liege, weckt mich leises Klopfen.

Ich mache auf, indem ich den Faden aufrolle, der die

Tür an zwei Nägeln dicht hält, und sehe durch das Fenster, wie sich der Kopf meines schwarzen Geliebten geheimnisvoll im Mondlicht abzeichnet.

Noch vor dem Morgengrauen muss er in seine Kaserne zurückkehren; wenn er den Appell verpasst, riskiert er eine Gefängnisstrafe.

Am Morgen hat es geregnet, die Hälfte des Bettes ist nass. Wir müssen es verrücken. Auf dem Boden sind Pfützen.

Bei stürmischem Regen stellen wir leere Konservendosen unter die Löcher, tagelang wiegt uns die Musik der die Dosen füllenden Tropfen.

Die Zigeunereltern sind in aller Frühe schon zum *Hausieren* aufgebrochen. Sonja hat Seifen, Zahnpastatuben, Kämme und Haarspangen in ihrer Tasche. Zärtlich und voll Rührung denke ich an jene große, schwere Tasche, die sie durch die Treppenhäuser schleppt, ihre zwei Kleinsten am Rockzipfel.

Tata verstaut im Kofferraum seines Autos Zigarettenstangen, amerikanische Marken, und Whisky, was er auf die Gefahr hin, eingesperrt zu werden, für viel Geld an die Reichen in den Villen verkauft.

Ach Tata, wunderbarer Mann mit dem Gesicht eines tschechischen Geigers und den blauen sehnsuchtsvollen Augen! Tata mit dem weißen Haar, der sich aus Liebe zu seiner Frau den Schnurrbart schwarz gefärbt hat!

»Ich bin der schönste Mann«, sagt er. Und es stimmt. Auschwitz und Dachau haben dich mit einer Erhabenheit geprägt, die uns verstummen lässt angesichts deines wilden Lachens und der Zärtlichkeit, mit der du

deine kleinen Töchter Emmi und Julischka auf den Knien wiegst.

Tuberkulosekranker Tata, Tata mit dem pfeifenden Atem. Dein Beruf klingt wie ein Paukenschlag: Künstler!

Die Deutschen sind schuld, dass deine Haare weiß sind, sie haben dein Herz gebrochen und deine erste Frau und eure gemeinsamen acht Kinder in ihren mörderischen Öfen verbrannt. Wenn du betrunken bist, schreist du dir eine schreckliche Liebe vom Herzen, die Liebe zu den Toten, zu den Juden und Zigeunern: In deinem Gebrüll hallen die Schreie der Deportierten wider.

Zigeunermädchen sind schön wie Früchte in der Sonne. Ihr langes schwarzes Haar, das sie ausgiebig kämmen und streicheln, fällt ihnen wie ein Fluss über die Schulter. Die vierjährige Julischka ist ein Teufel. Barfuß tanzt sie den Twist auf dem Verdeck des altersschwachen Zigeunerautos, ihre molligen kleinen Hände schwenken ihr Kleid, die schwarzen Augen blitzen.

Ihr Vater hat ihr den Spitznamen »Russin« gegeben.

Die beiden Jungen, Peppi und Willy, sind immer auf Diebestour, verstohlen schleichen sie sich in unseren Wagen. Jeden Tag wird er von ihren Schreien erschüttert, wenn ihre Zigeunermama böse wird und den Kochlöffel beherzt zwei Fingerbreit über ihren Hintern schwenkt. Sie tut so, als würde sie sie verprügeln, und um das Gesicht zu wahren, brüllen sie, so laut sie können.

Die Eltern kommen erst um drei Uhr nachmittags zurück. Sonja packt Lebensmittel aus, Brot, Zucker, Mehl, und holt heimlich ein Huhn aus einer schwarzen Stofftasche, die sie unter ihren Röcken versteckt hatte.

»Der Tata hat es organisiert«, sagt sie.

Es wird lange vor sich hin köcheln und dann mit böhmischen Knödeln im Bauch von fröhlichen Zigeunerkindern landen.

»Happa, happa«, sagt Sonja in der Sprache ihres Volkes und schiebt den Kleinsten abwechselnd einen Löffel dieses herrlichen Gerichts in den Mund. Auch wir bekommen einen großen Teller mit dampfenden Knödeln in Soße, an Glückstagen zusammen mit dem weißen Schenkel eines gestohlenen Huhns. Sonja bringt uns das Essen persönlich vorbei; das Gericht mit beiden Händen haltend, hievt sie sich hoch in unseren treppenlosen Wagen.

Ich habe gekehrt und aufgeräumt, wir haben ein zweites Bett, man bringt uns Stoffe, die wir vor die Fenster hängen. Sie werden nützlich sein, wenn die Polizei ihre Runden macht und ich mich mit den Kindern unterm Tisch verstecken muss. Wir halten den Atem an, um sie im Glauben zu wiegen, der Wagen sei leer, die Tür mit der Schnur verschlossen.

An einem glühend heißen Nachmittag zeigen deutsche Bullen, zu welcher Härte sie fähig sind. Wir hören Schreie, die zerlumpte Menge ist um einen Wohnwagen versammelt. Eine kranke Frau, die ihre Miete nicht bezahlt hat, wird herausgejagt.

Sieben Polizeiautos umstellen ihren Wagen. Sieben grün gepanzerte Käfer, auf deren Flanken der Auswurf *Polizei* prangt. Die Frau wird brutal nach draußen gestoßen, man bricht ihr den Arm dabei.

Als ihre fünfzehnjährige Tochter am Abend aus der Fabrik heimkommt, wird sie dort, wo früher ihr Stellplatz war, nur noch eine Matratze vorfinden, darauf ihre reglose Mutter, umgeben von Küchengerätschaften.

Mit den Kindern hinter der Menge versteckt, habe ich alles mitangesehen.

Ein Greis lebt ganz allein in einem schwarz gestrichenen kleinen Wohnwagen, die rote Inschrift *Moulo, Moulo, Moulo* ist in unterschiedlich großen Buchstaben in die verkohlten Wände geritzt. »Moulo« heißt Dämon. Sein einziger Besitz ist ein Fahrrad.

Eines Morgens wird man ihn tot, zerschmettert, in einem Graben finden, neben ihm sein Fahrrad, auf dem Kopf sein Hut. Der Wohnwagen ist seither leer, abgeschlossen.

Ein anderer Wohnwagen, grau und mit zarten Verzierungen, darüber drei kleine Kreuze: die russische Kirche.

In der Platzmitte wartet ein scharlachroter Bus seit Jahren darauf, dass man ihn in eine Schule verwandelt. Nutzlos rostet er vor sich hin.

Dic zementierten Toiletten sind wie Nester. Hier küssen sich verliebte Kinder inmitten von Fliegen und Gestank.

Am Ende des Lagers, bei den Stacheldrahtzäunen, die es von den dürren Feldern trennen, ist ein Gelände den fahrenden Zigeunern vorbehalten. Unter ihnen sind auch Polen. Nachmittags statte ich ihnen mit meinen Kindern einen Besuch ab. Eine Frau mit strohblondem Haar kommt unter einem Zelt hervor, im Innern erkenne ich zwei etwa zwölfjährige kleine Mädchen, zart wie Birken, geschminkt und mit Schmuck behangen, in ihren langen Röcken tanzen sie barfuß auf der Erde.

Die Müllhalde in der Nähe dampft in der Sonne und stinkt zum Gotterbarmen. Viele Zigeuner und arme Leute verdienen sich dort ein kleines Zubrot, für ein paar Mark sortieren sie den Unrat.

Sonja hat von dort oben einen hübschen, nagelneuen Nylonrock, und ich habe ein weiß-blau gestreiftes Volantkleid gefunden. Eines Tages wären wir alle beinahe an Bauchkrämpfen krepiert: Wir hatten Sardellen und Pflaumen aus verrosteten Dosen gegessen, die uns die beiden Zigeunersöhne mitgebracht hatten. Täglich gehen sie auf dem Müllberg auf die Jagd, wo sie bis zu den Knien im Dreck versinken, und sie kommen mit lauter unheilvollen Dingen zurück.

Abends bildet sich vor den Wasserhähnen eine lange Schlange von Frauen und Kindern. Alle waschen sich, suchen sich gegenseitig nach Läusen ab oder erledigen die Wäsche auf den Treppenstufen zu den Wohnwagen.

Sonja und ihre drei großen Töchter stehen einen ganzen Tag lang gebückt über den Schüsseln und Kesseln, um die schmutzige Wäsche, die sie aus dem Wagen der jungen Mädchen herausgeholt haben, wieder sauber zu bekommen.

Abends bauscht die Brise von einem orangefarbenen Himmel die schönen geblümten Kleider, die schneeweißen Laken und die blauen Handtücher auf einer Wäscheleine zwischen den drei Wohnwagen. Ihre ganze Habe, erstanden von dem Geld, das Sonja – mit Emmi und Julischka an den Rockzipfeln – beim Hausieren verdient hat.

Mein Sohn Boris beißt und kratzt Sonja eines Tages, als

ich mit meiner Tochter per Anhalter in die Stadt gefahren bin, um ihr Sandalen zu kaufen. Er schreit und will abhauen, sie muss ihn bis zu meiner Rückkehr in den Wagen sperren.

Meine Kinder werden wieder zu kleinen Wilden. Sie spielen in der Sonne, und eines Tages, als sie ganz nackt sind, weil ich gerade ihre einzigen Sachen wasche, begibt sich eine Delegation alter Zigeunerinnen zu Sonja, um ihr in mehreren Sprachen und mit entrüsteten Gesten deutlich zu machen, dass diese Unsitte aufzuhören habe. Ich selbst muss einen Rock anziehen, um meine neuen karierten Shorts zu verbergen, die ich vom Müllberg habe. Hier gibt es Regeln, und niemand hat das Recht, sie zu verletzen.

Tata hatte viele Kinder. So viele, dass seine Töchter sich regelmäßig verzählen. Eines Nachmittags, als wir in der Sonne sitzen und miteinander plaudern, kramen sie fieberhaft in ihrem Gedächtnis und kommen auf vierundzwanzig, die Kinder mitgerechnet, die er mit anderen, ebenfalls sehr schönen Frauen gehabt hat.

Als Sonja ihn kennenlernte, war er allein. Er war gerade aus dem Gefängnis entlassen worden. Eine wunderbare, aber flatterhafte Frau, Barka mit dem schwarzen Haar, hatte ihn mit fünf kleinen Kindern sitzen lassen und war mit einem anderen Zigeuner durchgebrannt. Vor Schmerz halb wahnsinnig, hatte Tata sie in ganz Deutschland gesucht.

Sonja hat die fünf Kleinen gewiegt und gewickelt, sie hat weitere mit ihm bekommen, zusätzlich zu den beiden, die die Deutschen ihr trotz all ihres Flehens weggenommen und in ein Heim gesteckt haben. Die beiden waren von einem ersten Ehemann, einem Deutschen, der sich als Säufer entpuppte.

Wenn Sonja und ich, wie jetzt beim Geschirrabwaschen, alleine sind, erzählt sie mir mit ihrer leisen, leicht rauen Stimme und einem vor Glück verklärten Blick, von ihrer ersten Zeit mit Tata: Wie er den Wohnwagen mit Blumen und Geschenken schmückte und ihn, nachdem er die Kinder daraus verjagt hatte, abschloss und sie entkleidete, um sie zu bewundern und von Kopf bis Fuß mit Küssen zu bedecken.

Sie erzählt mir auch, wie es war, als die Amerikaner sie aus dem Konzentrationslager Dachau befreit haben. Die Gefangenen stürzten sich auf alles Essbare, sie schlugen sich darum und aßen auch Stücke von blutbeschmiertem Brot, danach starben viele unter scheußlichen Krämpfen. Sonja überlebte, weil sie ein ganzes Päckchen Kakao verschlungen hatte, das rettete sie vor der Ruhr. Bei ihrer Befreiung war sie achtzehn Jahre alt. Mit dem Geld, das man ihr gab, ging sie nach München.

Sie tanzte und trank so lange, bis kein Pfennig mehr übrig war. Dann ging sie *auf den Strich*, genau wie ich.

Ein Strich, eine Schmerzenslinie durch die Welt, eine Linie, auf der wir alle gehen.

Und dann hat sie sich in einen Franzosen verliebt. Sie bekam die Syphilis. Später hat sie den brutalen Deutschen geheiratet, der sie prügelte und von dem ihre ersten beiden Kinder sind, die das *Jugendamt* ihr weggenommen hat.

In der Geborgenheit des Wohnwagens vertraut sie mir

das alles an. Das Abwaschwasser wird langsam auf einem Feuer warm, während ihr Jüngster, Eugen, das kleine Gesicht ganz zerknittert, in seinem Körbchen schläft.

Als sie nach ihrer Befreiung durch München lief, stieß sie eines Tages auf eine ehemalige Lageraufseherin, eines dieser weiblichen Nazimonster. Sie hatte die Frau zweifelsfrei wiedererkannt.

»Ja«, sagte sie. »Es war eine von denen. Sie hat getan, als würde sie mich nicht erkennen. Aber ich bin auf sie zugegangen, habe ihr in die Augen gesehen und zu ihr gesagt: ›Was für eine Überraschung, Sie hier zu treffen! Trinken Sie doch ein Gläschen mit mir. Das Wiedersehen müssen wir feiern.‹ Sie hat sich nicht getraut, abzulehnen. Ich nahm sie mit in ein Zigeunercafé, das ich gut kannte. Das Miststück war ahnungslos. In Zigeunersprache habe ich meine Leute eingeweiht, sie hat kein Wort verstanden. Innerhalb weniger Sekunden hatten sie Türen und Fenster verriegelt, von außen konnte man nicht hereinsehen. Dann haben wir uns auf sie gestürzt und sie umgebracht, abgeschlachtet, mit Fingernägeln und Messerklingen zerfetzt, sie totgetreten. Sie ist auf dem Fußboden krepiert, und niemand hat es je erfahren. Das ist die Rache der Zigeuner.«

Mein schwarzer Freund besucht mich jede Nacht. Vor dem Morgengrauen wecke ich ihn. Er taucht aus dem Wodkanebel auf, zieht seine khakifarbene Uniform wieder an und kehrt in die Kaserne zurück. Um fünf Uhr ist Morgenappell. Wenn er frei hat, bleibt er länger. Dann stehen wir alle zusammen auf und machen eine Spritztour im Cadillac. Der Wagen schaukelt auf den kleinen Wegen zwischen den Kornfeldern, am Waldrand, zwischen den Bäumen, auf Tannennadeln. Durch die marineblauen Scheiben erhält die Landschaft einen feinen grünen Schimmer, als würden wir in großer Tiefe segeln.

Mittags lädt uns unser Freund in ein Dorfgasthaus ein. Die Kleinen tun, als wären sie Hunde. Sie verlangen, dass man ihnen einen Teller auf den Kies der Terrasse stellt, und dann essen sie auf allen vieren und lachen wie die Verrückten.

Dem schwarzen Sergeanten ist das peinlich (ich habe ihn im Verdacht, im Grunde seines Herzens ein wenig bürgerlich zu sein).

Auf der anderen Seite einer Brücke, die über die Nürnberger Autobahn führt, habe ich eine große, von Schafen abgegraste Weidefläche entdeckt. Wir wagen uns mit den Kindern dorthin, bis an den Rand eines Waldes. Und sehen Monster, die in der Sonne glänzen und ungeheuerliche Geräusche produzieren, während sie Erde und Sträucher zermalmen. Wir liegen platt im Gras und wagen es nicht, uns zu rühren. Die Monster kommen näher, und schon bald sehe ich eins auf uns zukommen, ein riesiges Ding aus Eisen, das erste in einer langen Reihe.

Sie bleiben stehen, fahren wieder an, weichen zurück, Erde und Blätter spritzen unter ihnen hervor, in einem ohrenbetäubenden Lärm. Es sind amerikanische Panzer beim Manöver, gesteuert von unsichtbaren Soldaten.

Der schwarze Geliebte kommt irgendwann nicht mehr jeden Tag. In der Kaserne lässt man ihn nicht länger einfach so gehen. Wieder einmal bin ich vollkommen blank.

Eines Abends sehe ich an der Tür des Zigeunerwagens eine große unförmige Frau, mit grellem Schmuck behangen. Ihr Gesicht ist durch einen riesigen Leberfleck wie zweigeteilt, er frisst ihr förmlich die eine Gesichtshälfte weg. Sie hat kurzes gekräuseltes Haar.

»Das ist Lucy, die Negerhure«, sagt Tata.

Sie geht in die mit bunten Lampions geschmückten Bars in der Nähe der Kasernen tanzen, Bars, die für mich wegen der Polizei zu gefährlich sind.

Maria, die Österreicherin, eine prächtige Frau mit knallrotem Haar, leistet Lucy Gesellschaft. Ihr Wagen ist einer der hübschesten. Sie lebt dort mit Joseph, einem schwarzen Sergeanten, in einem Treibhaus voller Plastikblumen. Die Blumen sind allgegenwärtig, auf Vorhängen, Bettbezügen, Kissen, Marias Kleidern, und Maria selbst sieht auch aus wie eine angewelkte Orchidee. Jeden Abend sehen wir ihr zu, wie sie sich schminkt und zurechtmacht. In einem geblümten Morgenmantel malt sie sich Augen, Mund und Wangen an. Dazu trinkt sie Bier.

Ich laufe zur Straße, um per Anhalter nach Schwabing zu fahren. Dort gehe ich in eine Jazzkneipe und tanze barfuß bis zum frühen Morgen, zwischen zerzausten Beatniks und schwarzen Soldaten.

Mein schwarzer Freund taucht nicht mehr auf. Viel später erfahre ich, dass er drei Monate im Militärgefängnis absitzen musste, weil er eines Morgens nicht rechtzeitig zum Appell erschienen war. Tag für Tag, Woche für Woche habe ich auf ihn gewartet.

Der Cadillac ist für uns verloren, irgendwo auf den

deutschen Straßen ist er davongeflogen wie ein blauer Engel. Robert Benson, den uns der Himmel geschickt hatte, bitter schläfst du den Rausch unserer Liebe und Wodka-Orgien aus. Das Fest ist vorbei.

In einem Schwabinger Lokal treffe ich Bill wieder. Er drängt mich, ihn mit zum Zigeunerlager zu nehmen, und verspricht, uns etwas zu essen zu geben. In jener Nacht kommt er mit in unseren Wagen. Ein paar Stunden später flehe ich ihn an, noch vor dem Morgengrauen zu gehen. Er weigert sich, schüttelt wie früher stur seinen Doggenkopf. Als es hinter den Fenstern hell wird, stellt er sich auf seine platten Füße, zieht Hemd und Hose an und streckt den Kopf durchs Fenster, um einen vorbeigehenden Deutschen nach der Uhrzeit zu fragen. Genau das, was man in unserer Situation nicht tun darf. Aus den Nachbarwagen strömen schon zeternde Frauen in unsere Richtung. Steine fliegen gegen die Wände. Ein kleiner weißer Hund kläfft unermüdlich vor unserer Tür, sein Gebell übertönt fast das Geschrei der Leute.

Sonja eilt herbei, ganz bestürzt, sagt, dass wir gehen müssen. Tata und sie laufen Gefahr, bei der Polizei als Zuhälter denunziert zu werden. Eine Gruppe deutscher Zigeuner wartet nur auf die Gelegenheit, ihnen zu schaden. Wenn wir bleiben, werden wir mit Sicherheit ebenfalls eingebuchtet.

Wir müssen unseren geliebten kleinen Wohnwagen verlassen. Wieder packe ich die Koffer. Ich rufe einen Studenten von der Kunstakademie an und bitte ihn, uns abzuholen. Als er kommt, schnallen wir die Koffer auf seinem Fahrrad fest und gehen zu Fuß mit den Kindern bis zur Stadt, zu seiner Wohnung, wo wir zum ersten Mal seit Monaten ein Bad nehmen.

Bruder, deinen Namen weiß ich nicht mehr. Danke, dass du uns gerettet hast. Siehst du, ich habe nichts vergessen. Ich erinnere mich noch genau an jenen Abend, als du uns in ein Restaurant geführt hast. Dann hast du uns in eine Pension in der Ohmstraße gebracht, hast zehn Mark bezahlt für die erste Nacht, dank deiner Hilfe hatten wir ein Bett. Du bist nicht geblieben, warst zu großherzig, um die Situation auszunutzen.

Unser Zuhause ist jetzt dieses traurige Hotelzimmer. Am nächsten Tag treffe ich Bill zufällig auf einer Parkbank. Er folgt mir, nimmt das Zimmer in Beschlag. Alles fängt wieder von vorn an.

Dieses Hotelzimmer riecht nach Schimmelpilz. Nichts funktioniert richtig. Die Betten sind marode, von Zeit zu Zeit bricht eine Holzlatte durch, das kleine Sofa ist voller scharfer Höcker, die Federn drohen bei der geringsten Bewegung den Bezug zu durchstoßen. Zwei vor Schmutz starrende altmodische Sessel verlieren überall ihr Rosshaar. Auf der porösen Marmorplatte der Kommode prangen zwei geblümte Porzellanschüsseln. Am Ende des Flurs müssen wir eiskaltes Wasser aus dem Waschbecken der Toilette holen. Der große Schrank wird uns eines Tages als Versteck und als Käfig dienen.

Unser Zimmer befindet sich im Erdgeschoss an der Ecke des Hauses. Zwei Fenster mit zugezogenen Vorhängen gehen auf die Ohmstraße hinaus. Das dritte zeigt auf den Hof, auf eine Pappel, deren sich Tag und Nacht bewegende Blätter wispern. Ein altes Auto, das direkt unter dem Fenster abgestellt ist, dient uns als Treppe. Es ist ganz einfach, auf diesem Wege aus dem Fenster hinaus- und wieder hineinzusteigen.

Durch eine Tür in der hinteren Wand hört man einen jungen Mann husten. Auf der anderen Seite, in einem Zimmer mit zugezogenen Vorhängen, ringt ein Greis schon seit Jahren mit dem Tod. Sein heftiges Ausspucken und Stöhnen hören wir nur nachts. Er ist der Vater der Hotelbesitzerin, die früher Kurtisane war. Diese Blonde mit dem harten Blick kann man nur mit Hundertmarkscheinen erweichen. Und selbst das ist nicht sicher! Jede Woche fragt sie Bill, der sich unter seinem eigenen Namen eingetragen hat, warum ich denn meinen Pass nicht zeige. Wir finden stets eine neue Ausrede: »Ich bin krank gewesen, das Konsulat ist geschlossen, ich warte auf Papiere.«

Ihre Helfershelferin, wir nennen sie die »Intendantin« oder »die Alte«, schnüffelt wie eine Maus herum, ist immer bereit, uns auszuspionieren, unser Zimmer mit ihren blassen Augen genau zu untersuchen, um neue Risse in den Vorhängen oder neue Flecken auf dem Boden und an den Wänden zu finden. Jeden Abend kommt sie, um den Raum zu inspizieren. Tock, tock, tock, mit ihrer trockenen Faust klopft sie an die Tür und kommt einfach herein, noch bevor wir öffnen konnten. Kreischend springt sie von einer Ecke zur anderen: »Die Wände werden immer schmutziger! Nehmt bloß diese Zeichnungen und Reißbrettstifte weg! Was für eine Unordnung! Und hier, auf dem Boden, sind das Kaffeeflecken? Gestern waren sie noch nicht da. Und dieser Riss in der Vorhangspitze? Und die Socken auf der Leine? *Mein Gott*, man könnte ja meinen, hier würden Zigeuner hausen!«

Dieses Spielchen wiederholt sich jeden Abend um sechs. Nachmittags begnügen sich die Zimmermädchen damit, schweigend den Besen zu schwingen. Es gelingt uns, es so einzurichten, dass wir tagsüber weg sind. Bill verlässt morgens das Zimmer und kommt abends zurück. Die Kinder und ich gehen in den Park, ich lege mich ins Gebüsch, wickle mich in eine der amerikanischen Decken und schlafe den ganzen Nachmittag, während die Kinder im Sand spielen.

Auf dem Spirituskocher, der auf der Marmorplatte der Kommode steht, mache ich uns immer ein warmes Abendessen – die Alte darf nichts davon erfahren. Einmal fällt der Kocher um, und eine mannshohe Flamme lodert auf; die Kinder haben ihre helle Freude. Zum Glück erlischt sie sofort wieder. Eines Morgens, als ich vom Lebensmittelladen komme, einen riesigen Blumenkohl unter dem Arm, läuft mir die Alte über den Weg. Entsetzt schreit sie auf: »Wie, Sie kochen in Ihrem Zimmer?«

Ich verneine, sage, dass wir das Gemüse roh essen, das sei sehr gesund. Sie scheint mir nicht zu glauben, fixiert nur mit traurigem Blick den Blumenkohl, den ich triumphierend davontrage.

Am Sonntag spaziere ich mit Bill und den Kindern durch den Englischen Garten. Wir legen uns auf die Wiese, dösen vor uns hin, während die Kinder in den Büschen herumstöbern. »Maman, schau, was wir gefunden haben!«

Im Schatten zu meinen Füßen, mit Erde beschmutzt,

liegt eine Umhängetasche. Ich öffne sie. Sie enthält zwei deutsche Pässe, einen dunkelroten Lippenstift, zwei goldene Eheringe, zerrissene Strümpfe, eine Schürze, Briefe. Die Tasche ist vermodert, am Boden klafft ein Loch; war sie Zeugin eines Verbrechens? Wo sind dann ihre ermordeten Besitzer? Sind die zwei, ein Mann und eine Frau, deren traurige Gesichter mich auf der dritten Seite ihrer Pässe anschauen, vielleicht Hausierer?

Sie scheinen mir zu sagen: »Wir sind da! Wir leben!«

Es ist sicher nicht gut, nachts hier herumzustreifen. Eine Wasserfontäne ganz in der Nähe scheint mir jetzt schreckliche Dinge zuzuwispern, unaufhörlich rinnt das Wasser, als wollte es Spuren wegwischen. Ich halte die Stille nicht mehr aus, stehe auf, renne zu Bill, als wäre mir jemand auf den Fersen. Die Eheringe hebe ich auf. Das Lippenrot auch, und die kleine rosa Schürze mit dem aufgedruckten Hundekopf wasche ich und gebe sie meiner Tochter. Später, als sie ihr zu klein wird, zieht sie sie ihrem Teddybären an.

Die in der Tasche gefundenen Briefe sind nicht mehr zu entziffern. Natürlich müsste ich alles zur Polizei bringen, aber das würde bedeuten, dass ich auch mich ausliefere. Der Vormund der Kinder hat mit Sicherheit alle Polizeidienststellen über uns informiert, wahrscheinlich werden wir sogar gesucht.

Bill ist seit unserem Wiedersehen nicht umgänglicher geworden, im Gegenteil, er trinkt noch mehr als zuvor. Abends gehen wir getrennte Wege. Wenn ich mitten in der Nacht zurückkomme, kann ich die Tür noch so leise öffnen, er hört mich und zwingt mich in sein Bett. Selbst tagsüber entkomme ich ihm nicht. Ich fühle nur noch Hass für ihn, traktiere ihn mit Faustschlägen, er reißt mir meinen zerschlissenen Unterrock und meinen Büstenhalter vom Leib. Auf dem Fußboden, unter seinen Fußtritten, von Heulen geschüttelt, bin ich nur noch ein Häufchen Elend. Die Kinder schreien: »Billy, hör auf, Maman zu schlagen!«

Vor ihnen wagt er es nicht, weiterzumachen. Das nutze ich aus, um zu fliehen. Er zahlt die Hälfte des Zimmers, das, so schäbig es auch ist, zweihundertfünfzig Mark kostet. Darüber hinaus gibt er uns keinen Pfennig. Wenn wir nichts mehr haben, durchsuchen wir morgens, bevor er aufwacht, seine Taschen.

Eines Morgens kommt meine Tochter Léonore ganz früh zu mir ans Bett und flüstert mir ins Ohr: »Maman, ich habe einen Zehnmarkschein unter den Schrank geschoben.« So viel Geld, das geht nicht, das würde er sofort bemerken. Ich muss es schnell in seine Hosentasche zurückstecken. Wir werden uns mit zwei Mark begnügen, das reicht für Brot und Milch zum Frühstück. Eines Tages nehme ich fünf Mark aus seinem Portemonnaie, während er auf der Toilette ist und die Kinder in der Krippe sind. Er folgt mir im Schlafanzug auf die Straße, wie die Verrückten rennen wir um einen Laternenpfahl und rempeln dabei gegen Leute, die an einer Straßenbahnhaltestelle warten.

Alle starren uns an und weichen vor uns zurück, wir machen ihnen Angst.

»Gib mir meine fünf Mark wieder!«

»Nein.«

Da kommt die Straßenbahn. Ich springe im letzten Moment hinein. Durchs Fenster sehe ich, wie Bill auf dem Gehweg in seinem gestreiften Schlafanzug tobt. Soll er nur toben, Hauptsache, ich bin ihn los.

Doch er wird sich rächen, wenn ich zurück bin. Er wird mich mit seinem ganzen Gewicht erdrücken, im knarzenden Bett, am Ende meiner Kraft, werde ich ihm ins Ohr spucken: »*Nigger, nigger*, du bist doch das Ergebnis einer Kreuzung mit einem Affen!«

Dieses englische Wort ist die schlimmste Beleidigung für einen amerikanischen Schwarzen. Es macht sie rasend, lässt sie zu Mördern werden, sobald es ihr Hirn erreicht. Ich werde von blauen Flecken übersät, mein Gesicht wird geschwollen sein, meine Vagina aufgerissen, aber seine Seele wird meine Worte getrunken haben.

»Hau ab!«, wird er brüllen. »Geh endlich, nimm deine Blagen und verschwinde! Ich zeige dich beim Konsulat an! Man wird euch ausweisen!«

Nein, Bill. Ich werde nicht gehen. Hier sind wir in Sicherheit, hier sind wir gut versteckt. Mein Pass, mein seit fünf Jahren abgelaufener Pass, ist in Erlangen, bei Rose, in einer Schublade sicher verwahrt. Wir haben keine Namen, keine Papiere mehr. Die Kinder und ich, wir bleiben an deiner schwarzen Haut wie Blutegel kleben!

An einem anderen Nachmittag, als ich vom Einkaufen zurückkomme, ist Bill im Zimmer. Er geht auf und ab, schnüffelt herum, beschnuppert die Laken, die Decken.

»Was suchst du denn?«

Ich gehe auf ihn zu. Eine gewaltige Ohrfeige wirft

mich zu Boden. »Du hast mit einem Mann geschlafen! Ich sehe Spuren, es riecht hier so komisch!«

Die Schläge prasseln nur so auf mich nieder. Ich krieche zur Tür. Natürlich hat niemand außer ihm hier geschlafen. Wieder ist es sein Wahnsinn, der ihm das einflößt. Ich renne hinaus, entwische ihm in den dunklen Flur.

Ganz leise steige ich vom Flur aus durchs Fenster wieder herein. Durch die Tür hat er mich gesehen, er geht wieder ins Zimmer, ich habe gerade noch Zeit, in den Hof hinunterzuspringen. Stundenlang spielen wir ein zermürbendes Versteckspiel, bis ich schließlich kapituliere.

In einer Gefechtspause setzen wir uns in Schwabing auf eine sonnige Terrasse. Bill stellt mich einem Freund vor, einem schwarzen Flötisten mit dem Körper einer geschmeidigen Schlange. Er lebt mit einer jungen Französin zusammen, ihre Haut ist so weiß wie Milch, ihr langes Haar rotbraun. Oft trägt sie eine getönte Brille, um die Spuren von Schlägen zu verbergen. Ihr Freund verprügelt sie mit seiner silbernen Querflöte, aber auch mit der Reitpeitsche. Sie ist schwanger.

Wir sind Schwestern, sie und ich. Auch ohne viele Worte verstehen wir einander, mit einem Lächeln, einem verstohlenen Blick. Mit leiser Stimme erzählt sie mir von Paris, von einem Freund, den sie dort hatte, von der Liebe, die sie hier festkettet. Er lässt sie oft hungern. Wenn er zum Konservatorium geht, sperrt er sie nackt ins Zimmer ein, weil er sicher sein will, dass sie ihn nicht betrügt. Sie erträgt es nicht mehr. Sie denkt nur an Flucht, aber erst muss sie sich das Kind wegmachen lassen. Bill willigt ein, ihr zu helfen, ihr eine »Spritze« zu geben. Er verabredet sich mit ihr in unserem Zimmer. Ich muss mehrere Stunden draußen bleiben, um ihm genügend Zeit zu lassen für diesen heimlichen Eingriff.

Als ich wiederkomme, ist die Tür verschlossen. »Mach auf, ich bin's.«

Das Zimmer ist in Dunkelheit getaucht, alle Vorhänge sind zugezogen. Ich mache Licht. Bill steht an den Schrank gelehnt da und raucht. Auf dem Boden sehe ich neben einem blutverschmierten Eimer ein armseliges Bündel Mensch, das sich unter Krämpfen windet. Überall Kot, auf dem Boden, auf dem Sofa, auch die zusammengekrümmte, halb bewusstlose Französin ist damit beschmiert. Sie fühlt sich eiskalt an.

Mit leerem Blick bedeutet er mir, mich nicht von der Stelle zu rühren, und murmelt mit belegter Stimme: »Scheiße … Mach keinen Lärm … Rühr sie nicht an, sie stirbt …«

Ich versuche, den steifen Körper hochzuheben, schiebe ein Kissen unter ihren Kopf, ihre Augen sind geschlossen. Ich hebe sie an, ziehe sie zum Sofa, wickle sie in eine Decke. In einem Schluckauf erbricht sie eine zähflüssige Masse. Später, als sie zu sich kommt, gesteht sie mir, dass er sie zu allem Übrigen auch noch vergewaltigt hat.

Das Kind hat standgehalten, in Augsburg bei einem Kurpfuscher, der ohne Narkose arbeitet, musste sie es sich herausreißen lassen. Danach habe ich sie nie wieder gesehen. Arme Freundin, du sollst wissen, wie sehr ich an dich gedacht habe. Ich hätte deinen Mut nicht gehabt, hätte es behalten, dieses kleine Negerkind, und ich hätte es geliebt.

Dank dieser Französin, die damals in einer erfolgreichen Komödie mit dem Titel *Eins, zwei, drei* einen Star gedoubelt hatte, fand ich eine Arbeit als Filmkomparsin. Selbst ihr Freund, der schwarze Flötist, hatte darin eine kleine Nebenrolle, er musste auf einer Leiter, eine karierte Mütze über den Ohren, mit den Hüften wackeln.

Eines Morgens um neun Uhr werde ich ins Studio bestellt. Weil Bill es abgelehnt hat, auf die Kinder aufzupassen, habe ich sie bei neuen Freunden untergebracht, einem Kriegsversehrten, der nicht nur blind, sondern auch noch gelähmt und krebskrank ist. Er hat keine Nase mehr und wird in einem Hotel in der Nähe von seiner Sekretärin betreut, die sich wie ein Engel um ihn kümmert.

Das magere, ausdruckslose Gesicht des Mannes ist hinter dunklen Brillengläsern verborgen. Der blonde Engel tut aus Liebe alles für ihn, tippt seine Briefe, füttert ihn mit dem Löffel, redigiert seine wissenschaftlichen Texte. Sein Gehirn funktioniert noch bestens.

Die hellen Augen der Frau scheinen für zwei zu sehen, in keinem anderen Blick habe ich je so viel Licht gesehen. In ihrem kleinen Zimmer ist es, als würde dort immer die Sonne scheinen.

Über einen jungen, aus dem kommunistischen Jugoslawien geflohenen Mann, den ich eines Abends in einer Bar getroffen habe, lernte ich die beiden kennen. Auf diesen Jugoslawen, diesen Mistkerl, werde ich bei späterer Gelegenheit zurückkommen. Als ich ihn traf, war er auffallend blass und hatte einen seltsamen Mundgeruch.

In dem Film, für den man mich engagiert hat, habe ich eine ganz unbedeutende Rolle. Ich trete auf in einer Szene mit schottischer Musik, die sich angeblich in Italien abspielt. Es ist zum Totlachen. Man bringt uns im Kleinbus nach Grünwald, nicht weit von München. Zuerst müssen wir stundenlang warten, vertrödeln die Zeit unter den Bäumen, denn nie ist etwas fertig. Plötzlich, wenn keiner mehr damit rechnet, werden wir zum Drehen gerufen.

Das schottische Märchenspiel ist in vollem Gange. Ein junger germanischer Apoll im karierten Röckchen, bewaffnet mit einem Dudelsack, springt zu den Klängen eines kleinen Volksmusikorchesters mit nackten Waden von einem Fuß auf den anderen. Bei jedem Satz werden Ballons in allen Formen und Farben losgelassen: kugelförmige, ovale, mit Enten- und Hasenköpfen, Krokodile, Schlangen, die je nach Bedarf klappern. Ein Team von fieberhaft tätigen Mitarbeitern bläst neue Ballons mit Gas auf, wobei vor lauter Aufregung die Hälfte platzt.

Vierundzwanzigmal wiederholen wir dieselbe Szene. Am Abend steige ich, erschöpft von all dem Rauch und den schottischen Märschen, wieder in den Bus, der uns um Mitternacht vor dem Büro des Produzenten ablädt, mit fünfunddreißig Mark in der Tasche, im Magen ein belegtes Brötchen. Filmen macht wirklich einen Heidenspaß! In der Achtung der Zimmermädchen im Hotel, die mich in dem Film gesehen haben, steige ich jedoch enorm. Die Armen halten mich jetzt für einen Star und gratulieren mir mit feuchten Augen!

Bill arbeitet neben seinem Medizinstudium in einem großen Laden der amerikanischen Armee, einem »PX«. Manchmal bringt er uns zum Abendessen eine Konservenbüchse mit. Eines Abends sogar ein in Plastikfolie eingeschweißtes gefrorenes Hühnchen. Es wird niemals in unseren kleinen Topf passen. Und der Spirituskocher gibt allmählich den Geist auf. Es gelingt mir, die Alte zu bezirzen, was gar nicht so einfach ist. Erst muss ich einen langen Vortrag über meine lärmenden, ungezogenen Kinder über mich ergehen lassen. Und am Ende noch eine mitleidsvolle Bemerkung zu einem blauen Fleck unter meinem linken Auge.

»Er schlägt Sie, nicht wahr, junge Frau?«

»Nein, keineswegs, ich bin gegen den Schrank gestolpert.«

Endlich führt sie mich in die Pensionsküche, die immer picobello ist und wo alles sicher in den Schränken verstaut wird.

Wir haben das Hühnchen gebraten. Während es in einem gusseisernen Bräter vor sich hin schmort, erzählt sie mir von ihrer Kindheit auf dem Land, ihrer Jugend, die im Zeichen von Dienst und Keuschheit stand, als sie bei ganz strengen Bauersleuten in Stellung war. Jetzt ist sie müde und verbraucht.

»Sie«, sagt sie, »Sie haben Glück, Sie können reisen!«

Wir gehen fast als Freundinnen auseinander, wenigstens dieses eine Mal. Ich lege das goldgelb gebratene Hühnchen auf einen Teller und stelle ihn auf die Kommode. Mit dem Essen warte ich, bis Bill zurück ist. Die Kinder schlafen schon. Um Mitternacht kommt er. Und stürzt zur Kommode. »Du hast das Hühnchen gebraten? Okay. Lass mich mal ein bisschen probieren.«

Er schlingt alles in sich hinein, nagt alle Knochen ab, zermalmt das Fleisch zwischen seinen Zähnen, es geht so schnell, dass ich nicht einmal Zeit habe zu reagieren. Meine Augen füllen sich mit Tränen.

»Good, very good«, sagt er und wischt sich über den Mund. »Und jetzt, Schatz, ins Bett.«

Am nächsten Tag ist der Schrankspiegel Zeuge des einzigen Nervenanfalls den ich mir in meinem Leben geleistet habe. Eine Episode, die sich neben meinen Kindern ereignet, die nichtsahnend auf dem Boden spielen. Ich weiß nicht, was genau der Auslöser ist, vielleicht die Müdigkeit.

Ich stehe vor dem Spiegel und bin dabei, mich zu frisieren, als plötzlich alles vor mir verschwimmt, der Spiegel sich in Nacht verwandelt. Ich höre das Geräusch meiner Nägel, die keinen Halt finden, und dann gleite ich zu Boden, habe Zuckungen, meine Muskeln und Nerven kämpfen miteinander, werden mit ungewöhnlicher Heftigkeit geschüttelt. Ich lasse es geschehen, es dauert eine Ewigkeit, und ich verliere das Bewusstsein. Schließlich wird alles wieder hell, ich finde mich auf dem Boden wieder, höre die Stimmen der Kinder, die sich mit ihren Spielzeugautos beschäftigen. Der Anfall ist vorüber und hat sich nie wiederholt.

Bill gibt zu Hause eine kleine Gesellschaft; er hat zwei befreundete Studentinnen eingeladen. Den Aperitif serviert er auf dem Kanapee, das Bier müssen sie direkt aus der Flasche trinken, denn wir haben keine Gläser. Es gibt Zigaretten und trockenes Brot.

Die beiden Gäste wagen nicht, sich zu bewegen, aus Angst, ihr Hintern könnte von den Sprungfedern durchbohrt werden. Ganz still sitzen sie Bill gegenüber, ihre blonden Zöpfe umrahmen ihr Gesicht, und lauschen seinen Geschichten über sein Medizinstudium.

Bill trinkt fast alle Flaschen leer, der Boden ist übersät davon.

Ich bringe die Kleinen ins Bett, die jungen Mädchen sind gerührt und singen ihnen Schlaflieder. Sie versprechen, bald wiederzukommen, um mit den *lieben Kindern* zu spielen. Danach geht Bill mit ihnen aus, und ich ziehe mich an und mache mich schön, wie jeden Abend. Mein schwarzes Kostüm fällt fast auseinander, es ähnelt einer Ziehharmonika. Heute Abend schmücke ich mich mit einer prächtigen Muschelkette aus Tahiti. Beim Laufen klingt es wie Musik. Nachdem ich die ganze Nacht herumgeirrt bin, komme ich frühmorgens zurück, einen Hundertmarkschein in der Tasche, den ich beim Herumgebalge tief im Gebüsch verdient habe. Meine Kette hat ein paar Muscheln verloren.

Ich öffne die Tür und halte den Atem an. Bill schläft in unserem Bett neben dem der Kinder, wo ihre beiden kleinen Köpfe Seite an Seite zwischen den Plüschaffen liegen. Ganz leise zünde ich den Kocher an, um mich zu waschen. Ich nähere mich dem Bett und ziehe mich leise aus, seufzend vor Müdigkeit beobachte ich Bills Gesicht. Wenn er bloß nicht wach wird!

Im Unterrock schlüpfe ich ins Bett der Kinder. Da schimpft Bill mit gedämpfter Stimme: »Komm her! Was machst du denn dort drüben?«

Er zieht mich an den Haaren, und ich muss das Bett wechseln. Ein Kampf beginnt. Ich kann nicht mehr, ich will nicht, dass er mich jetzt mit seinen dicken schwarzen Händen anfasst. Weil ich mich lautlos wehre, mit zusammengebissenen Zähnen, überhäuft er mich mit Schlägen, seine Fäuste prallen auf meine Brüste und meinen Bauch, wo es besonders wehtut. Ich habe Angst, dass er mich umbringt. Da öffne ich den Mund, ja, ich muss schreien, aber ich halte meine Schreie zurück, bis es nicht mehr geht und sie hervorbrechen. Es ist so weit, um fünf Uhr morgens durchdringen meine Schreie die Wände.

Eilige Schritte, jemand hämmert an die Tür. Das Geräusch eines Schlüssels im Schloss, die Tür geht auf, und die Chefin erscheint.

Wir entschuldigen uns mehr schlecht als recht. Bills verstörter Blick, meine zerzausten Haare, mein zerrissener Unterrock, die Kinder, die in ihrem Bett weinen, sprechen Bände.

»Jetzt reicht's! Hören Sie sofort auf!«

Sie geht. Mit einem Mal ist alles zu still. Bill hat kein Wort von sich gegeben, sich nicht mehr gerührt. Jetzt steht er auf und geht zum Tisch, ich sehe, wie er die Hand in meine Tasche gleiten lässt. O nein! Nicht mein Geld, diesen einzigartigen Hundertmarkschein, den ich mir so hart verdient habe! Nein! Ich springe auf, entreiße ihm die Tasche, werfe sie ganz hinten in den Schrank, ziehe den Schlüssel ab.

Da werde ich hochgehoben und von Bill gegen das Fenster geschleudert. Ich habe nicht einmal Zeit zu schreien, die Scheibe zerbricht unter ohrenbetäubendem Lärm.

Wieder geht die Zimmertür auf, die Chefin erscheint erneut, die Alte im Schlepptau, im Morgenmantel, ihr grauer Knoten ein einziges Zittern, vor ihr der Wachhund des Hauses, ein großes gelbes Tier, das die Glasscherben beschnuppert und Gefahr läuft, sich die Pfoten aufzuschneiden.

Ich stütze mich auf den leeren Fensterrahmen. Die Kinder weinen, der Hund bellt, die Chefin und die Alte kreischen. Überall im Zimmer liegen Muscheln. Ich kehre ins Bett zurück, das knirscht vor zertretenen Schnecken.

Bevor sie hinausgeht, sagt die Chefin nur das eine: »Sie verlassen noch heute das Zimmer.«

Bill beginnt sich anzuziehen. Es ist sechs Uhr morgens, im Morgengrauen wirken die Vorhänge bleich. Er nimmt seine Aktentasche und geht hinaus, ich sehe, wie er auf die Straße tritt und um die Ecke des letzten Hauses biegt. Ich gehe zum Büro, versuche, die Chefin zu erweichen. Sie will nichts hören. Da werfe ich ihr, es ist mein letzter Versuch, den blauen Schein hin, die hundert Mark. Das Geld flattert über ihren Schreibtisch. Ihre Augen blitzen auf. Sie überlegt einen Moment und ist einverstanden. Doch ich muss versprechen, dass Bill vor Mittag das Zimmer verlassen hat. Nur unter dieser Bedingung lässt sie die Kinder und mich dort wohnen.

Wir packen Bills Koffer. Gepunktete Krawatten, weiße Hemden, Bücher, Schuhe, Strümpfe, wir legen alles auf einen Haufen, drücken es zusammen, packen es ein, und schließlich setzen wir uns auf die Koffer, um sie zu schließen. Die Chefin sperrt sie in ihr Büro.

Das hast du nun davon, Bill. Während die Kinder und ich am Fenster vor Freude tanzen, musstest du gehen, gebeugt unter der Last deiner Koffer. Bald warst um die Straßenecke verschwunden.

Endlich werden wir ohne dich leben! Diesmal habe ich nicht geweint. Die Kinder werden jetzt eigene Betten haben, und ich werde abwechselnd bei einem von ihnen schlafen. Ich habe eine kleine katholische Krippe gefunden, wo ich sie nachmittags hinbringen kann. Denn ich arbeite wieder bei der Kunstakademie, stehe Modell für die Bildhauer- und Malereiklasse. Bald sind Sommerferien.

Abends ist die Leopoldstraße erleuchtet wie eine Kathedrale. Auf den Rasen brennen Kerzen, um Gemälde und Zeichnungen zu beleuchten, die direkt auf der Erde oder an Bäume gelehnt ausgestellt sind. Beatniks sitzen im Gras, mit langem Haar wie Christus, sie meditieren und trinken Bier. Die Passanten werfen Geld auf große, mit Kreide gemalte Fresken, die den Gehweg schmücken. Gitarrenklänge erfüllen die Straßen.

Überall lodern Rosen, blutrote, orangerote, teegelbe, weiße. Die Kinder passen auf, während ich welche pflücke, um sie mir nachts ins Haar zu stecken. Diese Rosen sind mein Schmuck, mein Trost und mein Schutz, sie begleiten mich auf meinen nächtlichen Spaziergängen. Sie halten bis zum Morgengrauen.

Ich kaufe mir ein Kleid, das erste seit einem Jahr. Es ist grün, mit Goldfäden durchwirkt, eine Seejungfrau-Tunika, die ich in einem Schwabinger Schaufenster gesehen habe. Bei Woolworth kaufe ich mir auch lange Ohrringe: Reifen aus falschem, schimmerndem Gold, die bis zu den Schultern reichen, und eine kleine arabische Amphora als Anhänger an einer Kette.

Jeden Abend gehe ich in die Cafés mit den schwarzen Soldaten, um zu tanzen. Zu mir, ihr Schwarzen! Zu mir, ebenholzfarbene Haut mit dem würzigen Duft! Zu mir, ihr schlangenweichen schwarzen Arme! Ich verzehre mich nach euren großen, glatten Orchideenschwänzen!

Jede Nacht ist es ein Riesentheater, wenn ich einen Schwarzen unbemerkt in unser Zimmer schleusen will, denn die Alte schleicht mit einer Taschenlampe in der Hand durch die Korridore. Wie eine Hyäne streift sie die Türen, in Pantoffeln, eins mit dem Schatten der Flure, und plötzlich hält sie einem das grelle Licht der Lampe mitten ins Gesicht und flüstert ein zuckersüßes *Gute Nacht*.

Ich bin immer nervös. Ich lasse den Mann erst draußen warten und schleiche allein die Treppe hinauf, öffne die erste Tür. Ich wittere in die feuchte Stille. Niemand da. Schnell laufe ich wieder hinunter und hole ihn, nehme ihn bei der Hand, blitzschnell landet er in unserem Zimmer, und ich schließe rasch ab, lasse den Schlüssel stecken.

Danach geschieht alles schweigend, im Rhythmus des Atmens der schlafenden Kinder. Ich zünde eine Kerze auf der Kommode an, erhitze Wasser auf dem Kocher. Es wird genau im richtigen Moment heiß sein.

Im Schein der blauen Spiritusflammen sehe ich nach, ob die Dollars, die er mir gegeben hat, auch echt sind. Ich stelle einen Stuhl vor die Betten, um die beiden kleinen Köpfe dahinter zu verbergen. Dann breite ich eine Kamelhaardecke über das ramponierte Sofa.

Während ich mich ausziehe, verstecke ich die Dollars zwischen Sitz und Rückenlehne. Die amerikanische Uniform und der raue Mantel des Soldaten fallen zu Boden, und seine funkelnde schwarze Nacktheit kommt zum Vorschein. Er packt mich und trägt mich davon, unsere Körper vereinen sich, während die Kerze unsere Schatten an der Zimmerdecke zittern lässt. Die Federn stechen uns und verbiegen sich, aber wir merken es nicht einmal. Das Sofagestell klopft immer schneller gegen die Wand.

Am Morgen ist der Schwarze verschwunden. Niemand hat ihn bemerkt, er ist in die Dämmerung hinausgeglitten, hat sich auf der Straße in Luft aufgelöst. Im Zimmer gibt es nur noch die Sonne, die Kinder und mich. Die heiße Schokolade dampft fröhlich auf dem Tisch neben warmen Croissants.

Im September schickt der Vormund uns eine Sozialarbeiterin, per Flugzeug. Ich wurde schriftlich benachrichtigt, und zitternd mache ich mich mit den Kindern auf den Weg, um die Frau abzuholen. Als ich sie sehe, fasse ich wieder Mut. Dieses sanfte junge Mädchen hat sicher nichts Böses im Sinn. Es wird ein Leichtes sein, ihr Bilder eines bescheidenen, achtbaren Familienlebens in einer von älteren Damen geführten Pension vorzugaukeln. Natürlich wird sie sich hinter unserem Rücken beim Institut français erkundigen, wo die Kinder morgens hingehen, und man wird ihr sagen, dass sie manchmal zu spät kommen. Jetzt, wo wir alleine sind, habe ich meinen Pass wiedergefunden und ihn der Hotelchefin gezeigt. Die Sozialarbeiterin macht sich beruhigt auf den Heimweg, denn wir haben sie nicht um Geld angebettelt: Das ist die Hauptsache.

Eines Morgens, nachdem ich die Kinder zur Schule begleitet habe, beschließe ich, auf einer Bank im Englischen Garten ein Nickerchen zu machen. Ich strecke mich aus, schließe einen Moment die Augen. Knirschende Bremsen auf dem Kies lassen mich hochfahren. Zwei uniformierte Polizisten springen aus einem grünen VW, kommen direkt auf mich zu. Verstört richte ich mich auf. Bloß nicht nervös werden!

»Was tun Sie hier?«

»Ihre Papiere!«

Zum Glück habe ich meinen alten Pass in der Tasche. Er wird mir aus der Hand gerissen. Einer der Kerle geht in sein Auto. Er telefoniert lange.

Schließlich kommt er zurück, fragt mich barsch: »Was tun Sie in München?«

Am Ende meiner Kraft murmele ich: »Ich studiere.«

»Gut, in Ordnung. Sie können Ihre Siesta fortsetzen.«

Der VW fährt davon. Zitternd zünde ich mir eine Zigarette an. Es ist besser, ins Hotel zurückzukehren, da ist es sicherer. Nie wieder werde ich mich auf eine Bank legen!

Als ich eines sonnigen Nachmittags mit den Kindern die Leopoldstraße entlangspaziere, treffen wir auf einen Schicksalsgenossen. Er muss sich ebenfalls verstecken, denn er ist aus der französischen Armee desertiert. Sein Name ist Claude, er ist zwanzig Jahre alt. Eine Woche wohnt er bei uns. Er kümmert sich hinreißend um die Kleinen, wir fühlen uns beschützt und geliebt.

Wie zu Bills Zeiten verlassen wir abends beide das Hotel, um unseren jeweiligen Geschäften nachzugehen. Ich suche mir einen Deutschen oder einen Schwarzen für ein kleines Abenteuer, und er geht in den Bars auf die Jagd nach alten schwulen Männern, denen er schöne Augen macht und die er dann nach Hause begleitet. Er wartet, bis der Alte splitternackt in den Laken keucht, und verpasst ihm dann anstatt eines Kusses einen heftigen Schlag mit der Faust, mitten ins Gesicht.

Wenn der Alte heult und um Gnade winselt, bleibt Claude unerbittlich. *»Ich bin ein Mörder!«*, ruft er, durchwühlt schnell die Taschen des Mannes, rafft den Schmuck zusammen, der im Badezimmer liegt. Und verlässt triumphierend die Wohnung, der bestohlene alte Frosch bleibt grün vor Angst zurück.

Mir hat Claude zwei prächtige Ringe geschenkt, geschmückt mit Rubinen und Topazsteinen. Später bringe ich sie zum Pfandleiher und verkaufe sie.

Auch Claude hat uns wieder verlassen. In der Zugtoilette versteckt, ist er mit dem Nachtzug nach Paris zurückgefahren. Ich habe noch einen Brief von ihm erhalten, das ist alles. Erst sieben Jahre später erfahre ich, dass die Polizei ihn erwischt und nach Algerien abgeschoben hat.

Mittlerweile ist es Herbst geworden. Die flammend gelben Blätter tanzen im Wind. Und wir haben einen neuen Schicksalsgenossen, Jo aus Jamaika. Sein Gesicht ist schwarz wie Kohle, seine Stimme und seine Hände sind rau, sein Lachen ist herzhaft.

Oft laden wir ihn zum Abendessen ein. Als wir einmal alle um den Tisch versammelt sind, klopft die Alte an die Tür. Entsetzt schauen wir uns an. Sie darf nicht wissen, dass wir Besuch haben.

»Telefon! Sie müssen schnell kommen!«

Ich rufe: »Ist gut!«, schiebe Jo in den Schrank, flehe ihn stumm an, sich nicht zu rühren, und schließe die Tür.

Ich gehe hinaus, sperre das Zimmer hinter mir ab, und die Alte grinst mich triumphierend an. Kaum bin ich um die Ecke des Flurs verschwunden, schließt sie mit ihrem eigenen Schlüssel, den sie immer an einem Bund in der Tasche hat, unser Zimmer wieder auf. Sie geht hinein und schnüffelt wie üblich überall herum, dann stößt sie einen Schrei aus: Sie hat die Füße des Schwarzen entdeckt, die unter der Schranktür hervorragen.

Lächelnd steigt Jo aus dem Schrank, vor Angst bringt die Alte kein Wort heraus und ergreift die Flucht, zum Vergnügen der Kinder. Als ich zurückkomme, krümmt sich Jo noch immer vor Lachen, sein Gesicht ist ein einziges Grinsen.

Jamaika-Jo, eines Nachts kommst du ganz still und heimlich und wirfst einen kleinen Kieselstein gegen die Scheibe. Ich stehe auf und sehe, dass zwei große Lebensmittelkonserven auf der Fensterbank stehen. Mit einem

Lächeln, das deine weißen Zähne entblößt, flüsterst du mir zu: »Kann ich reinkommen und mit dir schlafen?«

Ja, Jo, schwarzer Bruder, komm herein, ich werde dich lieben, morgen werden wir den Inhalt der Dosen essen, und ich werde an deine zärtlichen Hände denken, an dein Lachen, an deine wohlriechende Haut. Deine nach Anis schmeckenden Lippen waren weich an meinem Mund, und dein schwarzes Geschlecht tief in mir hat allen Hass, mit dem man uns begegnet, von mir genommen.

Ich habe dem Behinderten und dem blonden Engel wieder einmal einen Besuch abgestattet. Mit angstvoll geweiteten Augen warnt mich die Frau: »Es fällt mir sehr schwer, aber ich muss Ihnen etwas sagen. Sie müssen einen Arzt aufsuchen. Unser jugoslawischer Freund hat Syphilis. Bitte warten Sie nicht, gehen Sie am besten gleich.«

Ich renne hinaus, über die Straße wirbeln goldene Blätter. September, September, was hast du nur angerichtet? Das also war deine Liebe, du Jugoslawe, das war dein übler Mundgeruch? Syphilis, die Blätter singen es: Syphilis, Syphilis, Syphilis!

Ich gehe ins Krankenhaus. Man nimmt mir Blut ab, notiert meinen Namen, meine Adresse. »Wenn es Grund zur Sorge gibt, bekommen Sie gleich Bescheid. Wenn nicht, kommen Sie in zwei Monaten wieder. Dann müssen wir ein zweites Mal Blut abnehmen.«

Ich erhalte keine Nachricht.

Die Nächte sind kalt geworden, doch die Nachmittage sind goldbraun. Scharen von Beatniks streifen durch die

Straßen, verlaust und schlafwandlerisch, betäubt vom Haschisch, das sie aus Marokko und aus der Türkei mitbringen. Claude hat mir davon erzählt: »Wenn du dir Marihuana besorgst, kannst du daraus Zigaretten drehen und sie für viel Geld an schwarze Soldaten verkaufen. Eine Streichholzschachtel voll kaufst du für zwanzig Mark und verkaufst sie für vierzig. Du müsstest dann nicht mehr auf den Strich gehen.«

Ich habe seine Worte nicht vergessen.

Eines Nachmittags wickeln zwei Beatniks, die ich in unser Zimmer mitgenommen habe, geheimnisvoll ein Päckchen mit gelbem Kraut aus mehreren Schichten Plastik. Wir ziehen die Vorhänge zu, schließen die Tür ab und rauchen: Ein betäubender Duft hüllt uns ein. Mit kaum hörbarer Stimme handeln wir den Preis aus. Die beiden verdreckten Magier mit den langen Bärten schauen sich dauernd um und springen auf, als würden jeden Moment Polizisten aus der Wand steigen. Hektisch rauchen sie noch eine Zigarette, überlassen mir den Rest für hundert Mark und schleichen wie Katzen durch den Flur davon. Ich habe nichts gespürt, nur so etwas wie beißende Übelkeit.

Heute Abend, so habe ich beschlossen, werde ich in der Kasernengegend Marihuana verkaufen. Ich habe vier Streichholzschachteln mit dem Kraut gefüllt. Eine stecke ich in meine Tasche, die anderen schiebe ich in mein Lieblingsversteck, ganz tief in die Winterstiefel im Schrank. In späteren Zeiten habe ich alles Mögliche darin verwahrt, Umschläge mit Geld, Streichholzschachteln voller Drogen und im anderen Stiefel Unmengen Streichhölzer, für die ich keine Verwendung hatte.

Ich streife in der Nähe der Kasernen herum, vor den kleinen Bars, deren bunte Lampions mich schon immer fasziniert haben. Auch am Nachmittag erklingt schon lauter Rock 'n' Roll; andauernd geht die Tür auf und ein schwarzer Soldat schwankt betrunken heraus, sucht Halt an der Hauswand. Ein kleiner, klapperdürrer Schwarzer mit riesigen, lang bewimperten Augen kommt auf mich zu. Er stellt sich vor: »Diablo.«

Ich sage, ich hätte etwas zu verkaufen.

»Ach ja?«, fragt er, seine Augen glänzen. »Kommen Sie, gehen wir zum Auto, dort können wir ungestört reden.«

Seine Stimme klingt seltsam brüchig. Wir setzen uns in ein ramponiertes Auto. Ich sage ihm, dass ich Marihuana habe, pro Schachtel zehn Dollar. Er gibt eine Art anerkennendes Pfeifen von sich: »Also, für den Preis muss es etwas verdammt Gutes sein«, sagt er. »Geben Sie her, lassen Sie mich mal sehen.«

Ich weigere mich, es ihm zu zeigen; plötzlich habe ich Angst, dass er es mir wegreißt und damit abhaut. Er besteht darauf, ich schüttle den Kopf. Lange Minuten mustern wir einander schweigend, mir ist das Ganze nicht geheuer. Ich öffne die Tür, springe hinaus und renne weg. Ab und zu drehe ich mich um, doch er ist mir nicht gefolgt.

Wochenlang habe ich diese verfluchten Schachteln behalten, es nicht mehr gewagt, jemanden anzusprechen, es wurde ein Albtraum. Hundert Mark im Eimer und das Risiko einer Gefängnisstrafe, das weiß ich von Claude.

Achtzehnter September. Dieses Datum bleibt für immer in meinem Gedächtnis. Mit einem chinesischen

Schwarzen gehe ich in der Nähe der Kasernen tanzen. Wir trinken Bier, tanzen eng aneinandergeschmiegt, ich bin verliebt.

Plötzlich sehe ich durch die Rauchschwaden hindurch an einem Tisch *sein* Gesicht: Unter Tausenden hätte ich es erkannt. Sein geliebtes Gesicht mit dem Grübchen im Kinn, wie habe ich mich danach gesehnt. Das Gesicht des Schwarzen mit dem blauen Cadillac. Nur wenige Tische von uns entfernt. Auch er sieht mich an. Ich beginne zu weinen. Die Tränen strömen über mein Gesicht. Meinen Begleiter macht das nervös. Er sagt etwas. Ich antworte nicht, sehe ihn nicht einmal mehr. Beleidigt zieht er von dannen. Endlich habe ich dich wiedergefunden, mein schwarzer Gott, der meine Nächte im Wohnwagen verzaubert hat. Ich habe dich schon verloren geglaubt. Du kommst auf mich zu, lächelst mich an. Lass mich in deinen Armen schluchzen. Komm, gehen wir zu deinem Cadillac, damit er uns wiegt wie damals.

Dünn bist du geworden, mein schwarzer Gott, noch betrunkener, sanfter, trauriger. Das Gefängnis hat dein Gesicht modelliert und ihm dieses müde Lächeln verliehen. Nimm mich in deine Arme, Robert Benson. Noch immer gehöre ich dir, und sobald der Wagen anhält, nehme ich deinen sanften schwarzen Stängel zärtlich in meinen Mund. Wir sind in unser Land aus Schatten und Schweigen zurückgekehrt. Zu deinem Wodka und unseren Küssen in den milchigen Faltenwürfen des Nebels. Schwarzer, sing mir mit deiner brüchigen Stimme ein Wiegenlied.

Ich schenke dir mein Schlangenarmband mit den grünen Augen, du lässt es über die Finger deiner Hand tanzen. Erinnerst du dich daran, hast du es noch? Ich will, dass es dir weiter von mir erzählt, nach so vielen Jahren, da drüben in Amerika.

Du besuchst uns in unserer staubigen Pension. Ich sehe den Cadillac unter unserem Fenster funkeln. Die Kinder jubeln. Während einer Spazierfahrt durch den Wald sehe ich in einem Dorf am Waldrand eine armselig wirkende deutsche Frau, ihre fünf dunkelhäutigen Kinder am Rockzipfel. Einige milchkaffeebraun, andere tiefschwarz. Mit überraschend blondem Haarschopf und blauen Augen. Das kleinste trägt ein rotes Kleid; wir haben es gepflückt wie eine Anemone. Mein schwarzer Freund nimmt es auf seinen Arm. Die Mutter kommt näher und sagt stolz: »Diese Kinder sind alles, was ich habe, sie sind meine Schätze. Niemand kann sie mir nehmen.«

Bei Sonnenuntergang fahren wir zwischen vielen anderen Autos. Der Cadillac fährt ruhig, der Schwarze nickt am Steuer ein. Nur an der roten Ampel öffnet er die Augen und hält an. Und dann fährt der Wagen wieder weiter, ohne ein anderes Auto anzustoßen, fast so, als würde er verstehen, dass man seinen Fahrer nicht wecken darf. Er liebt uns, das weiß ich, er kann uns nichts Böses tun.

Aber die Menschen sind undankbar, Cadillac, denn man hat dich zum Schrottplatz gebracht. Als mein schwarzer Freund sich einen neuen Cadillac zulegt, in einem arroganten Blau, vorne ein Plattenspieler, da weiß ich, dass unsere Zeit vorbei ist. Der Neue hat seine Dollars geschluckt. Mein Freund wird uns verlassen. Ihn wird er nach Amerika mitnehmen, und wir, wir bleiben hier, du auf dem Autofriedhof, ich auf den nächtlichen Straßen und in den Soldatenbars.

Wieder bin ich allein. Ich gehe in die Kasernengegend zum Tanzen. Eine große Kaserne habe ich in sehr schlechter Erinnerung. In einem schwarz-weißen Wagen wurde ich hingebracht, hinter dem Fahrersitz zusammengekauert. Die ganze Nacht schlage ich mich mit zwei Schwarzen herum. Sie ersticken meine Schreie mit ihren Fäusten. Erst als der Morgen graut und die Trompeten erklingen, bin ich erlöst.

Als ich mich ein weiteres Mal in eine Kaserne verirre, ist es Winter, es liegt Schnee. Ich begreife nicht gleich, wo ich bin. Nach dem Verlassen einer Tanzbar hält mir ein Schwarzer, der mich im Auto hergebracht hat, eine geheime Tür zu einem großen Gebäude auf. Wir gelangen in einen Raum, in dem es nur ein mit einem Laken bedecktes Feldbett gibt. Wahrscheinlich wieder eine Kaserne, ich sitze erneut in der Falle. Als ich nach dem Streit mit einem großen Rohling, der mir kein Geld geben will, fliehen kann, finde ich den Ausgang nicht mehr.

Überall nur Wände. Ich lasse mich in den Schlamm unter dem bis zum Himmel reichenden Stacheldraht gleiten und zerreiße mein Kleid. Zum Glück gibt es keinen Wachhund, und der Stacheldraht ist nicht elektrisch gesichert.

Dieser Winter ist sehr grausam.

Ich habe einen neuen Liebhaber, wir nennen ihn »den kleinen schwarzen Liebling«. Nachdem er uns verlassen hat, kommt ein neuer, den wir wegen seines flammenden Haarschopfs »den kleinen schwarzen Liebling mit den roten Haaren« nennen. Auch er bleibt eines Tages weg, wie der andere, beide werden von der amerikanischen Armee kahl geschoren, nachdem sie eine Nacht mit mir verbracht haben: Sie sind zu spät zum Appell erschienen.

Zuerst will ich vom kleinen schwarzen Liebling erzählen. In einer mit grünen Papiergirlanden geschmückten Bar habe ich ihn beim Twist kennengelernt.

Wir tanzen ganz gesittet miteinander, nicken mit unseren Körpern im Takt auf und nieder, drehen uns auf einem Bein. Als ich mich außer Atem auf eine Bank fallen lasse, nimmt er meinen Arm und sagt lächelnd: *»Do you have a boyfriend? Do you want me?«*

Ich habe zur Zeit keinen Freund, also gut, dann nehme ich eben ihn. Er ist schön, hat wunderbare Augen und lächelt gern! Er kommt aus Chicago, eine amerikanisch-indische Mischung. Seine schwarze Haut funkelt rot, das Weiß seiner Augen ist amberfarben. Er duftet nach Zimt.

Eines Nachmittags, einen Tag vor Weihnachten, kommt er und bringt uns sechzig Dollar. *»For your kids«*, sagt er.

Ich habe von dem Geld zwei Hühnchen gekauft, die ich nacheinander auf dem Kocher in einem neuen Schmortopf brate. Mit den Kindern habe ich eine Weihnachtstanne besorgt, wir schmücken sie mit Plüschaffen und Watteflöckchen, mit Kerzen und fünf glänzenden Kugeln. Jedem Kind schenke ich einen Hund auf Rollen.

Leider verlieren sie bald ihre Pfoten. Der neue Freund bringt seinen besten Freund Johnson mit, außerdem zwei Flaschen Weißwein und eine rote Nelke.

Wir feiern ausgiebig, und er bleibt die ganze Nacht. Mit seiner tiefen, rostigen Stimme, die an Louis Armstrong erinnert, verspricht er wiederzukommen.

Die Nacht, in der ich ihn verliere, ist eine der härtesten meines Lebens. Ich muss hinaus, lasse ihn schlafend in meinem Bett zurück. Immer dasselbe: Geldmangel. Ich laufe durch den Schnee. Ein eisiger Wind bläst. Ich tröste mich mit dem Gedanken, dass ich bald wieder zurück bin, mich im warmen Zimmer auf dem Sofa ausstrecke, auf dem der kleine schwarze Liebling unter den kratzenden Decken schläft. Hätte ich doch wenigstens meine Stiefel angezogen! Der hohe Schnee vereist mir noch die Seele. Ein Auto hält am Rand des Gehwegs an, im Innern ein gut gekleideter Herr. Ich setze mich neben ihn in die nach Zigaretten duftende Wärme.

»Haben Sie kein Zimmer, *Fräulein*? Na, macht nichts, bleiben wir eben im Auto. Wir werden bestimmt ein ruhiges Eckchen finden.«

Das Auto wendet auf der vereisten Straße. Wir fahren. Es hört nicht auf zu schneien. Das ruhige Eckchen taucht nirgends auf. Ich schweige. Auch der Mann schweigt. Mir wird klar, dass ich wieder einmal in der Falle sitze. Mit dem da wird es bestimmt nicht leicht sein! Das Auto fährt immer schneller, ohne Pause saust es über eine menschenleere weiße Fläche. Der Wald, da, vor uns! Riesige Bäume, die den Himmel verstellen! Wir fahren langsamer, halten am Rand eines Grabens.

»Wir sind jetzt fünfundzwanzig Kilometer von München entfernt«, sagt er mit sanfter Stimme.

»Und meine fünfzig Mark, bitte?«

Als Antwort packt er mich brutal am Arm. Kleine Drecksau, wenn du glaubst, dass du mich so kriegst! Seine langen Haare wickle ich um die Finger meiner rechten Hand, mit der anderen wehre ich mich, und ich ziehe mit aller Kraft. Könnte ich ihn doch nur skalpieren!

Zu meinem Unglück hat er mich schon fast ausgezogen, es ist schwierig, sich mit einer Hand wieder anzuziehen und mit der anderen Faustschläge und Fußtritte abzuwehren. Ich bin zerkratzt von seinen Krallen, er versucht mit seinen Fäusten, empfindliche Stellen zu traktieren. Am Ende würgen wir uns gegenseitig, jeder hat die Finger um den Hals des andern geschraubt. Ich drücke verzweifelt zu, mit allerletzter Kraft gewinne ich den Kampf, er ringt nach Luft und lässt mich los, flucht dabei auf Italienisch.

Ich sammle meine Kleider, Tasche, Schuhe ein, öffne die Wagentür und falle in den Schnee. Ich rapple mich auf, renne zu einem von Stacheldraht gesäumten Seitenweg, der Schnee reicht mir bis zum Knie. Als ich in einiger Entfernung versuche, meine Kleider anzuziehen, steigt er aus dem Auto, holt mich ein, und wir kippen in den Stacheldraht. Im Schnee schlagen wir wie wild aufeinander ein, ich kratze, beiße. Mit meinen Schuhen schlage ich ihm auf die Fresse. Die Kälte ist meine Verbündete. Schimpfend und schnaufend steht er auf, geht zu seinem Auto zurück, startet den Motor.

Ich beginne zu rennen. Der Weg ist so schmal, dass das Auto ihn völlig einnimmt, bald hat es mich eingeholt. Er versucht, mich zu erwischen, mich totzufahren, das Auto schlenkert im Zickzack von einem Graben zum andern. In Panik renne ich einfach weiter, mit nackten Füßen, meine durchnässten Schuhe in der Hand, und unter dem Arm, zur Kugel zusammengerollt, Strümpfe und Strumpfhalter. Zum Überstreifen war keine Zeit mehr.

Ich lasse mich zur Seite fallen und drücke mich unter den Stacheldraht, die Scheinwerfer blenden. Dann warte ich, bis der Wagen vorbeigefahren ist. Doch er fährt rückwärts, kommt direkt auf mich zu. Ich robbe vorwärts, bis ich die Straße erreicht habe, ich bin völlig außer Atem. Wieder Stacheldrahtzäune, weiß und eisig glänzt die Straße im Mondlicht. Keine Chance, mich zwischen Bäumen zu verstecken.

Der Mann unternimmt einen letzten Versuch, schreit mir durchs Fenster zu: »Ich will Sie doch nur in die Stadt bringen!«

Lieber marschiere ich die ganze Nacht, als noch einmal in sein Auto zu steigen! Er schlägt die Autotür zu und rast los. Keuchend stehe ich auf der Straße. Ich fürchte, dass er jeden Augenblick zurückkommt. Zweimal sehe ich aus der Gegenrichtung Autoscheinwerfer auftauchen, schnell werfe ich mich flach in den Schnee und bleibe zitternd liegen, bis sie vorbei sind. Um vier Uhr morgens werde ich von einem amerikanischen Lieferwagen voller Soldaten aufgesammelt. Eingezwängt in ihre Mäntel sitzen die Männer dicht nebeneinander und rauchen. Niemand stellt mir Fragen. An einer Bushaltestelle vor einer

Kaserne lädt man mich ab, und dort sitze ich so lange auf einer Bank, bis der erste Bus kommt.

Um fünf Uhr morgens schlüpfe ich in unserem Zimmer unter die Decke. Der kleine schwarze Liebling ist wach und hat auf mich gewartet. Verzweifelt umarmen wir uns, er muss zur Kaserne, besser gesagt, ins Gefängnis! Zerknirscht gesteht er mir, dass er letztes Mal den Morgenappell verpasst hat und deshalb gleich heute Morgen seine Strafe antreten muss.

Wir werden uns wiedersehen. Du wirst mir schreiben, nicht wahr, Roy Blaine mit den zwei Vornamen? Der eine klingt sonor, der andere flaumig wie die Wolle auf deinem Kopf. Du wirst mir schreiben, Darling, hab Geduld. Jetzt will ich nur noch schlafen! Ich habe versprochen, ihm treu zu bleiben. Die anderen, das zählt nicht: Mit denen schlafe ich nur, weil ich Geld brauche.

Auf meiner Lippe prangt ein weiß gepolsterter Pickel, er sieht hässlich aus und tut weh. Was ist das schon wieder? Nein, ich will nicht daran denken, will es nicht wissen. Es darf einfach nicht sein. Außerdem tauchen auf meinem Bauch seltsame, ins Violette spielende Flecken auf. Grund zur Sorge? Werden nur ein paar geplatzte Äderchen sein. Ich darf mich jetzt nicht verrückt machen. Nicht daran denken! Ich habe keine Angst. Die Untersuchung war doch negativ, warum sich also beunruhigen?

Tief in meinem Hals tut es weh, sehr weh. Sicher eine Angina, eine heftige Angina. Der Winter ist hart. In den Mundwinkeln haben sich inzwischen mehrere weiße Pickel gebildet, dicht nebeneinander. Der Lippenstift deckt sie nicht ab. Hartnäckig prangen sie auf meiner Haut. Ich kann kaum noch etwas schlucken. Wenn es so weitergeht, ersticke ich noch! Nicht daran denken! Pastillen lutschen, gurgeln, schweigen!

Zwei Monate, hat die Ärztin gesagt. Und wenn es nun doch *das* wäre! Ich küsse niemanden mehr. Es tut zu weh. Bei der geringsten Berührung könnte ich schreien. Diese Wunden sind lebendig. Sie bewegen sich auf meinen Lippen fort. Wie kleine Münder, die meinen Mund auffressen. Ich halte durch, will mich noch nicht geschlagen geben. Und doch, wenn ich jetzt diese Fäulnis an andere weitergeben würde? Wenn sie in mich eingekerbt wäre, in diese Wunden, die immer schlimmer werden und mich quälen? Wenn ich andere damit anstecken würde? Schwarze, Deutsche? Nun, dann sollen sie eben daran krepieren!

Eines Morgens ist kein Zweifel mehr möglich: Meine Handflächen und Fußsohlen sind übersät mit rotvioletten, spitz auslaufenden Punkten, wie Dornen an einem Rosenstrauch. Ich blühe, ich faule! Ich habe die Syphilis!

Wenn ich noch den geringsten Zweifel gehabt hätte, wäre er durch die entsetzte Reaktion der jungen Ärztin, die sich für die Untersuchung weiße Handschuhe übergestreift hat, innerhalb von Sekunden zerstreut worden. Sie berührt meinen Mund mit einem Wattestäbchen. Sie dreht meine Hände und Füße um und weicht dabei so weit wie möglich zurück. Wahrscheinlich kommt es nicht häufig vor, dass sie so eindeutige Fälle von Syphilis im zweiten Stadium vor sich hat.

Dreimal die Woche bekomme ich jetzt eine kostenlose

Penicillin-Spritze. Was Deutschland einem mit der einen Hand verweigert, muss es mit der anderen wieder bezahlen. Ich werde zu einem Gespräch bestellt, bei dem sowohl private wie medizinische Themen vertraulich behandelt werden. Eine Sozialarbeiterin befragt mich zu meinem momentanen »Freund«.

Mitgefangen, mitgehangen. Dieses schwärende Nordlicht ist nicht von allein auf meinem Bauch gelandet, es kann auch auswandern, sich bei anderen niederlassen. Nennen Sie uns bitte den Namen Ihres Freundes. Einfache Vorsichtsmaßnahme, sie haben keine Repressalien zu befürchten.

Ich zögere. Wen soll ich als Sündenbock nehmen? Wenn ich alle männlichen Wesen der Stadt angebe, würde ich schnurstracks hinter Gitter wandern, und man würde mir die Kinder wegnehmen. Also nur einen nennen? Aber welchen? Einen Weißen oder einen Schwarzen? Ich entscheide mich für einen Afrikaner, den ich kürzlich getroffen habe, denn er ist ein ganz sauberer Student. Ich habe eine Stunde in seinem Zimmer mit ihm verbracht. Wenn diese heimtückischen Tierchen ihn bereits wegen einer einzigen Umarmung angegriffen haben, bin ich ihm eine Erklärung schuldig.

Wie alle anderen Afrikaner, die hier studieren, bezahlt er schon jetzt einen viel zu hohen Preis für sein Diplom, ist untergebracht in einer armseligen Bude, und zwar nicht irgendwo, sondern in einem eigens für ihresgleichen reservierten Gebäude: ohne Heizung, ohne Beleuchtung, gezwungen, für ein seltenes Schäferstündchen zu zahlen.

Vom kleinen schwarzen Liebling erzähle ich nichts. Er sitzt in seiner warmen Zelle, und niemand braucht zu wissen, dass er seine letzte Nacht in Freiheit damit verbracht hat, auf einem ramponierten Sofa auf mich zu warten, während ich mich im Schnee mit einem anderen herumschlug.

Man drückt mir einen Zettel in die Hand, der mich in deutscher Sprache über meine neue Lage unterrichtet. Darauf sind alle sogenannten schändlichen Krankheiten aufgezählt, Krankheiten, über die keiner offen redet. Meine, die Königin, ist im Text rot markiert. Es folgen Angaben zur Behandlung und zu Verhaltensweisen. Bis zur zweiten Spritze ist man ansteckend. Zwei Nächte bleiben mir, um ganz Deutschland die Syphilis zu verpassen, so wie man alte Lumpen in Brand steckt! Und dieses Gift werden sie ihren Gattinnen verabreichen!

Verzeihung, ihr drei Schwarzen, meine drei Schicksalsgenossen. Gloria, Syphilis, Amen! *Frohe Weihnachten!*

Bevor dich das Penicillin besiegt, fallen die Haare in Büscheln aus, sind die Zähne pulverisiert, gebrochen: Ich überlasse sie dir, Syphilis. Mach Schmuck daraus für deine Geliebten.

Ich habe keine Kraft mehr. An den Tagen, an denen ich Spritzen bekomme, schleppe ich mich zum Krankenhaus, wo ich um vier Minuten vor zwölf ankomme. Manchmal ist es zu spät und man verweigert sie mir; wenn ich genug flehe, nimmt man mich trotzdem dran und pflanzt die rachsüchtige Nadel in meine Haut, schreit mich dabei an.

Reihen von anderen Unglücklichen warten mit mir,

den Blick schamhaft auf ihre Schuhe gerichtet. Wir werfen einander verstohlene Blicke zu. Gekrümmt ziehen sie von dannen, reiben sich die Pobacke. Niemand sagt etwas. Syphilis ist keine Krankheit, über die man Erfahrungen austauscht. Unter den Wundmalen erstickt die Menschlichkeit.

Abends, bevor ich Jagd auf Schwarze mache, schminke ich vor dem Spiegel mein aschfahles Gesicht mit den ewigen Ringen unter den Augen. Unter Puderschichten tarne ich die Blüten der Syphilis. Dennoch ist meine Haut gezeichnet durch eine ganze Geografie von harten Falten. Die Nagetierchen, die mit Penicillin getränkt werden, bis ihr Durst versiegt, scheinen sich unter meiner Haut besonders zu amüsieren. Meine Zähne zerfallen zu Brei, ich wage es nicht mehr, auch nur in eine Brotkrume zu beißen. Meine stumpfen Haare sterben jeden Morgen büschelweise im Kamm. Die Müdigkeit macht mir zu schaffen, im Mund habe ich einen Geschmack nach faulem Wasser.

Eines Nachts, in einer Bar, schleppe ich einen Boxer ab, einen hageren Schwarzen, der so besoffen ist, dass er bei mir schläft, weil er nicht mehr weiß, wo sein Hotel ist. Tony mit den roten Augen und den brutalen Fäusten. Die Nacht danach klettert er auf meine Fensterbank, während ich schlafe. Er ist auf das Dach des Autos gestiegen, und plötzlich werde ich wach, weil eine Welle aus Beschimpfungen und Faustschlägen auf mich niederprasselt. Erst am Morgen geht er wieder. Seither schlafen wir mit geschlossenen Fensterläden, das ist sicherer. Doch eines Morgens wird mit solcher Beharrlichkeit an unsere Zimmertür geklopft, dass es nur der Boxer sein kann.

Ich befehle den Kindern, sich nicht zu rühren. Wir verstecken uns unter den Federdecken, sprechen kein Wort, wagen kaum zu atmen. Die heftigen Schläge gegen die Tür gehen weiter. Wenn man ganz vorsichtig den Kopf aus der Decke streckt, könnte man glauben, es sei vorbei, doch schon beginnt es von Neuem. Als es endlich aufhört, sind wir unter den Federn fast erstickt. Lange warte ich hinter der Tür, bevor ich zu öffnen wage. Auf der Schwelle steht eine riesige braune Tüte mit Lebensmitteln, darüber ragt ein winziger Tannenbaum mit roten Kerzen. Eine Visitenkarte ist angeheftet: »Vom Weihnachtsmann.«

Wir haben nie erfahren, wer sie uns gebracht hat.

Kurze Zeit später, in einer klirrend kalten Nacht, vor einer Bar, die ich noch nicht kenne, begegne ich dem schwarzen Indianer. Der Eingang zur Bar liegt in einer alten, abgeblätterten Mauer; man muss einige Stufen hinuntergehen und kommt zur Tür. Ich stehe in Gedanken versunken vor dieser Tür, durch die Fetzen von rauchigem Blues zu mir dringen, als sie plötzlich aufgeht und der schwarze Indianer herauskommt. Unter seinem breitrandigen, seidig glänzenden Hidalgo-Hut sieht er aus wie ein Prinz aus vergangener Zeit.

»Hello!«, sagt er mit tiefer, ernster Stimme.

Ich steige in seinen geräumigen weißen Wagen, und er fährt mich durch verschneite Straßen bis zu einem verschlafen wirkenden Gebäudekomplex mit Sozialwohnungen am anderen Ende der Stadt. Alles bei ihm strömt

Luxus aus. Die glänzenden Möbel gruppieren sich auf Orientteppichen um ein Fernsehgerät herum. In Glasvitrinen an den Wänden entdecke ich indianische Trophäen, Waffen, Bögen und bemalte Pfeilspitzen. Er bringt mich in sein Schlafzimmer und lässt mich sein hochherrschaftliches Bett mit ihm teilen. Meine Liebkosungen lässt er bis zum Ende gleichmütig über sich ergehen.

Nie habe ich schönere Schenkel gesehen, nie einen so herrlich muskulösen Körper, gestählt durch die rituellen Tänze und den Kampf, das viele Reiten und Bogenschießen. Seine Adlernase senkt sich auf dünne Lippen voll Bitterkeit. Er sagt kein Wort. Der grausame Blick seiner schwarzen Augen, seine kargen Gesten machen auch mich stumm.

Danach erzählt er mir von seiner Frau, die ihn und ihre beiden Kinder verlassen hat, ein blondes Mädchen mit blauen Augen, das sie aus erster Ehe mitgebracht hat, und einen schwarzen Jungen, den sie gemeinsam adoptiert haben.

Ich bin gerührt über seinen Stolz, trotz aller Bitterkeit, diesen kalten Zorn über etwas, was nicht wiedergutzumachen ist. Sein Blick ist darüber so hart geworden wie glänzender Stein, jede Zärtlichkeit ist daraus verschwunden. Seine Frau, eine üppige Blonde, deren Foto uns auf der Kommode an der Wand entgegenblickt, ist nach Griechenland geflohen, wo sie ein unbeschwertes Leben führt. Sie hat nie wieder etwas von sich hören lassen. Dabei war sie während ihrer Ehe eine vorbildliche Gattin, die regelmäßig in der Bibel las, den Haushalt gut versorgte, die Kinder pflichtbewusst erzog, nie ausging, außer zum Tee bei Freundinnen. Ich kann verstehen, dass sie diesem strengen Eheleben entfliehen wollte; dennoch ist es tragisch.

Er schlägt mir vor, bei ihm einzuziehen. Ich bin sprachlos. Und habe zugleich Angst. Dem Elend entfliehen, den Strich aufgeben, Frau dieses schönen Mannes sein, es wäre zu schön, aber es ist nur ein Traum. Ich bin nicht verliebt in ihn, doch wer weiß, vielleicht kommt die Verliebtheit später. Bei ihm wäre ich mit den Kindern in Sicherheit, selbst wenn hier alles ein wenig übertrieben ist, zu viele Möbel, Teppiche, Glasvitrinen; die Küche ist picobello, aber zu sauber, zu aufgeräumt. Der in den Vitrinen eingeschlossene Federschmuck hat etwas Bedrohliches, man kommt sich vor wie in einem Museum. Und die Kinder des Indianers, was werden sie sagen? Der Sohn ist fünfzehn, geht noch zur Schule. Das Mädchen ist neunzehn, sie ist Bildhauerin und erwartet ein Kind von ihrem Verlobten, einem Schwarzen aus dem Nachbargebäude. Ihre Mutter hat keine Ahnung davon. Das heißt, wir müssten uns auch ihres Unglücks annehmen!

Ich stimme zu. Der schwarze Indianer bringt mich zum Hotel zurück und verspricht, mich und die Kinder morgen abzuholen. Da wird die Alte aber Augen machen! Ja, Madame, ich werde mit einem Indianer zusammenleben, der sonntags im Club, wo man alte Traditionen pflegt, gewaltigen Federschmuck trägt, er reicht ihm bis auf die Füße! Ja, er kennt Geheimnisse, Zaubermittel, er schießt mit todbringenden Bögen. Und an Festtagen bemalt er seinen Körper mit heiligen Motiven! Ich werde eine Indianerin, Madame!

Meine Kinder sind einverstanden. Wir machen uns bereit für ein neues Abenteuer. Ich werfe den Weihnachtsbaum in den Müll, dann packen wir Plüschaffen, Puppen, unsere Lumpen, den Kocher, die Töpfe, meine Ohrringe zusammen. Ich gehe mich verabschieden. Die Alte kann es nicht fassen, wiederholt immer wieder: »Sind Sie wirklich sicher, dass Sie es nicht bereuen werden?« Und als müsste sie sich überwinden, fügt sie hinzu: »Nun ja, ich wünsche Ihnen viel Glück.«

Unseren Auszug lässt sie sich nicht entgehen. Mittags ist es so weit: Der schwarze Indianer schiebt die verschlissenen Koffer und ein paar Kartons in den Kofferraum seines Autos. Die Kinder und ich thronen vorne und winken der Alten zu, die uns hinterherruft: *»Auf Wiedersehen, alles Gute!«*

Und dann fahren wir im weißen Wagen des schwarzen Mannes davon. Die Trabantenstadt glänzt im Schnee, überall spielen schwarze Kinder vor den Türen. Als wir unseren neuen Palast betreten, saugt ein blondes junges Mädchen gerade Staub. Auch der schwarze Junge ist da. Neugierig und misstrauisch mustern sie uns. Natürlich fragen sie sich, was wir hier zu suchen haben und weshalb ausgerechnet ich den leeren Platz ihrer Mutter im Ehebett einnehmen soll. Es ist mir unangenehm, und ich wage kaum, sie anzusehen. Das junge Mädchen trägt mutig ihren dicken Bauch unter einer weiten blauen Bluse, ihre schönen Haare hat sie zu einem Pferdeschwanz gebunden.

Meine Kinder werden ihr eigenes Zimmer mit zwei Betten haben, was für ein Luxus! Wir essen alle zusammen in der Küche. Bevor er zur Kaserne aufbricht, denn auch er ist Sergeant der amerikanischen Armee, gibt mir der schwarze Indianer Anweisungen für den Nachmittag. Er zeigt mir das Badezimmer: »Hier haben die Zahnbürsten ihren Platz, dort die Handtücher. Hier, am Boden, liegen rechts Socken, die gestopft werden müssen, und links liegt die schmutzige Wäsche. Meine Tochter wird dir die Waschmaschine im Keller zeigen, sie wird dir beim Waschen helfen. Außerdem müssen die Vitrinen und der Fernseher abgestaubt werden. Während du am Abend auf mich wartest, kannst du dir Filme anschauen und dabei Socken stopfen. Das war's. Ich hoffe, dass du dich mit allem zurechtfindest und dass es euch bei mir gefällt. *Good-bye darling*, bis heute Abend.«

Zum Abschied küsst er mich auf die Stirn.

Großer Gott, Hilfe! Das ist ja zum Ersticken, immer nur Haushalt und Socken stopfen! Sklaverei! Ich werde von der unbändigen Lust gepackt, alles zu zertrümmern, die polierten Vitrinen, die Federn und Teppiche in Brand zu stecken und abzuhauen, so schnell wie möglich. Sie sind verrückt, diese Indianer, mit ihrer Sauberkeit und ihrer Manie, unbedingt zivilisiert sein zu wollen! Ich hätte es ahnen müssen – ein fleckenloses Dasein, ohne einen Funken Leben!

Denk an die Kinder, sage ich mir, denk an deine armen Kinder, die es endlich sicher und warm haben, und außerdem werden wir jeden Tag genug zu essen haben!

Ja, aber zu welchem Preis!

Drei Tage halte ich es aus. Keinen Tag länger. Drei Tage, an denen mir keine einzige Minute bleibt, um den

Schnee zu bewundern oder mit den Kindern zu spielen. Ah, wie gut ich seine Frau verstehen kann, die nach Griechenland abgehauen ist! Ja, bleib dort, wälze dich im Sand am Meer, genieße die Sonne, umarme die Bäume! Fernsehen, das ist für dich jetzt der Gesang der Wellen und des Windes, der Duft nach Thymian in den Pinienwäldern, die göttliche Musik der Ziegenglöckchen, das sind die Liebkosungen deines Griechen. Komm bloß nicht zurück, Griechin, um wieder die kaputten Socken deines Indianers zu stopfen!

Um Mitternacht kommt er nach Hause. Er findet mich auf dem Teppich liegend, vor dem ausgeschalteten Fernseher, auf einer aus alten Pelzen improvisierten Schlafstatt. Ich stelle mich schlafend. Vergeblich. Er packt mich an den Schultern und schleppt mich in sein großes Bett, vor das Foto seiner gleichgültigen Frau.

Am dritten Tag, einem Sonntag, lasse ich mich von ihm mit den Kindern zu den Zigeunern bringen, denen ich einen Besuch abstatte. Der Indianer wirkt nervös, er spürt, dass ich an Flucht denke. Der Schmutz und die Schlamperei in den Wohnwagen und alten Bussen des Zigeunerlagers machen ihn sprachlos.

Ach Sonja, Tata, Kinder! Was für eine Erholung, mit euch im Wagen zu sitzen, zu sehen, wie Julischka mit ihren nackten Füßen auf dem Sofa tanzt, das übersät ist mit Hunde- und Katzenhaaren! Ach, göttlicher Duft nach dem sonntäglichen gestohlenen Huhn und den sacht blubbernden Knödeln! Was kann uns Besseres passieren, als hier zu sein, im Kreis unserer Zigeunerfamilie, mitten im Müll, in unserem wackelnden Wohnwagen, mit einem goldgelb gebratenen Hühnchen? Hier wird uns warm ums Herz, hier, wo Tatas breites Zigeunerlachen den Wagen erbeben lässt, sind wir glücklich. Julischka fliegt von Arm zu Arm, ihr kleiner nackter Hintern zappelt, sie lacht und weint abwechselnd. Die Jungs schreien und reißen sich gegenseitig Haare aus, das Radio spuckt ab und zu Musik.

Maria, die Österreicherin, kommt zu Besuch, ihre gelockten roten Haare flammen stärker als je zuvor. Sie ist traurig, denn ihr schwarzer Freund Joseph geht bald nach Amerika zurück, sein Armeedienst ist zu Ende.

Unser kleiner Wohnwagen ist noch da, wie früher hält eine Schnur die Tür geschlossen. Er ist leer, niemand bewohnt ihn. Ich gehe zum Bürowagen und rufe den schwarzen Indianer an, sage ihm, dass es aus ist, dass wir nicht zurückkommen. Auf seine traurige Frage: »Warum?« antworte ich mit ruhiger Stimme, dass es uns bei ihm nicht gefällt, dass seine Wohnung kein Wohnwagen ist, dass sein Dach nicht leckt und dass wir uns deshalb nicht zu Hause fühlen. Außerdem ist es bei ihm nicht schmutzig genug. Er ist aufrichtig betrübt, wir gehen ohne viel Bitterkeit auseinander. Er hält mich für verrückt! Umso besser.

Um unser neues freies Leben zu feiern, gehe ich mit den Kindern in eine kleine Negerbar bei den Kasernen. Ich habe keinen Pfennig, all unsere Sachen sind noch bei dem Indianer. Es bleibt uns nichts anderes übrig, als dem Schicksal zu vertrauen.

Um neun Uhr abends sind wir noch immer da, umgeben von Musik und Rauch, mit vollen Cola-Bäuchen.

Wir haben getanzt bis zum Umfallen. Ich sage den Schwarzen, dass wir kein Dach mehr über dem Kopf haben. Zwei große Kerle sind ganz gerührt. Jeder von ihnen nimmt eines meiner Kinder huckepack, und los geht's! Mit großen Schritten laufen wir durch den Schnee bis zum Eingang ihrer Kaserne. Wir warten draußen, und wenig später kommen sie mit Geld, Kaugummi und Bonbons heraus. Sie nehmen die Kinder wieder auf ihre Rücken, und wir fahren alle zusammen mit dem Bus in die Stadt.

In jener Zeit bestand unser Schicksal aus lächelnden Schwarzen mit breiten Schultern, die uns in einen sicheren Hafen brachten. Das Herz dieser schwarzen Soldaten war so leuchtend wie das Weiß ihrer Zähne, ihre Hände waren unsere Kopfkissen, ihre Körper unser Heim. Wie warm und gut waren sie unter ihren grünen Uniformen! Ihre Güte ließ den Winter dahinschmelzen. Ein Papa hätte mit meinen Kleinen nicht liebevoller sein können. Meine Kinder haben in Deutschland hundert wunderbare schwarze Väter gehabt, nie wieder haben wir später welche wie sie gefunden.

Nach zehn Uhr abends landen wir schließlich in unserem alten Hotel. Die Schwarzen tragen die schlafenden Kinder. Der eine verabschiedet sich vor der Haustür. Wir klingeln. Die Alte öffnet. Sie ist verblüfft, stumm vor Staunen und Schreck, ein vages, etwas ironisches Lächeln spielt um ihren Mund. Ich setze zu einer Litanei an, mit der man eine ägyptische Mumie hätte erweichen können. Es ist nicht einfach, ihr trockenes Herz zu erreichen. Letztendlich ist es der Anblick der Kinder mit den vor

Müdigkeit flackernden Augen, der sie umstimmt. Sie holt den Schlüssel und macht uns die Tür zu unserem alten Zimmer auf. Es riecht nach Bleichlauge, man hat es wahrscheinlich ordentlich gescheuert, aber immerhin, es ist noch frei.

Und jetzt sind wir wieder zu Hause, auf unserer alten Galeere. Die Kinder sind bald wieder eingeschlafen, froh, in ihrem vertrauten Bett zu liegen.

Der Schwarze hält mir einen Zwanzigdollarschein hin, die Augen feucht vor Glück beim Gedanken an die Nacht. Du wirst deine Nacht bekommen, ich werde ganz sanft sein, dir danken, dass du uns vor der Angst gerettet hast. Schnee und Kälte haben wir an der Tür zurückgelassen.

Am nächsten Tag fährt uns ein Freund zum schwarzen Indianer, um unsere Sachen zu holen. Er ist nicht da. Seine Tochter macht uns auf. Sie ist beim Putzen, eine zweite Schürze um die erste gebunden. Sie strahlt, scheint froh darüber zu sein, dass wir die Wohnung räumen. Wir sammeln alles ein und gehen. Die Sozialwohnungen verblassen in einem rachsüchtigen Nebel. Mögen sie sich auf immer verflüchtigen, diese riesigen Kühlschränke, in denen einem die Träume gefrieren!

Wie eine Biene schwirre ich in München von einem Tanzlokal zum anderen. Überall sind Freier. Man braucht nur hineinzugehen, sich in einem kurzen farbenfrohen Kleid, mit offenen Haaren an einen Tisch zu setzen. Immer kommt gleich ein Schwarzer, der sich verbeugt, einen zum Tanzen auffordert, zum Trinken und Essen einlädt. Von Rauch und Musik umgeben, habe ich das

Gefühl, schon immer hier gewesen zu sein, in diesem Meer aus Schwarzen. Ihr würziger Geruch ist meine Droge. Da bin ich geboren: in ihren schwarzen Armen, ihren leuchtenden Gesichtern.

Wenn sich um Mitternacht die Militärpolizei in ihrer weißen Uniform an die Eingangstüren pflanzt, huschen wir in ein Taxi, pressen uns aneinander. Mit erstickter Stimme nenne ich den Namen des Hotels, wir küssen uns auf der ganzen Fahrt. Bis morgens liegen wir im zitternden Licht der Straßenlaterne auf dem altersschwachen Sofa und lieben uns.

In jener Zeit habe ich den »kleinen schwarzen Liebling mit dem roten Haar« kennengelernt. An seinen Namen kann ich mich nicht erinnern. Sein Gesicht hingegen, eine chinesisch-schwarze Mischung, sein flammender, krauser Haarschopf haften in meinem Gedächtnis. Genau wie seine Brutalität, sein aggressives, gekrümmtes Geschlecht in einer an Kaffee erinnernden Farbe. Die Extremitäten heller als der Stängel. Viele Schwarze haben solche krummen, gefährlichen Schwänze. Manche richten sich nach oben wie gespannte Bögen und enden in einer Spitze, andere sind gewölbt und nach unten geneigt. Es tut weh, wenn man mit ihnen schläft, doch sie bemühen sich, sanft einzudringen, immer nur ein kleines Stück; der Schmerz verwandelt sich dann in eine Sanftheit, die kaum auszuhalten ist, die das Innere des Körpers dehnt und in Wellen zum Bersten bringt. Es ist vielleicht einer der Höhepunkte der fleischlichen Lust, wenn man sich darauf versteht. Die Schwanzspitze taucht tief in verbotene Zonen ein, da, wo der Schmerz einer das Fleisch zerreißenden Liebkosung gleicht. Schwarze mit solch gekrümmten Stängeln sind hart, gewalttätig, egoistisch, sie betreiben die Liebe ohne Rücksicht und ohne Pause. Das Messer aus Fleisch leitet das Spiel und das Gefecht, es ist der Herr und Gebieter. Wehe, man kommt unter seine Klinge! Dann bleibt einem nur die völlige Unterwerfung. Der Faszination, die so ein gekrümmter Dolch ausübt, kann keine Frau widerstehen.

Der »kleine schwarze Liebling mit dem roten Haar« vergöttert sein eigenes Geschlecht. Er betrachtet es eingehend, bringt es mit der Hand zum Vibrieren. Er sieht zu, wie es sich an seinem Bauch entlang aufrichtet und plötzlich seine Spitze nach vorn schnellen lässt, stolz wie ein siegesgewisser Krieger. Er will, dass ich ihn mir in aller Ruhe anschaue, wie er da steht mit gespreizten Schenkeln, einer grausamen Statue gleich. Seine außergewöhnlichen Dimensionen verdammen meinen Körper zur Untätigkeit, zum Warten, der Akt gleicht einer Anbetung, einem Gebet. Mit Freude bin ich bereit, einer so prachtvollen Klinge geopfert zu werden. In mir krümmt sie sich wieder, es ist, als würde sie mich quer durchschneiden. Unter meinen Lidern stieben Funken, während mein Bauch explodiert.

Ich senke meinen Mund aufs rote Vlies seines Schädels, tauche meine Nasenflügel in sein rötliches Haar, um den scharfen Geruch des Schwarzseins besser riechen zu können.

Nichts ist süßer als die dicken bläulichen Lippen eines Schwarzen. Man bettet seinen Mund darauf wie auf ein Seidenkissen, sie schmecken nach Zimt und Muskat, sind überaus zärtlich. Wenn man sie beißt, braucht man nicht zu befürchten, dass man sie verletzt. Ihr Fleisch ist wie ein Schwamm, elastisch und pfeffrig, feucht und erfrischend.

Auch dieser Schwarze war uns nicht lange vergönnt. Nach nur einer Nacht mit mir ist er in den Kerkern der amerikanischen Armee verschwunden. Erst sehr viel später haben wir ihn wieder getroffen.

Nicht jeder Tag ist ein Festtag. Sobald die erste Woche des Monats vorbei ist, sind die schwarzen Soldaten pleite, haben keine Dollars mehr. Dann müssen wir von der Hand in den Mund leben, heimlich auf die Straße gehen und uns vor der Polizei verstecken. Ich gehe jede Nacht aus, wenn die Kinder schlafen. Ganz dicht schleiche ich mich an den Mauern entlang. Ich habe meine geheimen Straßen und verlassenen Alleen, wo ich sicher bin, dass jemand mir folgen wird und dass dieser Jemand nicht die Polizei ist. Die meisten Autos fahren langsam an den Rand des Bürgersteigs heran und geben mir mit den Scheinwerfern zu verstehen, dass ich schnell ins Innere springen soll.

Einmal, so erinnere ich mich, es war um Mitternacht, sammelt mich ein großes dunkelblaues Auto hinter einer Kirche auf. Wir fahren schnell los, ohne das übliche »Guten-Abend«-Getue. Der Typ ist ein glatzköpfiger, misstrauischer Deutscher, er macht einen schüchternen, höflichen Eindruck. Kurz vor einer Reihe stattlicher Häuser mit verzierten Balkonen hält er an. Alle Fenster sind dunkel. Er schließt die Haustür auf und bittet mich, schnell in den ersten Stock hinaufzugehen. Er ist nervös. Erst als wir in der Wohnung sind, wird er ruhiger.

Die Wohnung ist schön. Sie riecht nach wohlhabender Familie, dicke Teppiche verschlucken das Geräusch der Schritte, Bilder und Kunstobjekte sind in sanftes Licht getaucht. Er hängt meinen Mantel in die Garderobe und bittet mich in sein Büro. »Bitte, setzen Sie sich. Trinken Sie einen Cognac? Lassen Sie uns erst einen Moment reden, bevor ich Ihnen erkläre, was ich von Ihnen will.«

Er gießt einen der allerbesten Cognacs in zwei bauchige Gläser, die Flüssigkeit schimmert braungold und entfaltet einen starken Duft. Er hebt sein Glas. *»Prost!«*, sagt er. »Ich heiße Fritz. Sag du zu mir, denn ab jetzt sind wir Verbündete.«

Wir trinken. Er zündet mir eine Zigarette an, die er mir mit einem goldgelben Päckchen überreicht. Mit ruhiger Stimme fährt er fort: »Ich will, dass du mich als deinen Sklaven behandelst. Ich bin siebzig Jahre alt, du brauchst keine Angst vor mir zu haben, mit mir riskierst du nichts. Ich bin willig und gehorsam, ich mag es, wenn man mir Befehle erteilt. Du musst hart mit mir sein. Was ich von dir will? Schläge und einiges andere, was ich dir später erkläre. Ich gebe dir siebzig Mark. Das ist mein Angebot, und wenn ich zufrieden bin, sehen wir uns wieder.«

Ich stimme zu, habe keine Wahl. Es ist schon spät, ich kann nicht mehr durch die Kälte laufen, mit nichts als Angst im Magen.

»So: Zuallererst lege ich mich nackt auf den Teppich, und du bindest mich am Fuß des Sofas mit Kordeln so fest, dass ich mich nicht mehr bewegen kann. Du bleibst auf dem Sofa sitzen, trägst deinen schwarzen BH, Gürtel, Strümpfe und Stöckelschuhe. Ich hoffe, die Absätze sind spitz genug.«

Ich zeige sie ihm. Zum Glück habe ich meine Sonntagsschuhe mit den Pfennigabsätzen angezogen.

»*Wunderschön*. Du hältst sie in der Hand und rammst sie mir fest in den Bauch, du brauchst keine Angst zu haben, dass du mir wehtust, auch wenn ich schreie.«

Er steht auf, holt aus dem Schrank eine Peitsche mit feinem Lederriemen, die hinter rot eingebundenen Aktenordnern verborgen war, und reicht sie mir. »Damit peitschst du meinen Körper, du drehst mich auf den Bauch und versohlst mir damit den Hintern, aber pass auf, dass du nicht zu viel Lärm machst, wegen der Nachbarn. Dann drehst du mich auf den Rücken, steigst mit deinen Schuhen auf mich drauf und läufst über meinen Bauch und meine Brust, keine Angst, ich bin kräftig, ich halte das aus. Danach bindest du meine Geschlechtsteile mit diesem Tuch zusammen.« Aus seinem Schreibtisch nimmt er ein geblümtes blaues Seidentuch. »Du nimmst die Peitsche und schlägst mich, wenn ich es dir befehle, so fest du kannst, schlag mich auch auf den Schwanz. Gleichzeitig nimmst du meine Brustwarzen zwischen deine Fingernägel und drehst sie fest herum, beschimpfst mich dabei. Du nennst mich deinen Hund, dein Stück Dreck, du spuckst mir ins Gesicht, in den Mund. Schließlich, wenn ich genügend erregt bin, setzt du dich auf mich und pinkelst mir in den Mund. Glaubst du, du bringst das fertig?« Seine Stimme klingt besorgt.

Ich zögere mit der Antwort. Es wird das Abscheulichste sein, was ich je getan habe. Ich bringe nicht einmal mehr den Cognac herunter, der Geschmack kommt mir plötzlich bitter vor. Dennoch sage ich: »Vielleicht.«

»Wir legen etwas auf den Boden, damit der Teppich nicht schmutzig wird.«

Er gibt mir die versprochenen siebzig Mark, und wir ziehen uns aus. Ich behalte BH, Strümpfe und Schuhe an, wie er es mir befohlen hat.

Nackt auf dem Teppich zu meinen Füßen liegend, Hand- und Fußgelenke mit einem Strick zusammengebunden, betrachtet er mich mit starrem und demütigem Blick unter seiner rotrandigen Brille. Um seinen Mund spielt eine Art Lächeln. Ich beuge mich zu ihm hinunter, stoße ihm die spitzen Absätze meiner Schuhe in seine widerstrebende Haut. Er stöhnt kaum auf, zuckt nur unter den Stichen.

Eine Schreibtischlampe mit Pergamentschirm spendet uns Licht. An der Wand gegenüber schlägt eine große Standuhr leise und mit weit ausholenden kupfernen Pendeln. Durch die Tüllvorhänge sehe ich im Schein einer Straßenlaterne Schneeflocken wirbeln.

Ich nehme die Peitsche. Es ist schwierig, dem Riemen seinen Willen aufzuzwingen. Mal landen die Hiebe auf dem Teppich, mal treffen sie zielgenau in die Leistenfalten und auf die behaarten Schenkel, auf denen sich nach und nach rote Streifen abzeichnen. Ich schlage in regelmäßigem Rhythmus, einmal schnell, einmal langsam, um einen Überraschungseffekt zu erzielen. Schweißtropfen rinnen über seine Stirn. Er gibt kleine Gluckser von sich, atmet schwer und röchelnd. Ich drehe ihn wieder auf den Bauch und traktiere seinen faltigen Hintern mit heftigen Peitschenhieben. Die Pobacken sind mit knallroten Narben übersät.

Ich steige darauf und laufe darüber. Er schreit: »Das tut so weh! Mach weiter, nicht aufhören!«

Dann gönne ich ihm ein wenig Ruhe, während ich sein Geschlecht mit dem Seidentuch zusammenbinde, ein heikles Unterfangen. Dreimal muss ich von vorne beginnen. »Zieh zu, fester! Mach schon, zieh mit aller Kraft, als wolltest du's mir rausreißen! Nimm die Peitsche und schlage mir auf die Schenkel, auf den Bauch, auf den Schwanz, *ja, ja*, kratz mich, bis es blutet!«

Seine schlaffe Brustwarze, die ich zwicke und verrenke, färbt sich unter meinen Nägeln blau. Ich spucke ihm ins Gesicht, er öffnet den Mund, um meinen Speichel aufzufangen, sein Körper vibriert. Ich brülle: »Hund, Stück Dreck, Schwein!«

»Tritt jetzt auf mich, ja, auf meinen Bauch, mit deinen spitzen Absätzen, ramm sie ganz tief in meine Haut, durchbohre mich! *Ach, Liebling*, wie gut das tut! Setz dich auf mich, ja, pinkle mir in den Mund, lass mich dein Pipi trinken!«

Ich habe gedacht, ich würde es nicht schaffen. Seine Stimme feuert mich an, fleht, seine Angst wird immer größer: »Piss mir in den Mund, los, los, mach schon!«

Als endlich ein einzelner Tropfen fällt, dem ein heißer Strahl folgt und in seinen Mund und auf seine Brust läuft, schreit er: »Danke, oh, danke!«

Bevor wir auseinandergehen, trinken wir noch ein

Gläschen Cognac. »Ich bin froh, sehr froh«, sagt er. »Ich brauche eine Frau, die grausam ist. Ich mag keine Frauen, die sich weigern, eine Peitsche zu schwingen. Ein Mann fühlt sich nur an eine Frau gebunden, die ihn schlägt. So eine Frau wird er nie wieder verlassen.«

An der Türschwelle verabschieden wir uns höflich voneinander. Mein Hotel ist ganz in der Nähe, und er ist müde. Er ist schon im Schlafanzug und entschuldigt sich dafür, dass er mich nicht zurückbegleitet.

Eines Abends, den ich mir für mich selbst gönne, sehe ich mir im Kino den Film *Rom, offene Stadt* an. Im Saal sitzen nur Deutsche. Während der Szenen, in denen Widerstandskämpfer gefoltert werden, herrscht absolutes Schweigen. Auf der Leinwand erhält eine große, schlaksige Spionin einen Nerzmantel als Geschenk für ihren Verrat, während ihr Geliebter im Sterben liegt nach dem Verhör, das sie versteckt im Nebenraum mitangehört hat. Seltsam, hier in Deutschland einen solchen Film zu sehen. Das Schweigen der Zuschauer spricht Bände.

Jede Nacht spiele ich jetzt mit den Bullen Versteck. Um drei Uhr morgens ist es auf der Leopoldstraße am gefährlichsten. Schon bevor ich sie sehe, vernehme ich von Weitem das dumpfe Schnurren ihrer weiß-grünen Käfer, alle fünf Wagen, ich verzähle mich kein einziges Mal. Nie bin ich ihnen in die Falle gegangen. Nie hat mich jemand nach meinen Papieren gefragt. Nachts laufe ich mit gleichmäßigen, ruhigen Schritten durch die Straßen, den Blick gen Himmel gerichtet, wie eine Studentin, die nach einem brav verbrachten Abend nach Hause geht. Im Schneegestöber tanze ich in Zeitlupe unter meinem Schirm.

Als sie näher kommen und am Bürgersteig anhalten, ihre beiden spitzmäusigen Visagen gegen die Scheibe gedrückt, mache ich keine Bewegung, springe nicht zur Seite, zwinkere nicht mit den Augen, das würde mich verraten. Sie beobachten mich, folgen mir Schritt für Schritt. Ich laufe einfach weiter, den Blick zum Mond gerichtet. Enttäuscht, wutschnaubend, mit heulendem Motor, fahren sie weiter. Wieder einmal habe ich sie reingelegt!

Hinter den diamanten schimmernden Wasserfontänen, in den dunklen Vertiefungen der Universitätsmauern, verbirgt die Nacht Nester von Polizisten, die auf der Lauer liegen. Man muss sich in Acht nehmen vor Autos, die in großem Abstand zu den andern parken, sie verbergen das Bullenpaar, das im Schatten kauert, mit ausgeschalteten Scheinwerfern. Man darf nie stehen bleiben, sich nie ansprechen lassen oder vor ihrer Nase in ein Auto steigen.

Wie oft habe ich gesehen, wie der Nebel explodiert, der Schnee unter einem plötzlichen Aufleuchten der Scheinwerfer funkelt, immer dann, wenn ich am wenigsten darauf gefasst war. Einmal habe ich gesehen, wie vier Bullen in einem dieser Käfer saßen; in der Sekunde davor hätte man meinen können, es sei nichts außer einer sanft geschwungenen Karosserie, die an einer Mauer parkte.

Von allen Seiten werden wir beobachtet. Hier ist *Sperrgebiet*. Kein einziges Mädchen treibt sich nachts hier herum. Die Straße ist ein Meer von Tugend. Genau deshalb laufe ich hier auf und ab. Weiter vorn, an der Münchner Freiheit, frieren sich die Frauen zu Tode, wenn sie sich mit ihren Pudeln im Schnee aufreihen. Es sind die Offiziellen. Wenn ich zufällig neben ihnen gehe, werfen sie mir wütende Blicke zu. Schleunigst mache ich mich aus dem Staub.

Nicht jede Nacht meint es das Schicksal gut mit mir. Manchmal laufe ich die ganze Nacht vergebens durch die Kälte. Eines Morgens muss ich über die durchlöcherten Schuhe meines Sohnes zwei Plastiktüten stülpen. In diesen elenden Stiefelchen läuft er neben mir her, bis auch sie durchgescheuert sind. Da trage ich ihn zu einem Geschäft und kaufe ihm rote Gummistiefel.

Eines Tages bricht der letzte Akt unseres Aufenthalts im Hotel in der Ohmstraße an. Die Alte kommt um zehn Uhr in unser Zimmer, pfeift wie ein wütender Truthahn, schleicht schreiend um das Bett herum, in dem ich liege und Zeitung lese. Ich hebe nicht einmal den Kopf. Ab und zu begnüge ich mich mit einem: *»Ja, ja.«*

Insgeheim amüsiere ich mich. Sie wirft mir vor, ich sei die Schande des Hotels. »Und was ist mit all den Negern, die nachts Schneebälle gegen die Fensterläden werfen? Die ganze Straße redet darüber! Das schadet dem guten Ruf des Hauses!« Ich lache so laut auf, dass sie innehält. Sie wirft mir noch zu: »Die Chefin wird Sie hinausjagen, Sie werden schon sehen! Sie erwartet Sie noch vor Mittag in ihrem Büro. Ich habe Sie gewarnt!«

Türschlagend rauscht sie hinaus.

Zum Glück habe ich noch ein paar Ersparnisse in einem Umschlag. Fünfhundert Mark, dem Schnee, den

Autos, den scharfen Federn des Sofas abgetrotzt. Ich fühle mich stark. Dieser Umschlag garantiert eine solide Zukunft! Zärtlich betrachte ich ihn in seinem Versteck im Schrank, ganz unten in einem meiner Stiefel. Nur keine Angst, wir sind reich!

Nicht lange danach fällt die Chefin mit den harten blauen Augen ihr Urteil: Sie duldet uns noch bis zum Ende des Monats, dann ist Schluss. Sie hat das Zimmer für den nächsten April Engländern versprochen, sie haben schon reserviert. Wir sitzen auf der Straße. Ihre Stimme ist sanft, aber sehr fest. Ihr Blick bedeutet mir, dass es diesmal endgültig ist. Wir können noch von Glück sagen, dass sie uns nicht bei den Bullen verraten hat. Danke, Madame.

Ich kaufe die Zeitung, führe von einer Kabine aus Dutzende von Telefongesprächen. Überall weigert man sich, mich und die Kinder aufzunehmen. Hier liebt man nur Rassehunde, diese kleinen Dackel mit ihren formlosen Pfoten. Aber ich kann schließlich, nur um den Vermieterinnen zu gefallen, meine Kinder nicht in Hunde verwandeln! Ich bin gezwungen, die Kleinen in einem von Nonnen geführten Heim unterzubringen, dort, wo auch die jungen Zigeunermädchen sind. Es ist nicht teuer, doch es bedeutet das Ende unseres Lebens als Familie.

In der Zeitung habe ich eine kleine Annonce gesehen, in der es heißt, man vermiete Zimmer »auch an nachts arbeitende Kellnerinnen«. Ich gehe zur angegebenen Adresse.

Ein großes Gebäude aus geschwärztem Backstein in

einer Straße, durch die die Straßenbahn fährt, am Rand des Künstlerviertels.

Am Empfang ist man unerbittlich. »Wenn Sie hier ein Zimmer anschauen wollen, müssen Sie zuvor zahlen. Zahlen Sie, dann dürfen Sie hinaufgehen«, sagt ein alter Jude in einem winzigen Büro, flankiert von einer kleinen Alten, die ihm hustend beipflichtet.

Ich strecke ihnen zweihundert Mark hin, die letzten Scheine, die mir bleiben, nachdem ich die Pension der Kinder bezahlt habe. Ich gehe in die dritte Etage hinauf. Das Zimmer ist ein finsterer Schlauch mit einem Schrank, einem Bett und einem Stuhl. Ein rachitischer Tisch wackelt an der Wand. Jetzt, wo ich dafür bezahlt habe, bin ich wohl oder übel gezwungen, es auch zu nehmen. Morgen ziehe ich ein.

Heute morgen habe ich die Kinder ins Heim gebracht. Auf dem Rückweg habe ich geweint. Am Sonntag werde ich sie besuchen, und wir werden den Tag gemeinsam im Zigeunerlager verbringen.

Im Zimmer in der Ohmstraße bricht am Nachmittag des letzten Tages unser altes Bett mit Getöse unter einem großen Schwarzen zusammen. In leidenschaftlicher Umarmung finden wir uns auf dem Boden wieder, der Schwarze ist im Rahmen eingeklemmt. Mit lautem Gelächter zieht er von dannen.

DAS GROSSE ROTE HAUS

Ich schleppe meine Koffer durch die Straße, hin zu dem großen roten Gebäude. Scharen von Männern lungern auf dem Bürgersteig herum, den Blick auf die Fassade mit ihren unzähligen Fenstern gerichtet. Hier und da kann man hinter den Vorhängen eine Frauengestalt im Nachthemd erkennen. Wäsche klatscht im Wind auf den Leinen. An die Scheiben gepresste Gesichter sehen uns an. Die Eingangstür hat einen Riss, es gibt weder einen Griff noch ein Schlüsselloch. Die ausgetretenen Stufen, die hinaufführen, sind von Zigarettenkippen übersät.

Vier Stockwerke. Das Treppenhaus ist eng, überall drängen sich Deutsche und schwarze Soldaten, die rauf und runter laufen und an den Türen klingeln. Auf jedem Treppenabsatz gibt es drei Türen aus vergilbtem Holz, durch Fußtritte rissig geworden. Jede Tür hat eine Klingel, darüber prangen mehrere Vornamen, die auf viereckige Papier- oder Pappstücke geschrieben sind. Im Vorbeigehen lese ich: Helen, Mina, Melitta, Helga, Rosmarie, Charlotte. Hinter den Türen liegen dunkle kleine Vorräume mit zerrissenen Tapeten. Ganz hinten sind die Toiletten, winzige, stinkende Höhlen, die Klosetts immer verstopft; der Urin rinnt unter der Tür hindurch. Das Badezimmer daneben starrt vor Dreck, es gibt kein warmes Wasser, und in der Badewanne türmen sich Eimer mit eingeweichten Handtüchern, die den scharfen Geruch von Bleiche verbreiten. Kein Mensch badet hier.

Über dem wackligen Waschbecken hängen Reste eines rostfleckigen Spiegels, in dem man völlig entstellt aussieht, gerade so, als würde man aus einer anderen Welt herüberschauen.

Während ich meine Koffer auspacke, geht die Tür des Zimmers gegenüber auf. Die dicke Helen, »Big Mamma Shakespeare« genannt, tritt in ihrem Unterrock unter einem gelblichen Gabardinemantel in die Diele. Ihr rundliches Gesicht ist noch vom Schlaf aufgedunsen und wird von gelben Haaren mit Lockenwicklern eingerahmt. Sie grüßt mich sehr höflich. Wir wechseln nur ein paar Worte. Sie ist Weißrussin, etwas über fünfzig, ist vor einer Ewigkeit aus der Steppe gekommen. Sie war mit einem Deutschen verheiratet. Ihre Tochter lebt in Amerika.

Sie wird von allen »Big Mamma Shakespeare« genannt, weil sie einen Band mit englischen Theaterstücken besitzt, der zusammen mit Kriminalromanen auf einem kleinen Brett in ihrem Zimmer steht. Ihr Zimmer ist noch kleiner als meins, es ist das billigste auf der Etage und hat weder Platz für einen Gaskocher noch für ihren Schrank, beides musste sie im Flur unterbringen. Im Zimmer steht nur ein einziges »Möbelstück«, eine Schuhschachtel, in der sie ihr Geschirr verwahrt und die sie kokett mit geblümtem Stoff beklebt hat. Zwischen zwei Sträußen Plastikrosen und einer kleinen Kunststoffpuppe mit Federröcken steht ein Foto ihrer Tochter. An der Wand hängen farbige Postkarten aus Amerika.

Mit nackten Füßen, eine Waschschüssel in der Hand, holt sie Wasser im Bad und kehrt in ihr Zimmer zurück. Als sie sich mit mir angefreundet hat, rät sie mir, ich solle mich mit Bleichlauge desinfizieren, das sei sicher. Um ihr einen Gefallen zu tun, sage ich ja. Sie muss die Vagina einer Stute haben! So weit werde ich jedenfalls nicht gehen.

Einem monumentalen Kochtopf auf dem Kocher neben ihrer Tür entweicht ein scharfer Geruch nach Sauerkraut, in dem Schweinsfüße schmoren. Es ist ihr Lieblingsgericht. Dazu gibt es grünen Salat, auf russische Art mit saurer Sahne angemacht. Sie isst im Flur, an einem kleinen Tisch mit einer blau-weiß karierten Tischdecke, und schenkt sich große Gläser Wodka oder Bier dazu ein.

Aus einem der benachbarten Zimmer kommt die schwangere Mélitta, sie trägt einen rosafarbenen Morgenrock. Ihre Haare sind durch die vielen Dauerwellen brüchig, ihr großer Mund wirkt in ihrem Kreidegesicht wie eine blutrote Kamelie. Sie hat vier Kinder, die alle auf dem Land untergebracht sind, ihr Mann ist im Knast. Aus ihrem Zimmer dringen Wiener-Walzer-Klänge, vermischt mit dem Piepen ihres Kanarienvogels.

Das Kind, das sie erwartet, ist von ihrem Freund Jimmy, einem kleinen Mischling mit lockigen Haaren und einem knackigen Hintern in einer Hose mit tadellosen Bügelfalten, immer eine Zigarette zwischen den Lippen. Am Tisch im Flur spielt er stundenlang Karten, und wenn die Soldaten in ihren Unterhosen auf dem Weg zur Toilette an ihm vorübergehen, hebt er nicht einmal den Kopf. Abends geht er aus, damit Mélitta in Ruhe arbeiten kann. Sie begleitet ihn bis auf den Flur hinaus und schnappt sich auf dem Rückweg gleich einen Soldaten, den sie geschwind in ihr Zimmer schiebt. Sie nimmt nur weiße Männer; Jimmy hat ihr verboten, mit anderen Schwarzen zu schlafen.

Am Ende des Flurs wohnt Helga, auch sie ist schwanger. Ihr Freund hat ihr gesamtes Geld im Casino verspielt. Sie ist allein; er sitzt wegen Spielschulden im Gefängnis. Eines Tages hat sie mir ein Foto von ihm gezeigt: kantiges Gesicht, Gangsterkinn, herrischer Blick. Helga ist blond und blauäugig und hat ein lustiges Grübchen am Kinn, obwohl sie immer den Eindruck erweckt, als würde sie heimlich weinen.

Neben mir wohnt Maria, eine kleine Jugoslawin mit grünen Augen, schmaler Brust und einem im Nacken festgezurrten Knoten. Sie ist zusammen mit ihrem kleinen Sohn aus der Heimat geflohen. Er lacht von einem Foto herunter, das auf ihrer Kommode steht. Horst, ihr deutscher Verlobter, spielt Schlagzeug in einer Jazzband. Sie hatte ihn eines Abends um hundert Mark angebettelt, die sie ihm schließlich zurückgab, nachdem sie sich in ihn verliebte. So haben sie sich kennengelernt. Sie kann nicht viel arbeiten, denn ihr Verlobter kontrolliert sie ständig. Morgens in aller Frühe geht sie unter dem Vorwand, Einkäufe zu erledigen, in die kleinen Kneipen in Bahnhofsnähe, wo Handelsvertreter ihren Kaffee trinken, und nimmt einen oder zwei Freier mit in eine Pension, wo man sie kennt. Sie hat es mir selbst eines Abends erzählt, als Horst bei der Arbeit war.

Im letzten Zimmer rechts vom Eingang, neben Helens Schrank, wohnt Anne-Marie, die immer krank ist.

Am Abend ist *payday*, Zahltag bei der amerikanischen Armee. Die ganze Nacht über hallt das Haus wider von den Schritten der Soldaten. Überall wird gebrüllt, herumgetrampelt und in jedem Stockwerk gesungen.

Niemand kann bei diesem Krach schlafen. Trauben von Schwarzen versperren die Türen in den Fluren, ihre Schuhe baden in Urinlachen, während sie an den Klingeln hängen. Der ganze Flur ist von Raubtiergeruch erfüllt.

Entlang der Treppe nach oben öffnen sich Fenster mit zerbrochenen Scheiben, sie sehen aus wie offen stehende Münder. Leere Flaschen, die vom vierten Stock herunterfallen, zerschellen im Erdgeschoss in einer ekelerregenden Pfütze, in der Blumen, Kippen und Zeitungen schwimmen. Man muss da hineinwaten, sich am Geländer festhalten, um die Scharen von uniformierten Schwarzen durchzulassen, die alle nach oben wollen.

Die ganze Nacht ertönen Geschrei, Geräusche von herunterfallenden Gegenständen, der Lärm von Schlägereien. Polizisten in Zivil halten im Erdgeschoss Wache, an die Wand gelehnt. Wenn sie nicht mehr stehen können, setzen sie sich auf die Treppe.

In manchen Zimmern sind Schwarze willkommen, in anderen nur Weiße. Die Soldaten pendeln in Unterhosen und mit einem Handtuch zwischen Toiletten und Badezimmern hin und her. Wenn sie sich im Korridor über den Weg laufen, sagen sie ohne jede Scham *hello* zueinander.

Es kommen immer auch ein paar Deutsche, doch laut Helen machen sie sich an den *paydays* rar, sie kommen lieber nachmittags oder an den Tagen des Monats, wenn die schwarzen Soldaten blank sind.

Stundenlang zittert und bebt das Haus von Türenschlagen, deutschen und englischen Flüchen und dem hysterischen Geschrei der Mädchen. Es ist so laut, dass man nicht einmal mehr die Musik von Kofferradios und Fernsehern hört, die voll aufgedreht sind. Der alte jüdische Hausbesitzer hat dünne Pappwände hochziehen lassen, um die Anzahl der Zimmer zu verdoppeln. Die billigen Möbel, Überbleibsel aus amerikanischen Kasernen, brechen bei der geringsten Berührung zusammen, bekommen Risse, verlieren ihre Füße.

Um sechs Uhr morgens, nach einer Gefechtspause, erneut Schreie und Fußtritte gegen die Türen. Jetzt sind die *Halbstarken* da, junge Deutsche in schwarzen Blousons, die die ganze Nacht getrunken haben und jetzt völlig blank sind, aber doch mit aller Gewalt eingelassen werden wollen. Kein Mensch in den Fluren; die Zimmer bleiben verschlossen. Die Deutschen geben Schüsse mit Schreckschusspistolen ab und treten mit ihren schweren Stiefeln gegen die Türen, ganze Mauern könnte man mit ihnen eintreten. Die Türen halten stand, bis die Polizei eintrifft.

Kaum sind sie alle weg, klingelt es erneut, und wieder hallen Schläge gegen die Tür. Jetzt macht die MP, die amerikanische Militärpolizei, ihre Runden und sammelt die schlafenden Soldaten ein. In den Gängen ertönt die Standardfrage: *»Any soldiers here?«*

Dann wird alles still. Es ist sieben Uhr morgens. Unten auf der Straße zwitschern die Vögel in den Bäumen. Die erste Straßenbahn fährt kreischend vorbei, die Hausmeister schleppen mit großem Getöse die Abfalleimer hinaus auf den Bürgersteig. Endlich können wir uns schlafen legen. Bis zum späten Nachmittag ist es im Haus ruhig. Man hört nur den Glaser leise vor sich hin pfeifen, der auf einer Leiter das Gleichgewicht zu halten versucht, und einen Elektrikerlehrling in weißem Kittel, der die zersprungenen Glühbirnen ersetzt. Die ausgemergelte Lebensgefährtin des jüdischen Hausbesitzers fegt seufzend den Abfall beiseite. Aus allen Etagen wird nach ihr gerufen. Erschöpft steigt sie die Stufen hinauf und wieder herunter, in der Hand einen Eimer und eine langstielige Bürste. Sie ist es, die sich hier um alles kümmert: Sie kassiert die Miete, was nicht immer einfach ist; sie ersetzt die leeren Gasflaschen, verleiht ihr Bügeleisen, scheuert den Eingang, die Treppe, die Treppenabsätze, die Flure. Sie kann sich kaum noch aufrecht halten in ihren Pantoffeln und mit der um ihren mageren Körper gebundenen Schürze. Trotz allem wird sie es sein, die mich später vor den Bullen rettet. Vielleicht wegen der Trinkgelder, die ich ihr immer gegeben habe?

Gegen drei Uhr nachmittags taucht im Erdgeschoss eine kleine alte Bäuerin auf. Schweigend hält sie einen Karton, in dem Präservative unter Veilchensträußen verborgen sind. Unter ihrem geblümten Kopftuch lächelt sie sanft und müde, ihre Augen sind von verwaschenem Blau. Unbeweglich bleibt sie den ganzen Nachmittag dort stehen, und die Herren kaufen ihr beim Hinaufgehen die Sträuße ab.

Um sechs Uhr abends verlässt Big Mamma Shakespeare ihren dunklen Schlauch. Während sie das Bett macht, singt der Wasserkessel auf ihrem Kocher. Wir haben beschlossen, tanzen zu gehen, die Kosten fürs Taxi werden wir teilen. Ich ziehe mein schönes rotes Kleid aus chinesischer Seide an. Big Mamma Shakespeare streift ihr altes blaues Wollkleid über, das über ihrem wogenden Busen zum Platzen gespannt ist. Wenn jemand klingelt, stürzt sie zur Eingangstür. Wenn der Typ ihr nicht gefällt oder wenn sie genug davon hat, dass sie immer nur wegen der anderen kommen, flucht sie auf Russisch und lässt ihn nicht herein. Die anderen Frauen sind wütend darüber, aber niemand wagt es, sich bei ihr zu beschweren, denn alle haben Angst vor ihr. Mit Big Mamma Shakespeare sollte man sich besser nicht anlegen. Mit ihren riesigen Armen wäre sie fähig, selbst einen Mann zu zerquetschen. Tag und Nacht trägt sie ein langes Schnappmesser unter ihrer Bluse verborgen. Sobald sie die Tür aufmacht, schwenkt sie drohend das Messer mit ausgefahrener Klinge vor der Nase des erschrocken zurückweichenden Besuchers und fragt mit rauer Stimme: *»Was wollen Sie?«*

Einmal nur hat es einer gewagt, ihr Paroli zu bieten. Ein junger Deutscher mit heimtückischem Gesicht wagte es, seinen Fuß in die Tür zu stellen. Brüllend bedrohte Big Mamma Shakespeare ihn mit dem Messer. Der Kerl packte sie beim Handgelenk und versuchte, es ihr zu entreißen. Man hörte Geschrei, als würde eine

Sau geschlachtet, ersticktes Wimmern, Rufe: *»Hil-fe! Hil-fe!«*

Niemand rührte sich. Die Frauen hatten sich in ihre Zimmer eingeschlossen. Ganz leise öffnete ich meine Tür, als das Geschrei verklungen war. Big Mamma Shakespeare stand aufrecht im Korridor, hielt ihre blutenden Hände hoch wie ein antiker Christus und sah mich flehend an. Sie stöhnte wie ein kleines Mädchen. Jetzt kamen auch die anderen Frauen in Nachthemden und Morgenmänteln aus ihren Zimmern und bildeten einen Kreis um sie.

Der Typ hatte ihr das Messer entrissen und war verschwunden.

Jemand brachte einen Stuhl. Sie ließ sich darauf sinken und begann uns anzuschreien: »Ihr seid vielleicht eine nette Truppe! So also verteidigt ihr mich, auf Freunde wie euch kann man sich wirklich verlassen! Vielen Dank! Aber was steht ihr hier herum? Los, holt Wasser, Tücher, und dann muss mich eine von euch zur Polizei begleiten, ich werde Anzeige erstatten. Danach gehe ich zum Bereitschaftsdienst und lasse mich verbinden. Los, rührt euch!«

Die Frauen gehorchten. Ich bin sicher, dass nicht eine Einzige darunter war, die sich im Grunde ihres Herzens nicht gewünscht hätte, dass der Typ sie niedergestochen hätte. Einige murmelten hinter ihrem Rücken: »Gut gemacht! Sie hätte ja ihr Messer nicht zu zücken brauchen. Immer will sie die Stärkere sein. Jetzt hat sie endlich mal gesehen, wie weit sie damit kommt!«

Big Mamma Shakespeare jammerte weiter: »Mein

Messer! Mein schönes Messer! Wie soll ich mich jetzt gegen all diese Banditen zur Wehr setzen? Diese Schweine, die denken doch immer nur ans Vögeln! *Scheiße!*«

Gegen acht Uhr beginnen wir uns schön zu machen, ich in meinem Zimmer, sie im Flur auf einem Stuhl. Wir wollen ins »Birdland« zum Tanzen, einem Café mit vielen Schwarzen, einem alten Klavier, farbigen Lampions und Tapeten voller Palmen und Kamele.

Mit einer Hand hält sie einen Spiegel, mit der anderen reicht sie Angelika, ihrer blonden Freundin vom Flur gegenüber, Haarnadeln. Angelika schafft es, die durch die vielen Dauerwellen ausgedünnten fusseligen Korkenzieherlocken zu einem prächtigen Knoten aufzustecken.

Wir versprühen ausgiebig Haarspray, und ich warte, während sie sich mit einer scharfen Pinzette die Augenbrauen zupft. Danach zieht sie sie mit einem schwarzen Stift nach, verteilt auf ihrem fleischigen Mund zinnoberroten Lippenstift, fährt mit der Puderquaste über ihre dicken glatten Puppenwangen und fragt, ihre winzigen blauen Augen in meine Richtung gewandt: »Geht es so, bin ich schön genug?«

Dann steht sie auf, klopft sich mit beiden Händen den Staub aus dem Kleid, das vorne über Bauch und Busen genauso gewölbt ist wie hinten über ihrem ausladenden Hinterteil. Sie besprenkelt sich unter den Achseln und im Dekolleté mit Kölnischwasser und hängt sich eine goldene Kette um den Hals. Fertig. Zum Schluss holt sie noch ihren alten schwarzen Mantel aus dem Schrank hinten im Flur und streift rote Latschen mit viereckigen Absätzen über ihre Füße. *»So, gehen wir«*, sagt sie.

Wir steigen die Treppe hinunter, unsere Absätze klacken auf den Stufen, und wir halten uns am Geländer fest, um nicht in einer der Pfützen zu landen. Auf der Straße nimmt sie meinen Arm. Immer wieder fahren Taxis vorbei, pfeifend und winkend halten wir eines an. Wir steigen ein, ich zwänge mich mühsam neben sie. *»Zum Birdland!«*, befiehlt sie dem Fahrer mit autoritärer Stimme. »Und fahren Sie bloß nicht zu schnell, ins Paradies kommen wir noch früh genug.«

Wir schaukeln durch die erleuchteten Straßen. Big Mamma Shakespeare gluckst und blüht auf. Sie wirkt wie ein Mädchen, das seinen ersten Ball besucht.

In einer ruhigen Straße, am Ende eines verschlafenen Viertels, liegt das von einem Griechen geführte Café Birdland. Ein paar Stufen, dann geht die Tür auf, und schon steht man mitten in der von Rauch und dem Geruch nach Schwarzen gesättigten Luft. Überall sind kleine Tische. An Zahltagen ist es so voll hier, dass es einem kaum gelingt, einzutreten.

Big Mamma Shakespeare wird sofort von einem verlebten Sergeanten mit hagelkörniger Haut begrüßt. Sie nimmt Platz an seinem mit Flaschen und schmutzigen Tellern bedeckten Tisch, auf dem die Mützen der Soldaten in Bierpfützen schwimmen. Man bietet ihr etwas zu trinken an und lässt ein *Wiener Schnitzel* mit Fritten und grünem Salat für sie kommen.

Dann tanzt sie im Arm eines anderen Sergeanten in khakifarbener Uniform mit goldenen Ehrenzeichen und mit vom Schweiß blaurot gefärbter Haut, sie tanzt wie ein himmelblauer Elefant, ihr üppiger Busen hüpft im

Rhythmus der Musik, ihre Latschen reiben über den Boden.

Vor einem Podest, auf dem ein verstimmtes Klavier steht, auf dem nie jemand spielt, führen unter farbenfrohen Lampions zwei Reihen Schwarze eine Art Ballett auf. Auch von ihrer Haut rinnt der Schweiß nur so herab. Sie klatschen in die Hände, heben alle zugleich das Bein, heben einander hoch, drehen sich, fallen zurück, beugen sich nach vorn, nach hinten, weichen wieder zurück, zucken dabei mit den Schultern und klatschen wieder alle zusammen in die Hände. Es sieht sehr schön aus.

Ein großer Schwarzer nimmt mich in seine Arme, und dicht aneinandergedrängt tanzen wir zu Bluesmusik.

Wir trinken, essen und tanzen bis Mitternacht, dann müssen alle Soldaten aus den Cafés und Straßen verschwinden, sonst droht ihnen der Knast. Die schwarze Militärpolizei in ihrer weiß glänzenden Uniform jagt Soldaten vor sich her, die sich verspätet haben. Deutsche Polizisten bewachen die Türen. Jeden Abend kommt es zu Schlägereien, dann stürzen Tische um, werden Mädchen ohnmächtig, fliegen Schwarze quer durch den Saal und landen mit Karacho an der Wand. Sobald Flaschen und Stühle durch den Raum wirbeln, ist es besser, sich schnell zu verziehen. Zum Glück fahren vor der Tür, vor den Reihen Cadillacs und Chevrolets, immer wieder Taxis vorbei, wie ein Schwarm leuchtender Hornissen.

Ich treffe Big Mamma Shakespeare erst zu Hause wieder. Sie steht im Flur und brät Eier, durch die halb offene Tür ihres kleinen Tunnels sieht man die Füße des Sergeanten herausragen. Er liegt rauchend auf dem Bett und wartet auf sein Essen.

Mitten im Flur sitzen Jimmy oder drei andere Kerle, spielen Karten auf dem Bügeltisch und warten, bis ihre Frauen fertig sind mit der Arbeit. Nacheinander gehen die Zimmertüren auf. Hier kommt ein Deutscher heraus, da ein Schwarzer in Unterhosen und Socken. Sie gehen pinkeln oder sich waschen am vorsintflutlichen Waschbecken des Badezimmers.

Ich habe aus dem Birdland einen schwarzen Boxer mitgebracht. Was habe ich mir dabei nur gedacht! Weil er kein Geld hat und sich weigert zu gehen, bewerfe ich ihn mit seinen Kleidern. Worauf er mir mit seiner schwarzen Faust einen furchtbaren Hieb mitten ins Gesicht versetzt. Es tut schrecklich weh. Auf mein Schreien hin rüttelt Big Mamma Shakespeare an meiner Tür, sie kreischt so laut, dass der Boxer in Panik gerät, sich schleunigst anzieht und abhaut.

Meine Wange wird allmählich gelb, grün und violett. Ich beiße die Zähne zusammen und gehe dennoch hinunter auf die Straße, wo deutsche Männer darauf warten, bis sie an der Reihe sind, die Hände in den Hosentaschen vergraben, die Füße in einem Berg Zigarettenkippen. Dem Typ, den ich aufgabele, fehlen Zähne, sein Hemd ist über seiner dicken roten Brust mit dem weißen Brusthaar offen, keuchend steigt er die Treppe hoch. Kaum im Zimmer, bietet er mir fünfzig Mark an für zwei Nummern, will allerdings fünf Mark zurückverlangen, wenn die Sache nicht nach Wunsch verläuft. Ich gebe mir alle Mühe. Es ist schon ein Wunder, dass es beim ersten Mal überhaupt klappt. Seiner vergilbten Unterhose, die er nur halb geöffnet hat, entströmt ein beißender Geruch nach Urin. Ich balge mich mit ihm herum. Er ist ein harter Fall. Erst klappt es bei ihm nur unter Schwierigkeiten, und dann wird der gute Mann auch noch wütend. Schließlich bedenkt er mich mit Flüchen und Vorwürfen und verlangt unter lautem Gejammere seine fünf Mark zurück.

Am Ende mit meiner Geduld, schiebe ich ihn nur in Hemd und der langen Unterhose aus dem Zimmer und schließe die Tür hinter mir ab. Ich höre, wie er über den Flur läuft, gegen die Wände rempelt und mit eintöniger Stimme wimmert: *»Meine fünf Mark, Fräulein, bitte, meine fünf Mark!«*

Da kommt Big Mamma Shakespeare und schlägt wütend mit einem Kochtopf auf ihn ein: »Sie sollten sich schämen mit Ihren *fünf Mark*«, schreit sie ihn an, »hauen Sie doch endlich ab und lassen Sie die Dame in Ruhe! *Sie sind doch lächerlich!*«

Ich nutze die Gelegenheit, um meine Tür schnell aufzumachen und dem Kerl seine Kleider in den Flur zu werfen, wo er, immer noch jammernd, sich wieder anzieht. Enttäuscht zwängt er sich durch die Schlange, die unten wartet, zum Ausgang, während Big Mamma Shakespeare und ich uns vor Lachen ausschütten. »Zögere nicht, mich um Hilfe zu rufen, wenn du Probleme mit einem hast«, sagt sie. »Und schrei, schrei so lange, bis ich komme. Ich mache ihnen immer Angst, diesen alten Gorillas! Ich fürchte mich vor niemandem!«

Im Flur aufgepflanzt, ihrem Königreich, in ihrem zerschlissenen Unterrock, der ihr rosafarbenes aufgedunsenes Fleisch entblößt, ist sie eine starke Frau. Und sie hat mit ihren über fünfzig Jahren immer noch Chancen bei den Männern. Sie hat ihre Schwarzen, ihre heißgeliebten Kinder, die wissen, dass sie in ihren Armen die ganze Nacht gewiegt werden, dass sie mit Spiegeleiern, Bier und Wodka verwöhnt werden, zum Freundschaftspreis. Um vier Uhr morgens, wenn die deutschen Frauen sie vor die Tür setzen, gehen sie zu Big Mamma Shakespeare und wärmen sich für zwanzig Mark an ihren großen Brüsten auf. Auf der Straße wären sie von den Bullen wie Hunde eingesammelt worden.

»Heutzutage«, sagt Big Mamma Shakespeare, *»sind zwanzig Mark immerhin zwanzig Mark.* Ich habe niemanden, der mich unterstützt, meine Miete zahle ich ganz allein. Außerdem muss ich essen, Gas und Strom bezahlen. Es ist schwer, über die Runden zu kommen. Ein einziges Mal, da habe ich einen belgischen Herrn getroffen, der mir für eine ganze Nacht hundert Mark gegeben hat. Das ist mir seither nie wieder passiert. Ach, was haben wir uns amüsiert! Wir haben französisch miteinander gesprochen. *Er war so charmant, so charmant.*«

Big Mamma Shakespeare seufzt sehnsuchtsvoll auf.

Eines Tages gegen Mittag ruft sie laut meinen Namen: »Komm schnell, du musst mir helfen! Gestern Abend ist mir ein Stück Watte so tief reingerutscht, dass ich es nicht mehr rauskriege. Du musst es rausholen!«

Ich gehe in ihr Zimmer, bin leicht beunruhigt. Es ist keine kleine Sache. Big Mamma Shakespeare hat sich in dem engen Schlauch auf ihr Bett fallen lassen. Das Fenster ist so winzig, dass man kaum etwas erkennen kann. Zwischen ihren gigantischen Schenkeln, ganz tief in den weißen und rosafarbenen Fleischfalten, muss ich es wohl oder übel riskieren und meine Hand in ihre klebrige Vagina tauchen.

Nichts zu machen, ich kriege die Watte nicht raus. Sie klebt fest in der Öffnung des Muttermunds, ist halb eingeklemmt. Ich stecke meine Finger hinein, ziehe. Big Mamma Shakespeare ächzt und hält bei jedem neuen Versuch den Atem an. Mich wundert es, dass jemand es ihr so tief hat hineinrammen können, in einen so breiten und so tiefen Tunnel. Es muss schon ein wahnsinniges Gerät gewesen sein! Ein Schwarzer mit einem Schwanz wie ein Pferd. Ich tauche meinen halben Arm hinein, stütze mich ab, umklammere die Watte, Big Mamma Shakespeare stößt einen Schrei aus, als sie meine Nägel spürt.

Ich schwitze vor Entsetzen. Was für ein Theater! Oh, wie sehr ich alle Geburtshelfer und Hebammen bemitleide! Die Arme, sie bittet mich jetzt, es mit einer Zange zu versuchen, einer dieser kleinen scharfen, die zum Zupfen der Augenbrauen gedacht sind. Es ist der schiere Wahnsinn! Zitternd wie Espenlaub führe ich die Zange ein, wage es nicht, sie im Innern zu öffnen. Schließlich gebe ich auf. Big Mamma Shakespeare ist am Ende ihrer Kräfte. Schwankend steht sie auf. Nackt sieht sie aus wie eine prähistorische Venus, eine gute gepolsterte Göttin der Fruchtbarkeit. Angesichts dieser Fleischlawine, die nach Kölnischwasser und Bleiche riecht, gebe ich auf, will rückwärts weg, in mein Zimmer zurück.

»Na, dann muss ich eben zum Arzt«, sagt Big Mamma Shakespeare verzweifelt. »Das wird mich wieder fünfzehn Mark kosten. Na toll! Was habe ich wieder Glück gehabt! Das wird dir eine Lektion sein, du alte Kuh!«

Auch ich habe von Ärzten allmählich die Nase voll. Endlich habe ich meine erste Runde Spritzen im Krankenhaus hinter mir. Die Syphilis ist auf dem Rückzug. Vor der zweiten Runde kann ich ein wenig aufatmen. Und dann wieder vor der dritten. Im Ganzen dauert es ein volles Jahr. Danach kann ich hoffen, dass diese hartnäckigen Viecher endgültig weggepustet sind. Es sei denn, jemand verpasst mir eine zweite Ration.

Eines Nachmittags treffe ich Bill auf der Straße. Mit hoch erhobenem Kopf, polierten Schuhen, in einem gestreiften Hemd, das seine braunen Arme frei lässt, die mich so oft gestreichelt und so oft geschlagen haben, läuft er durch Schwabing. Als er mich sieht, bleibt er stehen. »Sieh an, Sie sind ja noch da! Wie geht es Ihnen und den Kindern?«

Er sagt jetzt »Sie« zu mir, wie bei Amerikanern in Deutschland üblich.

»Sehr gut, danke.«

»Ich habe jetzt ein Auto.«

Er, ein Auto! Das hat gerade noch gefehlt! Hat er vergessen, dass ich ihm die hundertfünfzig Strafzettel bezahlt habe, die ihn erst eine Woche ins Gefängnis und dann ins Irrenhaus gebracht haben? Er hat wirklich Nerven!

»Kommen Sie, ich zeig's Ihnen.«

Am Straßenrand steht eine grünliche Karre, ganz schräg geparkt. Feierlich hält er mir die Tür auf. Der Wagen bockt zuerst, läuft dann aber ruhig, fast normal, etwas zu schnell! Als er mir erzählt, dass er in den Ferien nach Hause fahren wird, kommt mir eine Idee. Ich könnte ihn begleiten, meine Sachen holen (wenn sie überhaupt noch da sind – ich weiß nicht, was aus der Wohnung geworden ist, die ich der Amerikanerin überlassen habe). Ich könnte mir einen neuen Pass ausstellen lassen, in dem die Kinder mit aufgenommen sind, anstelle dieses abgelaufenen Lappens, der uns schon so viel Ärger eingebracht hat. Die Kinder sind im Heim in Sicherheit; ihr Vormund wird sie mir nicht nehmen können, wenn ich in seinem Büro vorbeigehe und mir die Erlaubnis hole.

Bill ist einverstanden. Das schuldet er mir. Immerhin hat er mich mit den Kindern in diese absurde und schmerzliche Situation gebracht, während ich ihn aus der Anstalt gerettet habe. Wir schließen einen Waffenstillstand: Der Wagen trennt uns ebenso, wie er uns vereint. Bill, den die Manöver am Steuer in Anspruch nehmen, hat keine Fäuste mehr frei für Schläge. Ich fühle mich durch dieses solidarische Vehikel beschützt. Am nächsten Tag brechen wir auf. Ich habe gerade noch Zeit, um von den Kindern Abschied zu nehmen und ihnen zu versprechen, dass ich bald wiederkomme.

Es ist April, wir kommen nur langsam voran, die Mechanik dieses alten Autos steht immer kurz vorm Aufgeben. Auf den Knien halte ich ein kleines Radio. Endlich sehe ich die verfluchte Stadt wieder, die wir vor einem Jahr verlassen haben, um nie zurückzukehren. Sie glitzert unter den Strahlen eines neuen Frühlings. Ich bin hier jetzt eine Fremde, fühle mich wie eine Touristin.

Die Amerikanerin hat ganze Arbeit geleistet. Wegen einer barocken Orgie, bei der dreißig nackte Beatniks durchs Fenster gepinkelt haben, um »die Bürger zu begießen«, hat sie die Kaution für meine Wohnung verloren. Sie hat die Wohnung einem ehemaligen Boxer überlassen, einem alkoholabhängigen, gewaltigen Mann. Ich schlafe auf meinem Dachboden, wo ich unsere Kleider finde, die Teddybären, mein Radio. Meine Manuskripte und Gedichte sind verschwunden, meine Bücher und Platten verkauft. Die Möbel ebenfalls. Einige mussten geopfert werden, um die vielen Flaschen des alten Charles zu bezahlen, der ebenfalls auf dem Dachboden gewohnt hat, wie die verschimmelten Lumpen und eine ganze Sammlung mit Urin gefüllter Bierflaschen bezeugen.

Ich stelle mich an die Straße und fahre per Anhalter zu einem meiner beiden anderen Kinder. Das eine lebt in der Schweiz, das andere in Frankreich. Ausgestattet mit einem wunderbaren roten, nagelneuen Pass fahre ich mit Bill anschließend wieder zurück nach Deutschland. Das Auto ist vollgepackt, ich habe alles mitgenommen: Laken, Decken, lauter Dinge, mit denen ich mich später einrichten kann.

Bei meiner Rückkehr flüstert Big Mamma Shakespeare mir zu, dass die Polizei mich gesucht habe. Ich muss zum *Gesundheitsamt*. Wie es aussieht, hätte ich nicht wegfahren dürfen, solange ich noch krank bin. Aber die Sache ist nicht weiter schlimm. Ich gehe hin und werde von einer Sozialarbeiterin in Empfang genommen, die ganz beruhigt ist, als sie erfährt, dass ich mich auf dem Weg der Besserung befinde. Wenn ich mir freiwillig weitere Spritzen geben lasse, brauche ich keine Unannehmlichkeiten zu befürchten.

Sonntags besuche ich meine Kinder im Heim. Sie gehen in die deutsche Schule und haben Fortschritte im bayerischen Dialekt gemacht. Die Nonnen fassen sie hart an, doch wir haben zum Glück noch die Wochenenden mit unserer richtigen Familie, den Zigeunern.

Der kleine Liebling ist raus aus dem Gefängnis. Vom Bürowagen aus rufe ich ihn in der Kaserne an und höre seine heisere Stimme, die der von Louis Armstrong so ähnlich ist. Ganz rau flüstert er: *»I love you.«*

Ich gehe zu ihm in die Kaserne. Weil er noch keine Ausgangserlaubnis hat, lieben wir uns in einem Graben, auf seinem ausgebreiteten Mantel, unter einem beißenden nächtlichen Wind in einer letzten Schneepfütze. Einer seiner Kameraden hat mich heimlich hinter die Ummauerung der großen Kasernen geschleust, wo man das Ertönen des Signalhorns hört. Wie Diebe sind wir hinter eine Böschung geschlüpft, Johnson übernahm die Wache.

Auch der kleine Liebling bekommt Spritzen, genau wie ich, allerdings im Armeekrankenhaus. Im Gefängnis wurde festgestellt, dass er krank ist. Als ich seine schwarze Rute geküsst habe, muss ich die Syphilis, diese giftige Blume, auf ihn übertragen haben. Er nimmt es mir nicht übel. *»You know, it's life«*, sagt er mit seiner rauen Stimme. »Wenn ich sie nicht von dir bekommen hätte, dann vielleicht von einer anderen.« Mit seinen dicken, aufgeplatzten Lippen gibt er mir Küsse, die nach Gewürzen und Schnee schmecken. Verzweifelt und heftig umarmen wir uns auf der harten Erde. Ach, Roy Blane Miller, du kleiner rabenschwarzer Liebling, du bist von Amerika geschluckt worden, für mich verloren. *I love you.* Dein Bild habe ich tief in mir bewahrt, und mein Mund fühlt noch immer deine aufgeplatzten Lippen. Wo auch immer du jetzt bist, Friede sei mit dir und all den anderen wunderbaren schwarzen Männern.

Auf der Etage von Big Mamma Shakespeare hat sich einiges verändert. Nach einer Schlägerei in einer Kneipe ist Anne-Marie zur *deutschen Riviera* aufgebrochen. »Das ist«, sagt Big Mamma Shakespeare, »das Gefängnis. Dort können wir kostenlose Ferien verbringen.«

Ich ziehe um, tausche mein Zimmer gegen das größere von Anne-Marie. Es ist teuer, fast luxuriös. Den Schrank benutze ich als Raumteiler und schaffe mir so eine kleine Küche und ein winziges Badezimmer mit einem Tisch, einer Waschschüssel und einem gelben Plastikkrug. Hinter dem Schrank ist das, was ich feierlich als Schlafzimmer bezeichne, mit einem wackeligen Bett aus Restbeständen der amerikanischen Armee, einem Sessel, auf den man sich nur ganz vorsichtig setzen darf, einem niedrigen Tisch und einer Bibliothek auf Pappregalen.

Ich richte mich ein. An die Wände hänge ich Zeichnungen und Fotos von Musikern und schwarzen Sängern. Auf Kredit habe ich einen Plattenspieler gekauft. Meine erste Platte habe ich heute noch. Zigeunermusik, mit Yoshka Nemeth als Violinist und der wunderbaren

Stimme von Sonja Dimitrevitch. Sie hat mich überallhin begleitet. Tausende von Malen habe ich sie angehört. Später habe ich auch andere gekauft, Miles Davis, Bach, Flamencomusik. Ich besitze nur eine einzige Platte mit, sagen wir, kommerzieller Musik, *Chansons d'Amour*, um meine deutschen Kunden im Glauben zu wiegen, sie wären in Paris. Damit kommen sie schneller. Meist genügt es, eine Seite dieser Platte zu spielen, nur in hartnäckigen Fällen spiele ich beide.

Ich besitze auch eine Platte vom Don Kosaken Chor. Wenn Big Mamma Shakespeare diese Musik hört, beginnt sie im Flur zu tanzen, ihre Fäuste auf den Hüften, ihre Röcke auf russische Art gerafft, mit Tränen in den Augen.

Ich fange an, mich mondäner zurechtzumachen. Ein portugiesischer Friseur bauscht meine Haare auf, färbt sie schwarzblau. Ich will nicht mehr wie eine dürre Bettlerin aussehen! Ich kaufe mir zwei Morgenmäntel, einen aus zartgrüner japanischer Seide, den anderen aus roter und schwarzer Spitze. Ich verdiene Geld. Tief unten in einem meiner Stiefel habe ich zwei Umschläge versteckt, einen mit deutschem Geld und einen mit Dollars. Die Schachteln mit Drogen sind weg, ich habe sie einem schwarzen Soldaten, der auch als Lehrer arbeitet, in Kommission gegeben und nie mehr wiedergesehen.

Endlich kann ich auch meinen Kindern schöne Kleider, Schuhe, Spielsachen kaufen. Mein Sohn bekommt ein Auto, einen blassblauen Citroën mit Scheinwerfern, die aufleuchten können, und einer Hupe und einem Rückwärtsgang. Einmal, als seine Schwester krank ist, habe ich ihn übers Wochenende zu mir in mein Zimmer genommen, und er hat neben mir in meinem Bett geschlafen. Er ist jetzt sieben Jahre alt. In jener Nacht habe ich nicht gearbeitet. Mit seinem neuen Auto hat er in den Fluren gespielt, und alle Frauen haben ihn bewundert, mit ihm geschmust, ihm Bonbons geschenkt. Noch nie ist er so verwöhnt worden.

Meine Zimmernachbarin Emmi, ein etwas zurückgebliebener bayerischer Bauerntrampel, gibt sich nur mit weißen Amerikanern ab. Sie ist klein, dick, hat krumme Beine und blassgelbe Haare im Garçonne-Schnitt. Ihr Zimmer ist das reinste Plüschtier-Museum. Wenn ein Kunde kommt, räumt sie die Tiere vom Bett, und wenn er wieder gegangen ist, baut sie ihren Zoo aus Bären mit rosa Bändern, behaarten Affen und blauäugigen Tigern geduldig wieder auf, drapiert sie auf Kissen und Spitzendeckchen.

Ihr Zimmer ist von meinem durch eine dünne Wand getrennt, die voller Löcher und Spalten ist. Unweigerlich höre ich alles mit, was sich bei ihr abspielt. Wenn sich der Schlüssel im Schloss dreht, weiß ich, dass sie mit einem Soldaten zurückkommt. Sie lachen zuerst albern herum, dann legt sie eine Platte auf, es ist immer dieselbe, auf der eine weiße amerikanische Sängerin mit trauriger Stimme jammert: »Ach, wenn ich doch nur die Schönste wäre!«

Man hört, wie Wasser ins Waschbecken rinnt. Der Soldat wäscht sich. Dann sagt er: *»Come on.«*

Sie fallen ins Bett, dann ertönt die ungestüme Musik der Sprungfedern. Mit heiserer Stimme feuert sie ihn an:

»Berühr meine Brüste! Den Bauch, hier, erreg mich! Mach weiter! Mit der Zunge! Pass auf die Nägel auf!«

Und dann schließlich sagt sie mit sehr klarer Stimme: *»It's finished now, you can go.«*

Sie legt die Platte wieder auf, erneut rinnt Wasser ins Becken, der Soldat zieht sich an, der Schlüssel dreht sich im Schloss, danach das leise Geräusch der Abschiedsküsse auf der Türschwelle. Ich höre, wie sie alleine ins Zimmer zurückgeht und mit ihren Plüschtieren redet, die sie wieder an ihren Platz stellt.

Eines Tages höre ich erstickte Schreie, denen nicht wie üblich Gelächter vorausgegangen ist, und auch das Stöhnen klingt merkwürdig. Ich werde unruhig und rufe Big Mamma Shakespeare. Wir lauschen an der Tür. Alles ist verdächtig still. Big Mamma Shakespeare klopft mit der Faust gegen die Tür und schreit: »Emmi! Emmi! *Was ist denn los mit dir? Mach sofort auf!*«

Ein halb nackter Soldat kommt heraus, er sieht uns seltsam an. Emmi liegt auf ihrem Bett, halb erwürgt. Sie hatte keine Kraft mehr, um zu schreien. Der Soldat, in Panik wegen der wütenden Big Mamma Shakespeare, zieht sich in Windeseile an und verschwindet.

Emmi ist ständig schwanger, sie hat schon etliche pausbäckige Babys ins Kinderheim gegeben. Das nächste wird auch dort landen. Nach der Geburt nimmt sie es in ihr Zimmer, legt es in eine Korbwiege und behält es eine Woche bei sich. Man hört es Tag und Nacht weinen, denn sie gibt ihm wenig zu essen und kümmert sich nicht um die Windeln. Danach holt eine Frau vom *Jugendamt* es ab und bringt es zu einer Amme aufs Land, zu Bauern.

Manchmal fährt Emmi hin, um das Kind zu besuchen, sein Foto steht unter zwei mit Bändern geschmückten Plüschtieren auf ihrer Kommode.

Jeden Tag zwischen elf Uhr morgens und Mittag erwacht das Haus aus seinem tiefen Schlaf. Mélitta schlurft in ihrem rosa Morgenmantel aus dem Zimmer, schiebt ihren Bauch vor sich her und schaut auf dem Treppenabsatz nach, ob in der Nacht die elektrischen Drähte hinter ihrer Klingel durchgeschnitten wurden. Ihr Kopf ist voller Lockenwickler, die an ihren gelben Strähnen zerren, ihre Augen wirken todmüde und sind schwarz verschmiert. Mit einem Hammer in der Hand schimpft sie auf die Flegel, die ihr schon wieder die Klingel herausgerissen haben.

Auch mir spielen sie diesen Streich. Schon zehnmal habe ich meinen Namen auf ein neues Stück Pappe geschrieben, geschmückt mit einer kleinen französischen Flagge. Jedes Mal finde ich es zerrissen auf dem Boden wieder. Ich mache es mit Reißzwecken fest, Nägeln, Leim. Es nutzt alles nichts. Die Frauen aus dem vierten Stock, die neidisch sind auf meinen Erfolg, reißen das Stück Pappe wieder herunter und ritzen mit dem Messer Löcher in die Wand.

Jede von uns wird mit einer bestimmten Anzahl Klingeltöne gerufen, die direkt neben dem Namen steht. Für mich muss man sechsmal klingeln, denn ich bin als Letzte gekommen. Für die dicke Helen, unsere Big Mamma Shakespeare, nur einmal. Bevor man die Tür zum Flur öffnet, muss man immer genau die Anzahl Klingeltöne zählen. Natürlich führt das immer wieder zu Verwirrung bei unseren deutschen oder schwarzen Kunden, die irgendeine beliebige Zahl drücken. Manchmal drängen wir uns zu dritt oder zu viert hinter der Tür, nachdem wir schnell unsere Morgenmäntel übergestreift haben. Helen macht auf, in einer Hand, die in die Vertiefung ihrer kürbisähnlichen Brüste getaucht ist, hält sie den Stiel des Messers, allzeit bereit, gezückt zu werden. Mittlerweile habe ich einige Stammkunden, wie die anderen Frauen auch. Darunter sogar ein paar sehr vornehme Herren, meistens Deutsche, die bei mir ihre Sorgen vergessen wollen. Wahrscheinlich kümmern sich ihre Frauen zu wenig um sie. Diese Damen haben Angst, sich Finger und Zunge schmutzig zu machen. Das Organ ihres Gatten empfinden sie wohl als abstoßend, zu mehr als Spielchen einfachster Konvention à la Papa-Mama sind sie nicht bereit. Andere Liebesrituale beleidigen ihre Nasen und ihre tugendhaften Geschmacksnerven.

Alles Artistische, das Geschnörkel, die kleine Choreografie des Zungenspiels, die Tonleitern der beweglichen Finger, der warme Guss in den geöffneten Mund, ist unsere Sache. Küsse, Schläge, Bestrafungen auch. Ja, meine Herren, genießt nur, was wir euch bieten! Wir geben euch unsere schönsten Jahre, die Blüte unserer Kunst!

Mélitta, deren Bauch immer mehr wächst, musste sich mit einem neuen Instrument bewaffnen, um das Baby zu schonen. Diese moderne Form der Wollust besteht aus einem hygienischen Apparat aus Gummi, der die Frau beim Liebesspiel ersetzen kann. Sie ruft mich, um mir zu zeigen, wie er funktioniert. Ein dünner amerikanischer

Soldat in Uniform hat schon Position eingenommen, sein bleiches Ding ragt durch den Hosenschlitz. Für diese Sache braucht er sich nicht mal auszuziehen, alles vollzieht sich sauber und schnell. Mélitta geht sehr sorgfältig vor, hält den Apparat unter Wasser. Es handelt sich um eine Art elektrischen Gummipilz, der mit einer Kordel versehen ist. Sie schiebt den Stecker in die Steckdose, streift dem Soldaten ein Kondom über, damit ihr Gerät nicht beschmutzt wird. Dann drückt sie auf einen Knopf, zieht den summenden Mund des Pilzes über die Schwanzspitze, der Apparat beginnt zu schnurren und zu vibrieren. Immer mehr richtet er sich auf, streckt sich, bläht sich auf. In drei Sekunden ist alles vorbei. Der verblüffte Soldat hat gar nichts tun müssen.

»Siehst du«, sagt Mélitta und nimmt das Gerät weg. »Schon wieder dreißig Mark verdient.« Sie reibt das Ding ab und hängt es an einen Nagel über dem Waschbecken. Während sie sich die Hände an ihrer Schürze abwischt, knöpft der Soldat seine Hose wieder zu und macht sich bereit zu gehen: Er ist zufrieden.

Inzwischen war Jimmy einkaufen. Beladen wie ein Maulesel steigt er die Treppe hoch, zwei schwere Einkaufsnetze in der Hand, den Hintern zusammengepresst in der karierten Hose unter seinem Lederblouson.

Bei mir ist inzwischen wieder der, mit dem ich »Soldat im Manöver« spiele. Ein Spezialfall. Er ist autoritär, und Disziplin geht ihm über alles. Ein Deutscher mit einer Reitpeitsche. Wahrscheinlich ist ihm der Krieg zu Kopf gestiegen, er glaubt noch immer, er sei bei der Naziarmee. Er ist in den Sechzigern, mit gut erhaltener Muskulatur und nur ein bisschen Bauch. Ich liege nackt auf dem Bett und muss ihm gehorchen. Ich trage nur noch meine hochhackigen Schuhe, Strümpfe und einen Spitzengürtel. Das Manöver beginnt. In knappem Ton brüllt er seine Befehle: »Beine spreizen! Näher ran! Knie beugen! Beine lang! Spreizen! Näher ran! Beugen! Lang! Beugen! Beugen, sage ich!«

Ein Hieb mit der Peitsche auf meine Schenkel lässt mich erbeben. Er hat mich gewarnt. Bei jedem Fehler, den ich mache, versetzt er mir einen Hieb. Er peitscht mit aller Kraft. Vergeblich spitze ich die Ohren, die rauen deutschen Sätze verwirren sich in meinem Kopf, und ich weiß nicht mehr, woran ich bin. Nach dieser harten Gymnastik, immer wieder unterbrochen durch Peitschenhiebe, zwingt er mich, um Gnade zu flehen. Ich muss ihn auf Knien anflehen, mit mir zu schlafen. Er beobachtet jede Regung, lauscht auf jede Nuance in meiner Stimme. Wenn ihm der Ton nicht demütig, nicht verzweifelt genug erscheint, beginnt alles von vorn. Schließlich hat er einen Zustand erreicht, in dem er seinen Sieg genießt.

Es klingelt erneut sechsmal an der Tür. Das ist für mich. Big Mamma Shakespeare schreit mir vom Flur aus zu: *»Für dich, ein Gast!«*

Ich habe kaum Zeit, meinen japanischen Morgenmantel überzustreifen, da klopft es schon an meiner Zimmertür. Ein dicker Alter, schäbig gekleidet, er trägt eine miserable, stinkende Weste, hat ein zerknittertes rotes Gesicht, die Hände feucht von Schweiß. Er atmet laut, zieht einen braunen Flakon aus seiner Tasche und stellt ihn auf mein Bücherregal. »Ich will mich erst vorstellen«, sagt er. »Versehrt, im Krieg ins Gas gekommen. Noch nicht pensioniert, aber es kann nicht mehr lange dauern. Hier, meine Karte.«

Wir einigen uns auf dreißig Mark. Er will nichts anderes, als dass ich mit ihm rede und ihm einen gewissen Gefallen tue: »Ich habe Durst«, sagt er. »Mögen Sie Cognac?«

Er schenkt mir ein großes Glas aus seinem Flakon ein und reicht es mir. Zum Glück habe ich abgelehnt. Während er es leert, schaue ich verstohlen auf das Etikett: Branntwein. Er wischt sich den Mund mit einem Taschentuch ab und setzt sich. »Ich trinke schon lange, müssen Sie wissen. Der Alkohol hat meinen Magen verbrannt, nichts ist noch stark genug für mich. Ich versuche alles. Muss diesen Krieg vergessen. Wissen Sie, womit Sie mir wirklich eine Freude machen würden? Womit Sie mich beschenken würden?«

»Nein, aber Sie sagen es mir sicher gleich.«

»Wenn Sie in dieses Glas urinieren könnten, würde ich Ihre Pisse trinken, ganz heiß, in einem Zug. Bitte, tun Sie es, ich bitte Sie darum! Es ist das Einzige, was ich mir noch wünsche! Schrecklich!«

Er muss lange flehen, sieht mich dabei mit seinen glasigen Augen an, bläst mir seinen scharfen Atem ins Gesicht. Um endlich meine Ruhe zu haben, willige ich schließlich ein. Es ist nicht schwer. Bald habe ich das Glas bis obenhin voll gepinkelt. Ich stelle es vor ihn auf den Tisch. Er zögert nicht eine Sekunde. Er nimmt das Glas in die Hand, führt es zum Mund, lehnt sich nach hinten:

Die gelbe, noch dampfende Flüssigkeit verschwindet bis zum letzten Tropfen in seiner Kehle, mit einem Schluck ist alles unten. Beim Zusehen muss ich mich beinahe übergeben. Er lächelt zufrieden und leckt sich über die Lippen. »Ach, das war gut«, sagt er. »Ich danke Ihnen.«

Ich verstehe jetzt besser, warum seine Hände so zittern, warum sein Gesicht so verwüstet ist, die roten Ringe unter seinen weinerlichen Augen. Er muss förmlich getränkt sein mit all diesem Gift, das er schluckt, vielleicht ist er schon verrückt und leidet unter Halluzinationen. Mit dumpfer Stimme spricht er weiter: »Ich habe genug vom Leben, wissen Sie. Ich fühle mich so alt, so krank. Ich bin kaputt, erwarte in diesem Leben nichts Erfreuliches mehr. Es gibt nur noch eines, was ich mir wünsche: Ich möchte von der Hand einer Frau sterben. Würden Sie mir diesen letzten Gefallen tun, wollen Sie für mich diese letzte Frau sein? Damit würden Sie mir einen glücklichen Tod schenken. Hören Sie, ich habe einen Plan. Es ist nicht schwer. Und Sie riskieren nichts, niemand wird es je erfahren.«

Er holt eine kleine Zeichnung aus seiner Tasche. »Sehen Sie, das ist eine Riemenmaske, die beim Töten von Schweinen benutzt wird. Man kann sie hinten am Kopf zumachen. Aber vorher will ich Sie noch einmal nackt sehen. Ich setze mich in einen Sessel, und Sie binden mich mit Schnüren fest. Sie laufen vor mir durchs Zimmer, die Maske in der Hand, in Stöckelschuhen. Ich betrachte Sie, Sie werden meine letzte Liebe sein. Und dann stülpen Sie mir die Maske übers Gesicht, damit ich nichts mehr sehen kann. Alles wird sehr schnell gehen.

Sie schlagen mir mit einem Holzhammer auf eine bestimmte Stelle im Nacken. Ich gebe Ihnen achthundert Mark. Mehr Geld habe ich nicht mehr, nur noch ein paar Sachen, die ich Ihnen gern vermache.«

Er kramt in seiner Brieftasche, zieht ein gefaltetes Stück Papier heraus, eine mit der Hand geschriebene Liste. In zittriger Schrift steht da: Ein altes Fahrrad – Ein gebrauchtes Radio – Zwei Anzüge – Schuhe in gutem Zustand – Ein paar Möbelstücke – Goldene Manschettenknöpfe.

»Sehen Sie, all das ist für Sie, zusammen mit den achthundert Mark auf meinem Sparbuch. Warten Sie nicht zu lange mit der Entscheidung.«

Ich weiß nicht, was ich ihm antworten soll. Er wirkt so einsam, so verloren. Um Zeit zu gewinnen, versuche ich es mit Ausflüchten. »Ich muss darüber nachdenken, das ist eine sehr ernste Sache. Ich habe keine Lust, wegen Mordes gefasst und verurteilt zu werden. Man muss das Ganze sorgfältig vorbereiten. Damit mich niemand erkennt, muss ich mich als Mann verkleiden, mit Handschuhen, einem Hut, Mantel, Männerschuhen. Danach werde ich die Kleidungsstücke wegwerfen.«

»Ja, genau. Eine wunderbare Idee. Sie kommen in meine Wohnung, wenn meine Putzfrau frei hat. Ich gebe Ihnen Bescheid. Ich werde über alles nachdenken, alle Details der Exekution festhalten. Und werde auch dafür sorgen, dass Sie wirklich das Erbe bekommen. Es wäre übrigens gut, wenn wir noch ein wenig warten würden, in vierzehn Tagen erhalte ich Nachricht, ob man mir eine Invalidenversicherung auszahlt, das sind vierhundert Mark. Eine hübsche Summe, dann haben Sie noch ein bisschen mehr Geld.«

Er verabschiedet sich in heiterer Stimmung, an der Tür drückt er mir lange die Hand. Ich sehe ihm nach, wie er die Treppe hinuntergeht. Er dreht sich noch mal um, winkt und lächelt mir zu. »Auf Wiedersehen, danke, bis bald!«, ruft er.

Bei seinen weiteren Besuchen ist er zuerst nervös und ängstlich, erzählt mir von seiner Alkoholsucht, von seiner Lust, von mir getötet zu werden. Nachdem wir ein wenig geredet haben, beruhigt er sich meist. Er ist ununterbrochen mit dem Drehbuch seines Todes beschäftigt. Schließlich habe ich genug. Er stößt mich einfach nur noch ab, und ich setze ihn vor die Tür: »Gehen Sie weg! Ich will Sie nicht mehr sehen!«

Er fleht mich an, ihn nicht im Stich zu lassen. Vergeblich. Wenn er in Zukunft klingelt, schickt Big Mamma Shakespeare ihn weg und sagt ihm, ich wäre nicht da. Ich weiß nicht, wie oft er noch gekommen ist. Und dann hat er irgendwann im benachbarten Treppenhaus eine Blondine gefunden, ein neues Opfer. Wir wissen nicht, wie lange sie ihn ertragen hat.

»Dieser Alte«, sagt Big Mamma Shakespeare, »hat es schon bei allen Mädchen im Haus versucht. Niemand will ihn mehr sehen. Er ist der widerlichste Irre, den wir hier je hatten. Es wird eine Wohltat sein, wenn er endlich krepiert!«

Als ich mir eines Morgens im Krankenhaus wieder eine Spritze geben lasse, treffe ich überraschend auf Charlotte, eine unserer Nachbarinnen im Treppenhaus. Sie sitzt im Labor auf einem Stuhl, in der Hand ihren Schlüpfer. Zuerst tut sie so, als würde sie mich nicht erkennen, dann lächelt sie verlegen und wendet sofort den Kopf ab. Ich mache es genauso. In Fällen wie diesen muss man taktvoll sein. Die Syphilis stärkt unser Schamgefühl.

Eines Nachts muss ich bei Big Mamma Shakespeare schlafen, quetsche mich zwischen die Wand und ihren mächtigen Rücken. Sie tut mir damit einen Gefallen. Nachdem ich an jenem Abend lange durch die Straße gelaufen war, verfolgt von hartnäckigen Bullen in ihren Käfern, bin ich in ein Taxi gestiegen, in dem schon ein Betrunkener saß. Der Mann war völlig aufgedreht. Wir verbrachten die ganze Nacht bis drei Uhr morgens in einem Restaurant, in dem ein Zigeunerorchester spielte. Ich konnte mich kaum noch auf den Beinen halten vor Müdigkeit, aber er wollte nicht gehen. Bewarf den Geiger mit Geldscheinen, damit er nur für uns etwas spielte, klopfte auf den Tisch, kündigte allen unsere Verlobung an, sang aus voller Kehle deutsche Lieder und warf dabei zahlreiche Gläser um. Schließlich stolperten wir doch noch in ein Taxi, und ich nannte meine Adresse. Der gute Mann schwankte von einer Seite zur anderen. Als es ums Bezahlen ging, warf er seine Brieftasche durch die geöffnete Tür in den Fluss, ohne sich darum zu kümmern. Ich sammelte sie wieder ein und gab sie ihm zurück. Es gibt doch tatsächlich Kerle, die sich solche Schlampereien leisten können! Ich sagte zu mir selbst: »Warte nur, mein Lieber, du wirst schon sehen!«

Mühsam gingen wir die Treppe hinauf, ich hielt ihn am Arm. Er hatte Schluckauf und drohte bei jedem

Schritt zu fallen. Als wir in meinem Zimmer waren, musste ich ihn ausziehen. Kaum lag er auf meinem Bett, rief er mich mit belegter, ungeduldiger Stimme: *»Kommst du schnell zu mir, ja?«*

»Warten Sie, ich bin sofort bei Ihnen.«

Als ich zwanzig Minuten später aus der Toilette kam, schnarchte er mit offenem Mund. Auf Zehenspitzen ging ich zu seinen Sachen und nahm seine Brieftasche aus seiner Tasche. Öffnete sie: mehrere Hundertmarkscheine! Ich nahme nicht alles, nein, ich musste vorsichtig sein. Wie in Zeitlupe und ohne ein Geräusch zu machen, ließ ich zwei Scheine in meine rechte Hand gleiten, ohne den Mann dabei aus den Augen zu lassen. Er schnarchte, rührte sich nicht. Ich deckte ihn mit der Daunendecke zu, falls er frieren sollte.

Die beiden wunderbaren Scheine schob ich in mein Versteck zwischen Schrankpapier und Holzboden. Ich löschte das Licht, schloss ihn in meinem Zimmer ein und ab die Post! Schlaf schön, mein Dickerchen! Träume süß.

Ich schlüpfte zu Helen in ihren kleinen molligen Schlauch, erklärte ihr die Situation. Natürlich verlor ich kein Wort über das Geld. Das geht nur mich und mein Gewissen etwas an. Morgen würde ich die Pension für die Kinder bezahlen. Jesus sei mit uns!

In jener Nacht haben Big Mamma Shakespeare und ich kaum ein Auge zugetan. Big Mamma Shakespeare war stundenlang im ganzen Haus unterwegs, im Nachthemd, mit aufgelöstem Knoten. Sie musste zwischen den Stockwerken hin und her pendeln, schimpfen, trösten, einmal auch in die Menge schlagen. In den kurzen Ruhepausen kam sie ins Zimmer, um mir von den Prügeleien zu erzählen: Ein Mädchen hat ihre Freundin angegriffen, ihr die rechte Brust mit der Schere durchstoßen. Es hat eine Polizeirazzia gegeben. Die zwei lesbischen Blondinen aus dem Erdgeschoss haben sich geprügelt. Soldaten, die nicht in die Kaserne zurückgekehrt waren, hat man im vierten Stock aufgesammelt.

Um sechs Uhr morgens legt sie sich völlig erledigt schlafen. Ich mache mich ganz klein und drücke mich gegen die Wand, schmiege mich in ihr gepunktetes, nach Lavendel riechendes Flanellnachthemd.

Um halb acht steht sie wieder auf, um meinen »Gast« zu wecken. Ich gebe ihr meinen Schlüssel und bleibe ganz ruhig in ihrem Zimmer liegen. Alles geht reibungslos über die Bühne. »Hallo, hier ist das Zimmermädchen; haben Sie gut geschlafen? Ich mache jetzt das Zimmer. Madame ist schon arbeiten. Sie lässt Ihnen Grüße ausrichten. Entschuldigen Sie, aber Sie müssen jetzt gehen.«

Der Mann steht auf, ist völlig verblüfft. Er erinnert sich an nichts, weiß nicht, wo er ist. Er entschuldigt sich, schlüpft ganz verlegen in seine Kleider. Big Mamma Shakespeare fegt derweil den Boden. Schließlich ist er weg, und ich kann wieder in mein eigenes Bett und in Ruhe weiterschlafen.

Big Mamma Shakespeare, ich danke dir. Du bist eine wirkliche Freundin.

Auch sie kann auf mich zählen. In ihren miserablen Tagen am Monatsende, wenn keine Schwarzen mehr kommen, nicht der kleinste verzweifelte Neger, den sie um vier Uhr morgens mit einem Spiegelei verwöhnen könnte, lasse ich sie nicht fallen. Bei mir findet sie immer einen Teller und ein Glas, wir sind wie Schwestern, helfen uns gegenseitig. Wir arbeiten auf derselben Galeere.

Eine ganze Woche lang ist sie verlobt. Mit einem Soldaten, der am Knie verwundet ist. Sie liebt ihn, pflegt ihn, schmust mit ihm. Eines Mittags ruft sie mich, um ihn mir zu zeigen. Ihr dickes Gesicht ist wie verwandelt, sie legt einen Finger auf den Mund: »Komm mal.«

Sie hält den Atem an, ihr Busen hebt sich, mit gedämpften Schritten zieht sie mich zu ihrer Tür. Ihre Stimme ist sehr leise, als wollte sie mir eine Geburt ankündigen. Da liegt er, auf ihrem Bett, ihr verwundeter schwarzer Verlobter. Um sein Knie prangt ein schneeweißer Verband. Er raucht Pfeife und liest Zeitung. Big Mamma Shakespeare redet von Hochzeit, das verrückteste Wort, das je in unseren vier Wänden ausgesprochen wurde.

Ach, wäre er doch nie wieder gesund geworden! Ihr ganzes Leben hätte sie ihn umsorgt, ihn an ihrem Arm humpelnd spazieren geführt! Big Mamma Shakespeare ist wieder ein junges Mädchen. Sie lässt sich die Haare kräuseln, investiert einen ganzen Nachmittag, dreißig Mark knöpft der Friseur ihr dafür ab. Ihr Gesicht sieht glatt und sanft aus. Die Liebe hat Veilchen in ihre Augen gemalt, sie sind blauer als zuvor, heller. Sie geht abends nicht mehr aus, denn sie ist jetzt eine Ehefrau. Auf ihrem kleinen Kocher im Flur köcheln Schweinsfüßchen munter vor sich hin, der Wodka glüht in den Gläsern. Jeden Tag gibt es ein Hochzeitsmahl. Das Wort *darling* schwebt, voll unterdrückter Freude, auf ihren Lippen. Kein schrilles Rot mehr, kein Kohlelidstrich mehr um die Augen. Das Glück schminkt ihr Gesicht mit einem zarten, verliebten Rosa. Kein Messer mehr im Dekolleté versteckt und keine Faustschläge mehr. Ihre Hände flattern in sanften Liebkosungen um den Schwarzen herum, sie bringen ihm seine Pfeife, wischen ihm den Schweiß von der Stirn, erneuern den Verband um sein Knie, salben ihn mit einer wundersamen Medizin. Eine einzige Woche pures Glück. Dann verschwindet er, der Verlobte, sein Knie ist geheilt, er hinkt nicht mehr. Wir sehen ihn nie wieder.

Als ich Big Mamma Shakespeare an diesem Tag treffe, ist ihr Gesicht von Kummer verhärtet, sie bleibt stumm, ihre stumpfen Haare fallen wie Rattenschwänze um ihr Gesicht. Das Messer nimmt wieder den alten Platz in ihrer Bluse ein. Ihre Stimme ist nun wieder rau und streng. Bei Schlägereien benutzt sie wieder ihre Fäuste und stößt russische Flüche aus: Sie ist wieder ganz der alte Haudegen.

Nie wieder spricht sie von ihrem »Verlobten«. Sie nimmt ihren Platz als Bewacherin der Betrunkenen am Treppengeländer wieder ein, schreit alle an, die hinaufgehen. Um sechs Uhr sehe ich eines Morgens, als ich mich aus dem Fenster meines Zimmers lehne, wie die zerzauste Big Mamma Shakespeare mit weit ausholenden, rollenden Armbewegungen eine Schar verspäteter Schwarzer auf das von Asche klebende Trottoir hinausjagt, die Männer lösen sich im Nebel auf.

Bei Sonnenaufgang kommen deutsche Polizisten die Treppe hoch, stören die Stille mit Klingeln. Niemand reagiert. Sie haben jedoch einen Schlüssel für alle Türen. Sie betreten ein Zimmer, zerren ein armes Mädchen heraus, werfen es in einen ihrer grünen VW-Käfer und brausen davon. Diese Zeremonie wiederholt sich fast täglich. Man weiß nie, wann man selbst an der Reihe ist. Jeden Tag ist es eine Gnade, im Bett bleiben zu können.

Mir ist nicht ganz klar, was mit den Mädchen passiert, bis ich eines Morgens auf der Toilette sitze, um schnell noch zu pinkeln, bevor ich ins Bett gehe. Plötzlich wird heftig an der Tür gerüttelt, und eine erstickte Stimme bittet mich zu öffnen. Kaum habe ich den Riegel zur Seite geschoben, da stürzt ein halb nacktes großes Mädchen, das in seinen Nylonstrümpfen vor Kälte und Angst mit den Zähnen klappert, in den kleinen Raum. Sie schließt die Tür hinter sich und zieht Papiere aus einem ihrer Strümpfe. Ohne sich weiter um meine Anwesenheit zu kümmern (ich habe mir nicht einmal die Hose wieder hochgezogen), zerreißt sie sie fieberhaft und wirft sie ins Klo. Tränen strömen ihr übers Gesicht. Als sie fertig ist, spült sie, schaut hoch und lächelt mich mit unbestimmtem Gesichtsausdruck an. Dann murmelt sie: »Danke« und geht wieder.

Als ich auf den Flur trete und zu meinem Zimmer gehe, sehe ich die beiden Herren in Zivil, die gegen die Wand gelehnt ruhig abwarten, bis sie in ihrem Zimmer ihre Koffer gepackt hat.

Später erst, als mir das Gleiche passiert, habe ich alles verstanden. Der Vorfall mit ihr fiel mir wieder ein. Auch ich habe in der Toilette gezittert, versucht, hinter verschlossener Tür ein paar Minuten Zeit zu schinden.

Plötzlich schien die Freiheit wie zum Platzen aufgebläht zwischen den WC-Wänden, bevor man mich wegbrachte und mich in den Knast steckte. Auch ich habe damals heiße Tränen geweint, habe mir die Nägel an meinem Adressbuch abgebrochen, mit meinen Zähnen Papiere zerrissen.

Durch die Straßen Schwabings streifen im Sommer Horden herumreisender Beatniks, prächtig gekleidet. Einen von ihnen lerne ich näher kennen, einen Zigeuner, dünn wie eine Schlange in seinen Keilhosen aus grünem Samt. Er tanzt wie ein Gott und zupft die Gitarre mit einem Messer. Er ist etwa zwanzig Jahre alt, genau weiß er es selbst nicht. Er ist irgendwo in den Kriegsruinen Wiens geboren. Aufgewachsen ist er auf der Straße.

Ich nehme ihn mit in mein Zimmer, und er beginnt zu einer Platte von Gerry Mulligan zu tanzen. Wir gehen zusammen zum Birdland. Als wir beide die Tanzfläche betreten, weichen die Schwarzen zurück, bilden einen Kreis um uns und klatschen im Rhythmus.

Ach Zigeuner! Bist mit deiner Gitarre zur Sonne aufgebrochen, zwischen den Zähnen ein Messer! Wie oft habe ich deinen Körper wie im Fieber zitternd in den Armen gehalten! Ich hätte mit dir weggehen sollen, wohin auch immer, dem Wind folgen und den Sternen! Wir hätten eine Weltreise gemacht, Ozeane und Wüsten überquert, hätten uns an den geheimsten Quellen gelabt!

Malst du mit deinen Kinderhänden noch immer dein heißes Verlangen? Diese von Wut gekennzeichnete Sucht in orientalischen Farben? Zigeuner, mein Bruder! Möge die Zeit uns noch eine einzige Begegnung gönnen, es würde unsere verrückteste Hochzeitsnacht werden! Wenn du willst, tauchen wir ein in ein das Bewusstsein erweiterndes Universum; Tag und Nacht wären wir betrunken! Würden tanzen, bis wir umfallen! Uns lieben auf dem Rand eines Vulkans! In einem Grab in Mexiko, auf einem Teppich aus Knochen! Wir werden frei sein, Bettler, Fliehende! Wir würden Kinder machen, allesamt Tänzer, Musiker, Schlangenbeschwörer!

Ich will dich, Zigeuner, stoß mir dein Messer in den Bauch!

»Wir ziehen nach Süden! Adieu.«

Eines Tages habe ich etwas Schreckliches getan. Ich habe den kleinen schwarzen Liebling betrogen, und er hat es erfahren.

Das Lächeln eines jungen schwarzen Soldaten, der mir Schallplatten brachte, hat mich bezaubert. In meinem Zimmer haben wir einander gestreichelt, ohne dass ich dafür Geld von ihm verlangt hätte. Er konnte sich nicht beherrschen und hat alles stolz seinen Kameraden erzählt, denn Schwarze sind wie eine große Familie. Roy Blaine Miller, der im Stockwerk darüber mit Freunden bei einem Mädchen ist und raucht, bekommt Wind davon. Sechsmal klopft es an meine Tür. Als ich aufmache, steht der kleine schwarze Liebling vor mir. Mit verstörtem Blick und gebrochener Stimme murmelt er: »Ist es wahr?«

Ich antworte: »Ja.«

Er schwankt zurück, als hätte ihn ein Schlag mitten ins

Gesicht getroffen. Ein Stöhnen entringt sich seiner Brust. Er schreit: *»I shall beat you!«*

Er stürzt ins Zimmer, schließt die Tür ab, ohrfeigt mich mit aller Kraft. Ich versuche, mich mit den Armen zu schützen, vergeblich. Ich weiche zurück, falle aufs Bett. Er schlägt immer weiter, ich habe Angst, dass er mich tötet. Nach einer Weile sage ich mit erstickter Stimme, blicke ihn dabei eindringlich an: »Es reicht, *darling, it's enough.*«

Er hört auf, nimmt mich in den Arm, zieht mich aus. Er weint, wir legen uns ins Bett und lieben uns, unter Tränen. Bei Einbruch der Nacht kehrt er in die Kaserne zurück. Nachdem er gegangen ist, versammelt sich eine Gruppe Schwarzer im Gang. Sie rütteln an meiner Tür. Zum Glück taucht Big Mamma Shakespeare noch rechtzeitig auf. Sie ist im Nachthemd, hält ihnen drohend die Klinge ihres Messers entgegen, beschimpft sie auf Englisch. Schweigend ziehen sie wieder ab. Danach berichtet mir Big Mamma Shakespeare, dass sie gekommen waren, um den kleinen schwarzen Liebling vor Schlimmerem zu bewahren.

Bald kommt der schmerzliche Augenblick, in dem ich Roy Blaine Miller verlieren werde. Er ist da, um mir Lebwohl zu sagen. *»Darling«*, sagt er, »man hat mich aus der Armee entlassen. Ich gehe zurück nach Amerika. Ich habe etwas Dummes angestellt, mich geschlagen mit drei weißen Soldaten, die mich angegriffen haben, weil ich schwarz bin. Alle drei liegen im Krankenhaus. Dem einen habe ich ein Auge herausgerissen, dem anderen Zähne ausgeschlagen, den dritten auf einem Auge blind geprügelt. Es ist Schluss, mein Schiff geht in Kürze. Vor meiner Abreise habe ich keine Ausgangserlaubnis mehr. Komm mich in der Kaserne besuchen, Johnson wird dich am Eingang erwarten, er wird der Wache Bescheid sagen, damit sie dich reinlässt.«

Ich gehe hin. Der letzte Schnee häuft sich an den unwegsamen Straßen im eisigen Wind, wo Jeeps und Militärlastwagen entlangfahren. Ich werde eingelassen, Johnson führt mich in einen Keller ins Untergeschoss der Kaserne. Der kleine schwarze Liebling sitzt auf einer Kiste und streckt die Arme nach mir aus. In seiner Hand hat er ein Kästchen aus blauem Samt mit zwei Silberringen darin. In dem einen ist ein echter kleiner Diamant eingefasst, der Feuer zu speien schient. Lächelnd fragt er mich: »Würde es dir gefallen, dich mit mir zu verloben?«

Ich nehme die Ringe, streife sie beide über zwei Finger meiner linken Hand. Mit glänzenden Augen sehen wir einander an, und ich willige ein. Es ist das einzige Mal in meinem Leben, dass jemand mir einen Diamantring schenkt. Meine Hand ist ein einziges Leuchten.

»Come on, darling«, sagt der kleine schwarze Liebling. *»I want to make love to you a last time.«*

Wir gehen in den Schnee hinaus, Johnson hält noch immer Wache. Unsere Küsse schmecken nach Salz, der Schnee ist kalt unter unseren Körpern. Bevor er wieder hineingeht, sagt er: »In drei Tagen treffen wir uns wieder. Komm um sechs Uhr morgens, und bleib ganz in der Nähe des Eingangsturms, ich werde dir ein Zeichen geben.«

Ich war da, am Ende der Nacht, meine Zähne klapperten im eisigen Sturm. Ich habe gewartet und gewartet. Vergeblich. Der kleine Liebling ist nicht mehr aufgetaucht. Vor mir habe ich zwei hohe Lastwagen fahren sehen, abgedeckt mit grauem Tuch, vielleicht saß er in einem der beiden.

Wochenlang habe ich auf einen Brief gewartet, vergeblich. Vor lauter Verzweiflung ging ich zu Johnson. Er lächelte mich zurückhaltend an: »Es ist alles in Ordnung. Ich habe einen Brief bekommen.«

Er hat sich geweigert, ihn mir zu zeigen. Ich habe ihn angefleht, ihm versprochen, mich nicht aufzuregen, was auch immer drinstehen möge. Schließlich hat er ihn mich lesen lassen.

Ach, Roy Blane, ich habe verstanden! Du bist jetzt in New York, unter deinesgleichen. Schöne kleine Negerinnen mit glänzender Haut. Dort drüben hast du geliebt, getanzt, die schwarze Sanftheit der Mädchen deiner Rasse und ihre samtigen Stimmen, ihre Achataugen haben dich mir weggenommen. Du hast mich vergessen, Roy Blaine! Nichts, kein einziges Wort hast du noch für mich.

Ich habe den kleinen harten Diamanten an meinem Finger betrachtet. Ich wollte ihn nicht mehr. Am darauffolgenden Sonntag habe ich ihn den Zigeunern geschenkt. Sie haben ihn verkauft, um sich dafür etwas zum Essen leisten zu können. Auf diese Weise ist der einzige Diamant, den ich je besessen habe, in den fröhlichen Bäuchen von Zigeunerkindern gelandet.

Die Kinder und ich verbringen jeden Sonntagnachmittag im Wohnwagen. Tata erzählt, wie er Nina früher mit in Kneipen genommen hat, um gestohlene Uhren zu verkaufen. Während Nina draußen auf ihn wartete, eine Ladung Uhren in ihrer Schürze versteckt, ging Tata im Lokal mit einer einzigen Uhr am ausgestreckten Arm von Tisch zu Tisch und klagte mit verzweifelter Stimme, das sei alles, was er noch habe, er sei allein, habe keine Frau mehr, allein mit fünf Kindern, und sie hätten nichts mehr zu essen. Irgendjemand hatte immer Mitleid und kaufte die Uhr.

Wenn Tata rauskam, nahm er die nächste Uhr aus Ninas Schürze, und dann begann dasselbe Schauspiel in der nächsten Kneipe, und so weiter, bis keine Uhr mehr übrig war.

Maria, die Österreicherin mit dem roten Haar und dem Wagen mit den vielen Plastikblumen, kommt zu Besuch. Sie ist noch immer schön, wenn auch etwas verblüht, und sie trinkt zu viel. Seit Joseph, der schwarze Sergeant, wieder nach Amerika zurückmusste, hat sie einen neuen *boyfriend*, einen kleinen cholerischen Schwarzen, der sie oft verprügelt. Ihr Gesicht ist dann mit blauen Flecken übersät.

Ich bekomme von ihr den Auftrag, an Jospeh englische Briefe zu schreiben. Was eine Herausforderung ist! Wir spielen diesem armen Joseph einen Streich, damit er wiederkommt, um Maria zu heiraten, und ihr in der Zwischenzeit Geld schickt. Maria behauptet, schwanger zu sein, was eine faustdicke Lüge ist. Sie erzählt ihm, wie ihr Bauch wächst, beschreibt ihre Übelkeit, ihre Hoffnungen, ihre Freude und Sorge beim Gedanken, bald Mutter zu werden.

Dieser Joseph dort drüben in Amerika schluckt alles. Er freut sich, Vater zu werden, und schreibt ihr ganz rührend, sie solle auf ihre Gesundheit achten und ihm sofort Nachricht geben, wenn das Kind da ist.

Ich lese auch seine Briefe, denn Maria kann weder schreiben noch lesen. Der erfundene Geburtstermin naht. Maria entscheidet sich für ein Mädchen, Rosita soll es heißen, das arme Wesen, das nie existiert hat! Ein triumphierender Brief, in dem ihre Geburt verkündet wird, fliegt Richtung Amerika. Maria beendet ihre Briefe immer mit derselben Zeile: *»I close my letter but not my heart, your loving wife forever, Maria.«*

Allmählich kommt mir die ganze Sache etwas schmuddelig vor. Maria hingegen macht sich überhaupt keine Gedanken. »Sei nicht besorgt«, sagt sie. »Kurz bevor er kommt, lasse ich das Kind einfach sterben. Er wird schon nichts ahnen und mich trotzdem heiraten.«

Dennoch lässt mir die Sache keine Ruhe. Es ist einfach mies, diesen Mann so zu betrügen. Wenn ich mir seinen Jubel über das freudige Ereignis vorstelle, wird mir übel. Joseph ist verrückt vor Glück beim Gedanken an seine Tochter. In jedem Brief drückt er sie an sich und bedeckt sie mit Küssen. Die kleine Rosita, die blaue Augen hat, aber ansonsten schwarz ist wie ihr Vater, wächst und gedeiht prächtig in ihrer Phantasiewiege. Sie quengelt, wenn sie zahnt, hat lange Wimpern, krauses Haar, kleine mollige Hände. Ich beschreibe das alles in makellosem Englisch.

Josephs Antworten sind voller Begeisterung. Er hat schon Schritte unternommen, um nach Deutschland zurückzukehren. Er kauft Babyjäckchen, Söckchen, ein Taufkleid.

Eines Sonntagnachmittags eröffnet mir Maria in aller Ruhe, ihre ewige Zigarette im Mundwinkel, während ihr nackter Fuß im Takt unter ihrem geblümten Morgenmantel schlägt, dass Rosita krank ist. Ich muss es Joseph schonend beibringen, ihm sagen, es sei nichts Ernstes, er soll sich nicht beunruhigen.

Joseph reagiert sorgenvoll und beängstigt.

Die Sache wird schlimmer. Rosita siecht dahin, isst nichts mehr, lacht nicht mehr, wird immer dünner. Maria ist schon bei drei Ärzten mit ihr gewesen. Joseph muss verstehen, dass die Arztbesuche teuer sind. Der verzweifelte Joseph schickt einen Scheck. Tag und Nacht betet er für seine Kleine, hofft, sie bald zu sehen. Er hat schon ein Schiffsticket gekauft. Rosita stirbt. Dieser Brief stößt mich noch mehr ab als die anderen. Maria selbst ist eiskalt. Sie beschreibt ihre Tränen, das kleine bleiche Engelsgesicht, das weiße Kleid, die Kerzen, das Begräbnis, das winzige, mit Blumen geschmückte Grab. Als ich diesen Brief schreibe, habe ich das Gefühl, ein Verbrechen zu begehen.

Josephs Kummer, den er im nächsten Brief beschreibt, schnürt mir die Kehle zu. Er kommt in Trauer und Schmerz zurück. Bald wird er eintreffen, und ich habe keine Ahnung, wie sich das Blatt noch zum Guten wenden könnte.

Und in der Tat ist seine Rückkehr schrecklich.

Es beginnt mit einer furchtbaren Schlägerei zwischen Joseph und dem neuen, cholerischen kleinen Schwarzen, der es sich zwischen den Plastikblumen bequem gemacht hat und den Joseph erst mit Faustschlägen und Fußtritten rausschmeißen muss. Alle Fensterscheiben des Wagens sind zersplittert, Maria hat ein tiefblaues Auge und überall blaue Flecken, Büschel von Haaren wurden ihr bei der Streiterei ausgerissen. Der Plastikgarten ist verwüstet.

Am nächsten Morgen, als wieder Ruhe eingekehrt ist, will Joseph Rositas Grab sehen, auf dem Friedhof für sie beten. Das Grab gibt es jedoch nicht, der Friedhof ist leer.

Joseph wird von einer gigantischen Wut gepackt. Diesmal ist Maria davon überzeugt, dass er sie umbringen wird. Eine ganze Woche lang muss sie das Bett hüten, so hat er sie verprügelt. Trotz allem ist Joseph bewundernswert, denn er hat ihr verziehen. Ist bei ihr geblieben, hat den Wagen wieder in Ordnung gebracht, die Blumen ersetzt und die zerbrochenen Fensterläden repariert. In einer Werkstatt in der Nähe hat er Arbeit gefunden. Schluss mit den dicken Lohnzetteln, an die er als Sergeant gewöhnt war. Jetzt ist er ein Arbeiter. Maria zeigte sich irgendwann wieder, zwar noch hinkend, aber frisch gepudert und frisiert, die Augen geschminkt, Wimpern und Augenbrauen geschwärzt, der Mund tiefrot. An Josephs Arm spaziert sie eines Sonntags in der Abenddämmerung um die Wiese. Danach hat er so hart gearbeitet, dass sie sich ein Auto leisten können, einen kleinen gebrauchten VW. Nun fahren sie sonntags in dem mit einem Plastiknelkenstrauß geschmückten Wagen durch die Gegend.

Maria und Joseph sitzen einträchtig vorn auf den Polstersitzen.

Wir essen noch immer jeden Sonntag unser Huhn bei den Zigeunern. Sonja erzählt mir, wie Barka, diese wunderbare Frau mit den schwarzen Haaren, die von Tata so sehr geliebt wurde, mit ihm in Metzgereien auf Diebestour gegangen ist. Das war, bevor Barka mit einem anderen Zigeuner durchbrannte und ihn mit fünf Kindern zurückließ, verrückt vor Zorn und Schmerz.

Tata und Barka betraten die Metzgerei, verlangten Wurst und Lunge für die Katzen. Während der Metzger zum Kühlschrank ging, um die Lunge zu holen, steckten Tata und Barka alles ein, was es an leckeren Dingen gab. Barka hatte tief unter ihren Röcken, zwischen mehreren Lagen Unterröcken, eine schwarze Stofftasche versteckt. Diese Tasche stopfte sie voll mit Hähnchen und Lammkeulen.

Der Metzger kam ahnungslos zurück, packte ein paar billige Würste ein und ein Stück Lunge. Tata bezahlte, und Barka und er gingen wieder, als wäre nichts gewesen.

Eines Tages jedoch flogen sie auf. Ein Metzger bemerkte die leere Stelle im Fach, wo seine schönste Lammkeule gelegen hatte, er schrie und rief die Polizei. Tata und Barka rannten auf die Straße, die Leute aus der Metzgerei hinter ihnen her, und schließlich fasste man sie und brachte sie zur Polizeiwache. Tata wurde durchsucht, doch man konnte nichts finden. Da befahl man Barka, ihre Röcke zu heben. Die gerissene Zigeunerin hob sie hoch, indem sie sie alle zusammen mit beiden Händen raffte. Da sie kein Höschen anhatte, sahen die Bullen ihre wunderbare behaarte schwarze Scham, sie schrien entrüstet auf und sagten, sie solle schleunigst wieder ihren Rock herunterlassen. Die gut zwischen den Unterröcken versteckte Tasche mit der Lammkeule hatten sie nicht entdeckt. Hoch erhobenen Hauptes stolzierten Tata und seine Frau wieder aus der Polizeiwache. Mit der Keule zwischen Barkas Beinen kehrten sie zurück in ihren Wagen und feierten mit ihren Kindern ein fröhliches Fest.

Barka hatte sogar den Mut, ganz allein bei den Bauernhöfen auf Diebesjagd zu gehen. Sie nutzte die Zeit, wenn die Bauern auf dem Feld waren. Dann schlüpfte sie in die Küche, von da ins Schlafzimmer und inspizierte die Verstecke auf dem Schrank und unter den Strohsäcken des Bettes. Hin und wieder fand sie in ausgebeulten Strümpfen ein paar Hundertmarkscheine. Einmal jedoch wurde sie erwischt. Sie musste vier Jahre ins Gefängnis. Tapfer hat sie es in diesen scheußlichen deutschen Knastzellen, ohne frische Luft und ohne Heizung, mit von Feuchtigkeit zerfressenen grünlichen Wänden ausgehalten, erschöpft vom Hunger und von den Grausamkeiten der Mitgefangenen. Im Gefängnis werden Zigeuner gehasst und gequält, alle verachten sie, vom Wachpersonal bis hin zu den Insassen.

Barka, meine Schwester, ich habe dich nie kennengelernt. Du hast Tata verlassen, ihm viel Schmerz bereitet. Doch er hat dir verziehen, denn er hat dich über alles geliebt, du bist eine Mutter, die für ihre Kinder geklaut hat, und selbst das Gefängnis konnte deiner Schönheit nichts anhaben, du prächtige, stolze Zigeunerin.

Eines Tages habe ich im Wagen unter einem Bett einen wunderbaren, auf Französisch geschriebenen Brief von Barka an ihre Töchter Nina und Bertha gefunden. Er war poetisch, voller Liebe und Sehnsucht. Und ich habe verstanden, dass diese Frau in den Augen ihres Mannes und ihrer Kinder wie eine Königin war und dass ihr Herz, obwohl sie wegen eines anderen gegangen war, geblutet hat wie eine ewig offene Wunde.

Sonja, die Barkas fünf Kinder aufgenommen und erzogen, die Tata getröstet hat, Sonja stiehlt nicht, sie ist zu anständig. Als sie mir bei der Reinigung meines Zimmers geholfen hat, habe ich erfahren, wie rein ihr Herz ist. Sie machte mich auf einen Zwanzigmarkschein aufmerksam, der aus dem Versteck hinter dem Schrank gefallen war.

Dieses Schrankversteck war mir immer sehr nützlich. Seit Deutsche und Schwarze mir mehrmals Geld und sogar Fotos gestohlen haben, während ich auf der Toilette war, lasse ich nichts mehr in meiner Tasche.

Eines Tages werde ich von einem Schwarzen aus Togo, einem langen Rohling mit eisernen Fäusten, fast erwürgt, nachdem er mit mir geschlafen hat. Ich habe mich geweigert, es ein zweites Mal mit ihm zu machen, für dreißig Mark, zum »Studententarif«. Wir prügeln uns. Mit Würgemalen an der Kehle gelingt es mir, die Tür zu öffnen und splitternackt in den Flur zu laufen. Ich rufe Big Mamma Shakespeare und verstecke mich in ihrem Schlauch.

Der Schwarze aus Togo durchwühlt derweil wie ein Rasender mein Zimmer, hebt die Möbel an, reißt das Papier vom Tisch, das Geschirr herunter, die Bücher, doch er kann kein Geld finden. Der Schrank hat sein Geheimnis bewahrt.

Big Mamma Shakspeare geht rein, die Fäuste auf den Hüften, und brüllt so laut, dass der Schwarze sich in Windeseile anzieht und wegrennt. Im Vorbeilaufen spuckt er noch auf die Schar Frauen im Morgenmantel, die, vom Lärm angelockt, zitternd im Flur stehen.

Und jetzt ist endlich der lang ersehnte Moment gekommen, wo ich euch von Ronald Rodwell erzähle.

RODWELL

RONNIE. Du Negergott mit kohlrabenschwarzer, wie verbrannt aussehender Haut, die nach Knabenkraut und Ingwer duftet, und mit einem Schwanz, der einer großen schwarzen Lilie gleicht.

Ronald Rodwell mit dem Panthergesicht, der glatten Stirn, den dicken Lippen, rissig wie Baumrinde. Die blaurote Iris deiner Augen ist wie ein tiefer Brunnen, sie ist meine Nacht, mein Rausch, meine Droge. Aus der Spitze deines Geschlechts habe ich Likör getrunken, der nach Schwefel und Ammoniak schmeckt, an den salzigen Quellen deines Bauches habe ich mich gelabt, an deinen blauen, Trauben ähnelnden Brustwarzen. Unter deinen harten, langsam von mir Besitz ergreifenden Schenkeln habe ich gezittert, bis sie, entfesselt wie ein wütender Ozean, über mir tobten. Ich habe geschrien, beim Stoß deiner Ebenholzklinge habe ich mit dem Tod gerungen, tief in meinem Bauch spürte ich ihre Furchen, spürte ich, wie sie mich zerriss.

Du hast mich getötet und mich wieder von den Toten auferweckt, während mich deine beiden schwarzen Pythons fest umschließen.

Im Café Birdland habe ich dich zum ersten Mal gesehen. Du hast an einem Tisch gesessen und beim Lachen deine blendend weißen Zähne gezeigt. Deine Augen waren unter den Gläsern einer grünen Brille verborgen. Du hast mich in deine Arme gehoben, und wir haben uns zu den Klängen des Blues gewiegt, deine Stimme klang wie die von Ray Charles.

Mögen alle, denen dieses Buch nicht gefällt, es einfach in den Müll werfen. Es wird es dort wärmer und zärtlicher haben als in unbefugten Händen.

RODWELL. Ich lade dich ein in mein kleines Zimmer mit den Pappwänden, das erhellt ist von japanischen Papierlaternen, eine blau und eine grün. Sie hängen nur an einem Faden und sind von Kerzen gefährlich erleuchtet. Wir liegen auf meinem Bett und hören Schallplatten, lauschen den Zigeunergeigen und den Cembalokonzerten von Bach.

Als du gehst, umarme ich dich an der Türschwelle. Mehr nicht. Kein Wort, keine weitere Geste. Als du am nächsten Tag wiederkommst, werden wir ein Liebespaar. Ich weine in deinen Armen, und du trinkst die Tränen und sagst: »Eines Tages werde ich dir Freudentränen entlocken.«

Rodwell. Neunzehn Jahre bist du alt, Ronald Rodwell, und tagsüber fährst du einen Rettungswagen des amerikanischen Militärkrankenhauses. Noch immer habe ich das Foto, auf dem du in deinem Kampfanzug aussiehst wie ein Taucher. Und du hältst ein Gewehr, Rodwell, du Mann des Friedens.

Ich habe all deine Briefe bewahrt, alle. Und ich werde sie immer wieder lesen. Auf meinem Tisch liegt jenes dünne weiße Stoffband, das du von deinem Uniformärmel gelöst hast. Dein Name ist in Schwarz darauf gestickt, RODWELL.

Über meinem Bett hängt dein Porträt. Alle Fotos von dir hängen an der Wand. Deine Augen und dein Lächeln beherrschen mein Zimmer. Es gibt darin nur dein Gesicht, Rodwell, deine Zähne, deinen Blick und den dumpfen Glanz deiner schwarzen Haut auf der weißen Wand. Ach Rodwell, wie gern würde ich noch einmal meine Lippen in die Nischen deines Körpers versenken, meine Nase in das Dickicht auf deinem Kopf tauchen! Noch ein einziges Mal deine Zunge in meinem Mund spüren, für einen endlosen Kuss.

In meiner Hand halte ich jenes zerrissene Stück Papier, auf dem du ein Versprechen notiert hast, was für ein Wahnsinn! Mit deiner geheimnisvollen Schrift. Nichts von dem, was uns verbindet, ist verloren gegangen.

Wunderbarer Geliebter, immer habe ich dich geliebt. Unsere Liebe war funkelnd wie ein Komet am Himmel über München. Dein Name ragt wie eine Feuersäule über der Stadt auf.

Du hast mir erzählt, dass du Marihuana rauchst. Ich bin so verrückt, dir welches zu versprechen. Es zu besorgen ist nicht leicht. Ich muss den Beatnik mit dem kurzen Bart und den blauen Augen auftreiben, der es mir seinerzeit verkauft hat. Wie das Schicksal es will, entdecke ich ihn eines Nachmittags an einer Straßenecke in Schwabing. Er drückt sich ganz nah an den Hauswänden entlang, schaut dabei in alle Richtungen wie ein Flüchtling.

»Ich leide an Verfolgungswahn«, erklärt er mir.

Seine Augen verschwimmen in einer Art Nebel, er ist mager, schmutzig, völlig zerzaust. Ein süßlicher Geruch geht von ihm aus, er lebt in seinem eigenen inneren Paradies, in seinem Rausch, ohne dem Rest der Welt Beachtung zu schenken. Wir schließen ein Geschäft ab: Ich gebe ihm dreihundert Mark, und er wird mit dem Geld am nächsten Tag per Anhalter nach Marokko fahren und mir in seinen Taschen ein Kilo Stoff mitbringen.

»Das ist die einzige Möglichkeit«, sagt er, »wenn man den Zoll umgehen will. Man muss alles direkt bei sich haben, um es im Notfall, beim geringsten Alarmzeichen, wegwerfen zu können.«

Ich vertraue ihm. Er heißt Jo und ist Maler. Er ist der einzige Deutsche, für den ich freundschaftliche Gefühle hege. In einem Monat wird er zurück sein.

Rodwell besucht mich jeden Tag nach der Arbeit. Gegen vier Uhr nachmittags betritt er mein Zimmer in Begleitung seines Kameraden William Watson, einem kleinen, ganz dunklen Schwarzen mit pockennarbiger Haut. Im Sommer wirken Schwarze in ihren hellen Hemden noch viel schwärzer. In der ungezwungenen Haltung von Prinzen, die sich ihre Zeit mit Nichtstun vertreiben, schlendern sie durch die sonnenüberfluteten Straßen. Wir hören Platten. William und Rodwell machen es sich auf dem Bett gemütlich, oft schläft Rodwell ein. William hat die schlechte Angewohnheit, seine Füße auf meine Bücher zu legen. Bei der geringsten Bewegung bricht das Pappregal zusammen, und dann müssen wir das Geschirr, die Bücher und Schallplatten wieder einsammeln. Mit einem Lächeln sagt William: »Ich kann nichts dafür, ich bin ein Neger.«

Am letzten Tag des Monats, dem Zahltag, kommt Rodwell mit Geschenken: Schallplatten, eine Puppe für meine Tochter, Schmuck mit einem falschen geflammten Diamanten für mich. Stundenlang hat er auf der Treppe gesessen und gewartet, bis ich frei bin. Auf unserer Etage sind nur Charlotte, Big Mamma Shakespeare, Gigi und ich bereit, Schwarze zu empfangen. Emmi und Mélitta nehmen nur weiße Amerikaner. Die unterschiedlichen Gruppen warten im Treppenhaus. Wenn die Tür aufgeht, mischen sich die Weißen verstohlen unter die Schwarzen.

Schon am Nachmittag des Dreißigsten oder Einunddreißigsten eines jeden Monats geht eine dicke Frau, die im Erdgeschoss wohnt, mit einem Deutschen verheiratet ist und einen kleinen Sohn hat, in die Bars der Kaserne. Dort setzt sie sich hin, öffnet ihre Bluse, holt ihre prallen Brüste heraus und drapiert sie auf den Tisch. Sofort stehen fünf oder sechs Schwarze auf und gehen zu ihr hin. Sie nimmt sie alle zusammen mit auf ihr Zimmer, ihr Mann macht derweil mit dem Baby einen Spaziergang. Wenn alles vorbei ist, geht sie wieder zu den Kasernen hinauf, und das Spiel beginnt von Neuem, wieder kommt sie mit einer Ration Schwarzer zurück.

Charlotte, die auf derselben Etage wohnt, nur eine Tür weiter, ist eine kleine, sehr sympathische Frau und die Einzige außer Big Mamma Shakespeare, die auch noch Grips hat. Sie hat mir erzählt, sie sei Näherin, doch ihre Augen seien zu schlecht geworden. Jetzt spare sie

Geld, um sich eine hübsche Wohnung zu kaufen, aber das würde noch dauern.

»Weißt du«, sagt sie zu mir, »ich könnte niemals ertragen, dass mich ein Deutscher leckt, sie stoßen mich ab. Aber bei meinen geliebten Schwarzen ist das anders: Sie sind alle meine Freunde. An *payday*-Abenden verlange ich zehn Dollar. Wenn sie dann zum ersten Mal kommen, brauchen sie an anderen Abenden nur fünf Dollar zu bezahlen. So baue ich mir eine Stammkundschaft auf, sie kennen mich gut. Aber ich muss immer auf der Hut sein, manche behaupten nämlich nur, schon einmal da gewesen zu sein, und versuchen, das Ganze für fünf Dollar zu kriegen, aber das läuft nicht. Ich lasse mich nicht reinlegen!«

An den Zahlabenden finden in allen mit Lampions erhellten Bars Orgien mit *Wiener Schnitzeln*, Würstchen mit Senf und Pommes, Bier, Cognac und Coca-Cola statt. Eine schöne österreichische Zigeunerin namens Cookie ist die Herrin im Birdland. Wie eine Königin tanzt sie in ihren prächtigen Kleidern und dem vielen Goldschmuck. Sie besitzt ein weißes Auto, in dem sie alle drei Monate nach Österreich fährt, um ihren Sohn zu besuchen. Angeblich ist sie bewaffnet, man munkelt, dass sie in ihrem Auto eine Pistole versteckt.

Es ist Sommer. Meine Kinder sind auf dem Land, in einer Art Schloss untergebracht. Das ganze Heim macht dort Ferien. Die Nonnen schürzen ihre schweren Röcke und planschen mit den Kindern im Fluss herum. Die Felder brennen. Eines Sonntags fahren wir mit Rodwell und den Zigeunern, in einem mit Kindern vollgestopften

Wagen, meine Kinder besuchen. Als wir durch das Dorf kommen, verstecken wir Rodwell; er liegt ganz flach hinten im Auto. Wir wollen kein Gerede. Wir lassen das Auto abseits stehen, Rodwell bleibt darin zurück, und wir machen uns auf die Suche nach meinen Kindern. Mit Entsetzen höre ich, wie sie inzwischen bayerischen Dialekt sprechen. Sie haben ihr Französisch fast vergessen. Und Rodwell spricht nur Englisch. Unsere Familie ist ein echtes Babel geworden!

Wir baden alle im Fluss, werden dabei von Mücken gestochen. Rodwell nimmt meine Kinder abwechselnd auf den Rücken, und wir amüsieren uns prächtig im hohen Gras. Abends stehen die Kleinen an einem Fenster des Schlosses und rufen mir winkend zu: *»Auf Wiedersehen, Mutti!«*

Ich traue kaum meinen Ohren.

Bei meinen nächtlichen Streifzügen durch Schwabing lerne ich einen amerikanischen Millionär kennen, einen Filmproduzenten aus Hollywood. Er lädt mich auf einen Whisky in eine Bar ein und begleitet mich zurück in das große rote Backsteinhaus. Dass es so laut, so schmutzig, so voller Schwarzer auf sämtlichen Etagen ist, erstaunt ihn, aber weil er sehr höflich und außerdem ziemlich betrunken ist, macht er kein Aufhebens davon. Zudem ist er sehr müde und fragt mich, ob er die Nacht bei mir verbringen kann. Galant lässt er zweihundert Mark in meine Tasche gleiten. Am Morgen steht er früh auf, und bevor er sich verabschiedet, lädt er mich ein, ihn auf seiner Urlaubsreise nach Garmisch-Partenkirchen zu begleiten.

Auf einem Stück Papier notiere ich den Namen des Hotels, in dem er mir ein Zimmer reserviert hat. Ich bin etwas nervös. Was, wenn sich alles als Scherz entpuppt? Wenn man in diesem großen Luxushotel den Namen des Millionärs gar nicht kennt? Ich bin sehr unsicher, als ich am Bahnsteig des geraniengeschmückten Bahnhofs ankomme, einen Koffer in der Hand, in meiner Tasche das kostbare Stück Papier. Doch alles läuft problemlos. An der Rezeption reicht man mir einfach einen Schlüssel, und ein junger Mann in Livree nimmt meinen Koffer und begleitet mich zu meinem Zimmer. Es ist so luxuriös, dass ich kaum zu atmen wage. Es gibt zwei Badezimmer, beide mit grünen Porzellanfliesen, in jedem liegen ein Stück Seife und kleine Vierecke aus weißem, ganz weichem Papier, die man, so heißt es in drei Sprachen, anstelle von Handtüchern zum Abschminken benutzen soll. Es sind getrennte Betten, die jedoch eng zusammenstehen. Sie sind riesig und mit hellblauem Satin bezogen. Auf der Imitation eines antiken, mit grünem Filz versehenen Schreibtischs öffne ich eine große Mappe mit Fächern, in denen auch Briefpapier liegt. Es trägt das Emblem des Hotels und ist an den Rändern gezackt. Auf einem Teller mit Goldrand liegen zwei kleine Tafeln Schweizer Schokolade. Genussvoll knabbere ich eine der Tafeln und schreibe sofort auf dem prächtigen Briefpapier an Rodwell.

Es klopft diskret an der Tür. Schnell schließe ich die Mappe, rufe erschrocken: *»Ja!«*

Der Millionär, sehr elegant in einem grauen Anzug, verbeugt sich auf der Türschwelle und fragt, ob ich eine gute Reise hatte und ob das Zimmer mir gefalle. Er nimmt mich in die Arme, küsst mich zur Begrüßung, und ich spiele aus Höflichkeit mit. »Wenn Sie sich vor dem Abendessen schön machen wollen«, sagt er, »unten gibt es einen Friseur. Lassen Sie den Betrag einfach auf meine Rechnung schreiben.«

Abends dinieren wir bei Kerzenlicht in einem jener Restaurants, die halb Kapelle, halb so etwas wie ein Luxusstall sind, mit Balken und Plastikgeranien in Kupfertöpfen. Ich habe mich sehr schön gemacht, und der Millionär macht mir Komplimente und sagt, ich würde aussehen wie Liz Taylor. Die Haare habe ich mir in Locken aufgesteckt und mit einer Art Diadem gekrönt, das ich beim Friseur gekauft habe. Ich bin geschminkt und trage meinen schönsten Schmuck, meine Kette und meine Ohrgehänge aus Glasperlen sowie meine silbernen Schlangenarmbänder. Mein kurzes schwarzes Kleid wirkt ein wenig chinesisch: Es ist an der Seite geschlitzt und hat eine breite Borte aus elfenbeinfarbenem Satin.

Man serviert uns einen schweren Rotwein, von dem sich meine Wangen röten, zu köstlichen Speisen. Der Millionär hat tadellose Manieren, erkundigt sich nach meinen Wünschen, gibt dem Kellner Zeichen, mein Glas nachzufüllen. Er erzählt mir von Marilyn Monroe, die er in Hollywood getroffen hat und deren Karriere von einem seiner Freunde gefördert wurde. Mit trauriger Stimme sagt er: »Sie hat sich nicht mit Schlaftabletten umgebracht. Das ist eine Lüge für die Öffentlichkeit. In Wirklichkeit war sie schon lange drogenabhängig, wie viele reiche Schauspieler, die sich langweilen. Sie ist an einer Überdosis Morphium gestorben, an einer Injektion in den Arm. Das Einzige, was man nicht weiß, ist, ob sie es geplant hat oder ob es unfreiwillig war. Ich vermisse sie sehr, sie war so außergewöhnlich.«

Wir setzen den Abend in einer verrauchten Bar fort, die einer Schiffskajüte gleicht. Der Barkeeper kennt jeden. Ich bin betrunken, tanze mit dem Millionär, dann lasse ich ihn irgendwann stehen und tanze allein weiter, wie es die Zigeuner tun. Auch in einer anderen Kneipe tanze ich alleine, denn der Millionär hat einen Kameraden aus Armeezeiten getroffen, und beide, der eine so betrunken wie der andere, schlagen einander fest auf die Schulter und beglückwünschen sich zur Stärke Amerikas, die auch durch einen weiteren Krieg nicht gebrochen werden kann. »*Yes*«, grölt der Millionär, »wir machen weiter bis zum Ende!«

Als das Lokal schließt, klammert er sich an meinen Arm, bleibt einen Moment stehen, geht etwas weiter, öffnet seinen Hosenlatz und pisst gegen ein Auto. Obwohl gerade im kritischen Moment ein Bulle auftaucht und ihn höflich darauf hinweist, dass man so etwas nicht tut, knöpft er seine Hose wieder zu, als er fertig ist, und winkt ein Taxi heran. Um drei Uhr morgens kehren wir ins Hotel zurück. Die Betten, von einem Zimmermädchen kunstvoll zurechtgemacht, erwarten uns, eine Ecke der Decke ist zurückgeschlagen.

In dieser Woche machen wir drei zauberhafte Ausflüge: Den ersten ins Nachbardorf, wo wir eine alte Kirche besichtigen. Ostern werden dort seit dem Mittelalter Passionsspiele aufgeführt, in Kostümen aus der damaligen

Zeit, die man in großen Kleiderschränken sorgfältig vor Motten schützt. Leute aus dem Dorf spielen Personen aus der Bibel, und das junge Mädchen, das die Jungfrau Maria darstellt, muss auch wirklich noch jungfräulich sein. Beim zweiten Ausflug fahren wir mit der Seilbahn. Zuerst müssen wir eine Stunde in einer eisigen Halle warten, mit einer Menge anderer Leute, denn wir wollen auf die Zugspitze, den höchsten Berg Deutschlands. Als wir ganz oben sind, in Nebel, Kälte und Schnee, können wir nichts sehen, aber wir müssen aufpassen, dass wir uns keine Lungenentzündung holen in unseren leichten Sommerkleidern, also wollen wir so schnell wie möglich wieder runter. Erneut müssen wir eine Stunde warten, bis wir einen Platz in der Seilbahn ergattern. Bei unserem dritten Ausflug am nächsten Tag nutzt der Millionär bei einem Spaziergang die Gelegenheit, mich in der Sonne in verschiedenen Posen zu fotografieren. »Wenn die Fotos gelungen sind«, sagt er, »gebe ich Ihnen eine Rolle in einem Film.«

Ich habe nie etwas aus Hollywood gehört, auch keine Fotos bekommen. Wenn der Millionär noch lebt, will ich ihn dennoch grüßen, ich bin ihm nicht böse, dass er sich nie mehr gemeldet hat.

Nach einer Woche teilt er mir ganz freundlich mit, dass ich nun besser nach München zurückkehren solle, denn er müsse wieder nach Amerika, nach Kalifornien, wo seine Frau und seine Kinder auf ihn warten. Er begleitet mich zum Bahnhof, gibt mir noch zweihundert Mark, ohne dass ich darum gebeten hätte, küsst mich auf die Wange, und wir gehen als gute Freunde auseinander.

In München empfange ich Jo, der zurück ist aus Marokko. Gebräunt, mit Bart, strahlend, entrollt er auf dem Boden meines Zimmers einen undurchlässigen Stoff, und zum Vorschein kommt ein gelbgrüner Teppich aus getrocknetem Marihuana, kaum aufbereitet. Blätter und Stängel sind noch mit den Körnern gemischt. Ein schwerer Duft erfüllt das Zimmer. Er teilt die Masse in zwei Hälften, eine für ihn, eine für mich, und zeigt mir, wie man die Körner entfernt, indem man die Stängel auf einer Zeitung hin und her rollt, bis sie herausfallen. Angeblich bekommt man Kopfschmerzen, wenn man sie mit dem Rest zusammen raucht. Er dreht sich eine Zigarette, steckt sie an und zieht mit geschlossenen Augen den Rauch ein: »Das ist beste Qualität, der Stoff ist erst im Juli geerntet worden.«

Er nennt mir den Namen eines Cafés, wo ich ihn treffen kann, er ist jeden Abend dort und verkauft illegal Zigaretten an Deutsche und schwarze Soldaten.

Bei Einbruch der Nacht kommt Rodwell. Wir lieben uns in dem geheimnisvollen, zu Kopf steigenden Rauch, der mir Übelkeit verursacht. Alles erscheint mir zugleich verzerrt und verstärkt, die Musik, Rodwells Küsse, seine Gesten und sein schwarzer Körper prägen sich mir mit beinahe schmerzhafter Deutlichkeit ein, und ich schreie vor Lust. Das Bett schaukelt wie ein Boot auf hoher See, und die Zeit hat ihre Bedeutung verloren. Erst am späten Abend erwache ich aus diesem Rausch.

Jo hat mir erzählt, dass er in Begleitung eines Arabers einen Berg besteigen musste, bis hoch zu einer Schäferhütte, und dass er dort auf dem Boden ein Bündel der verbotenen Pflanze gesehen hatte, zum Trocknen ausgelegt wie ein Strohlager.

Rodwell rollt winzige Zigaretten, *sticks*, wie er sie nennt, dünn wie Streichhölzer, in weißes Papier. Er will sie für einen Dollar das Stück verkaufen. Eine ganze Ladung nimmt er mit, versteckt in seinen Hosentaschen und im Saum seiner Hose. Ich bereite kleine Schachteln vor, Streichholzschachteln. Im Schrank habe ich jede Menge davon, sie quellen aus meinen Stiefeln. Ich deponiere sie überall, unter meinen Kleidern, in Taschen, eingeschlagen in blaues Papier. Natürlich haben wir ein wenig Angst, Rodwell und ich. Es wird schwierig sein, das alles in Umlauf zu bringen. Wir können es nicht beliebigen Leuten anbieten. Sogar in der Kaserne gibt es Bullen in Zivil, Weiße und Schwarze. Dennoch wagen wir es.

Die Unmengen von Drogen haben Rodwell verändert. Er ist süchtig nach diesem Rauch, den er sich in seinen Kopf ziehen kann, nach dem angenehmen Schwindelgefühl nach all den Arbeitsstunden in der Kaserne. Er sehnt sich nach den Momenten, in denen wir in meinem Zimmer auf die Reise gehen, mit William und den anderen, gewiegt durch die Stimme von Ray Charles.

Er raucht anders als Jo, zieht nicht fieberhaft in großen Zügen den Rauch ein, sondern langsam und konzentriert. Der winzige Stick mit reinem Marihuana wird angezündet und zwischen die Lippen gepresst, der Rauch mit geschlossenen Augen eingeatmet, dann lange zurückgehalten und schließlich in unregelmäßigen Zügen ausgestoßen. Rodwell erstickt fast, seine Augen bekommen einen roten Schimmer. Die Asche des Sticks ist weiß wie feinster Staub. Rodwell sammelt ihn sorgfältig ein, er sagt, man dürfe weder im Aschenbecher noch sonstwo etwas davon hinterlassen, wir müssen ihn in einer zusammengeknüllten Papierkugel wegwerfen. Falls die Polizei bei uns auftaucht, darf sie nichts finden. Wir versprühen Parfüm im Zimmer, vor allem rund um die Tür und in den Spalten der dünnen Wand, die an Emmis Zimmer grenzt. Das ist sehr wichtig, denn auch der Geruch ist verräterisch. Wir sitzen wie auf einem Vulkan, der von einem Moment auf den anderen ausbrechen kann. Das Marihuana ist wie Sprengstoff. Wir fürchten uns vor einem falschen Besuch, einem zu laut ausgesprochenen Wort. Wir müssen flüstern, uns beherrschen, Tag und Nacht die Tür abschließen. Wenn jemand anklopft, verstecken wir schnell alles Verdächtige und setzen eine möglichst neutrale Miene auf.

Rodwell bringt immer Kameraden mit, ständig lungern fünf oder sechs Schwarze auf meinem Bett herum, glückselig lümmeln sie sich wie Katzen. Der Plattenspieler läuft auf Hochtouren, und das herrliche Geheule von Ray Charles dringt durch die Wände. Die Sticks brennen langsam ab, und die Schwarzen hüllen sich in wattiges Schweigen. Manchmal wird einer ohnmächtig, dann müssen wir ihn unter den erschrockenen Blicken der anderen Frauen aus dem Zimmer tragen. Sie denken, dass die Schwarzen betrunken sind oder dass das Liebemachen zu viel für sie war. Sie unterstellen mir scheußliche Dinge, und Mélitta, die die Männer zählt, die mein Zimmer verlassen, entrüstet sich leise: »*Das ist doch nicht möglich!* Sie muss es ihnen umsonst machen!«

Niemand merkt, dass die Polizei mich bereits beobachtet, ich selbst werde es erst sehr viel später erfahren. Sie spinnen ein unsichtbares Netz um mich herum. Bis zur letzten Minute ist nichts zu sehen, nichts zu hören. Der magische Rauch verstopft unsere Augen und Ohren. Merkwürdige, zerlumpte Gestalten aus den Schwabinger Cafés arbeiten für mich. Verstohlen klopfen sie an meine Tür, der Blick trüb, durch Drogen wattiert. Sie sind schmutzig, schweigsam. Sie stecken die in blaues Papier gewickelten Bündel ein, und wenn sie sie verkauft haben, bringen sie mir die Hälfte des Geldes.

Langsam vergeht der Sommer, die Straßen sind mit goldenen Blättern übersät. Rodwells Liebe und der Rauch des Marihuanas stecken mein Zimmer in Brand. Er raucht, verwöhnt mich mit Zärtlichkeiten, und nachdem er mich geliebt hat, schläft er ein. Er erzählt mir, einmal sei eine Frau ohnmächtig geworden, weil er sie so tief gestreichelt habe, an einer extrem empfindlichen Stelle, die er mir trotz meiner Bitten nicht verraten will. Er sagt, es sei zu gefährlich, man könne daran sterben. Wie gerne würde ich den Tod durch seine Hand riskieren!

Rodwell, du Negerprinz! Du bist der Erste, der mich getrunken hat. Mit deiner Zunge hast du die Lippen und den Stempel meiner offenen Blüte erforscht, während ich deinen tief in meiner Kehle steckenden Stängel verschlungen habe! Ach Rodwell, deine Zärtlichkeiten waren das Paradies!

Vergeblich läuten Deutsche und Schwarze sechsmal für mich an der Tür, Big Mamma Shakespeare trommelt umsonst und ruft: »*Für dich, ein Gast.*« Wir hören nichts, antworten nicht mehr. Wir sind auf dem Grund eines Ozeans, treiben in den bitteren Wellen der Sticks, in dem heißen, fruchtbaren Schlamm. Bald sind meine Stiefel im Schrank leer, es gibt keine einzige Schachtel mehr. Das Marihuana hat sich in den Schädeln schwarzer Soldaten in Rauch aufgelöst. Ein verrückter Gedanke schießt mir durch den Kopf. Vielleicht sollte ich einen Gebrauchtwagen kaufen und selbst nach Marokko fahren, um diese Traumpflanzen zu kaufen. Dann könnte ich sie kiloweise zurückbringen, und wir wären reich! Rodwell könnte den ganzen Winter hindurch auf Meeren von Rauch dahingleiten!

An einem Sonntagnachmittag, als ich mit den Zigeunern und meinen Kindern spazieren fahre, entdecke ich den Wagen meiner Träume. Auf einer Landstraße zuckelt er vor uns her, ganz langsam, und was mir am meisten gefällt, ist das abnehmbare Dach aus braunem Stoff. Das wird praktisch sein in Marokko, man kann es öffnen und sich in der Sonne wärmen. Wir überholen den Wagen, und Tata gibt dem Fahrer ein Zeichen, er solle anhalten. Wir verhandeln, und schon bald ist das Geschäft unter Dach und Fach: Der Eigentümer hatte ohnehin die Absicht, den Wagen zu verkaufen. Es ist ein vorsintflutlicher Opel, der Besitzer will sechshundert Mark dafür. Der Stoff des Dachs ist durchlöchert, es wurde mit Heftpflaster ausgebessert, der Motor quält sich, wenn es bergauf geht, aber er läuft. Der Besitzer kommt mit den Zigeunern in mein Zimmer, ich hole sechshundert Mark aus meinem Stiefel, und er gibt mir den Schlüssel. Ich renne zum Fenster und betrachte entzückt mein erstes Auto am Rand des Bürgersteigs, drei Etagen tiefer.

Als Rodwell kommt, wollen wir ihn gleich ausprobieren; Rodwell muss fahren, denn ich habe keinen Führerschein. Leider bockt der Motor. Wir müssen den Wagen bis zur nächsten Werkstatt schieben und eine neue Batterie einsetzen lassen. Rodwell hat keinen zivilen Führerschein. Wir müssen heimlich fahren, dürfen nicht auffallen. Was nicht leicht ist, denn das Auto bleibt an allen Kreuzungen stehen, einmal sogar direkt vor einer Polizeistation, mit blockierter Hupe. Rodwell wird nervös, er hantiert aufgeregt mit Griffen und Schalthebeln. Gerade als Bullen an der Tür erscheinen, fährt das Auto mit einem Satz los. Wir halten es für vernünftiger, es erst einmal vor dem großen roten Haus stehen zu lassen. Jeden Tag lassen wir den Motor ein bisschen laufen, damit er in Bewegung bleibt, aber wir wagen es nicht mehr, eine Spazierfahrt zu machen.

In Schwabing treffe ich Jo wieder, er ist einverstanden, mit mir nach Marokko zu fahren. Auch er hat keinen Führerschein, also muss er einen Fahrer besorgen. Eines Tages präsentiert er mir einen Deutschen, der sich als Student ausgibt, einen knochigen Typen mit Rattengesicht. Ich engagiere ihn und bereite die Reise vor, verdiene das Geld fürs Benzin, breite zwei Decken mit Leopardenfellmuster über die Sitze, damit wir es bequemer haben. Es ist schon Ende Oktober.

Eines Abends, als ich mit Grippe im Bett liege, fleht

mich Rodwell an, ihm den Schlüssel für das Auto zu geben. Er und William sind spät dran und haben Angst, nicht rechtzeitig in die Kaserne zurückzukommen. Rodwell schwört mir, gut auf das Auto aufzupassen und es mir am nächsten Tag zurückzubringen. Ich gebe ihm den Schlüssel. Er strahlt, umarmt mich, wünscht mir eine gute Nacht und zieht mit William davon. Um drei Uhr morgens geht meine Tür auf, das Licht wird angeknipst, und zwei Polizisten in Uniform, ein Deutscher und ein Amerikaner, tauchen neben meinem Bett auf. Derselbe Satz, auf Englisch und Deutsch wiederholt, klingt mir in den Ohren: »Haben Sie ein Auto?«

Entsetzt richte ich mich auf. Ich träume nicht, das sind echte Polizisten und keine Gespenster, ungeduldig wiederholen sie ihre Frage. Ich bin gezwungen zu antworten, ja, es stimmt, ich habe ein altes Auto. Sie fragen nach meinem Ausweis. Ich verstehe nicht, warum sie da sind, aber es ist besser, höflich zu sein und keine Fragen zu stellen. Ich erfahre, dass Rodwell und William einen Unfall in der Nähe des Bahnhofs hatten. Als sie in eine Bar gehen wollten, haben sie so ungeschickt geparkt, dass sie ein anderes Auto gerammt und die Flucht ergriffen haben. Ich höre mir das alles mit größter Ruhe an. Schließlich sagen sie streng: »Leihen Sie Ihr Auto keinen Leuten, denen Sie nicht vertrauen können.« Sie machen sich noch ein paar Notizen und gehen schließlich wieder. Am nächsten Tag um die Mittagszeit kommt ein dritter Bulle in Uniform, um mir zu sagen, dass mein Wagen irgendwo in der Nähe der Kasernen steht, und wenn er bis zwei Uhr nicht weg sei, werde er abgeschleppt und ich müsse für die Transportkosten aufkommen. Zitternd ziehe ich mich an und laufe zum Telefon, um die Zigeuner anzurufen. Zum Glück sind sie da. Als Tata erfährt, worum es geht, wird er wütend: »Wenn du einen Fahrer für dein Auto brauchst, kannst du dich an mich wenden. Du brauchst keinen Indianer, der es dir kaputt fährt!«

Beim Kasernenposten, bei dem auf der einen Seite die deutsche Polizei, auf der anderen die amerikanische stationiert ist, warte ich an einem Schalter, bis man das Unfallprotokoll vom Vortag herausgesucht hat. Ein Mann hebt schließlich den Kopf und sagt mit unbewegter Stimme: »Tut mir leid, Madame, Ihren Wagen gibt es nicht mehr. Er ist völlig zerstört worden.«

Ich fühle, wie mir die Tränen in die Augen steigen. Tata brüllt, läuft aufgeregt vor dem Posten herum und schreit: »Ich hab's dir doch gesagt! Du hättest einen richtigen Fahrer nehmen sollen!«

Sonja versucht ihn zum Schweigen zu bringen. Da hebt der Typ am Schalter plötzlich die Hand und lächelt: »*Halt!* Warten Sie! Ich habe mich geirrt. Das Auto, von dem ich gesprochen habe, ist gar nicht Ihres. An Ihrem ist überhaupt nichts dran, Sie hatten Glück. Hier ist der Schlüssel, die Papiere, und bitte unterschreiben Sie hier.«

Wir atmen auf. Der Wagen steht ganz in der Nähe bei einer Schranke, mit leerer Batterie. Am Fenster der Kaserne beobachten uns Rodwell und William aus der Ferne. Sie haben eine Woche Ausgangssperre, weil sie zu spät gekommen sind. Tata holt ein Seil und bindet mein Auto an seines, und dann fahren wir ganz langsam durch die Stadt bis zum großen roten Haus.

Jo, unser zukünftiger Chauffeur und ich treffen uns vor der Abreise in meinem Zimmer. Der Fahrer, eine verschlagene Person, ist mir nicht sympathisch, aber die Zeit drängt. Unglücklicherweise hat Jo ihm alles über den Zweck unserer Reise erzählt und ihm sogar Rauschgiftzigaretten angeboten. Es ist zu spät, mir bleibt nur, ihm zu vertrauen.

Ich werde ihm dreihundert Mark geben, fünfzig bei der Abreise und den Rest bei der Rückkehr, für seine Verpflegung muss er selbst aufkommen.

An einem nebligen Morgen verlassen wir München. Ich sitze hinten. Die Federung ist kaputt, und ich werde auf der ganzen Fahrt heftig durchgeschüttelt. Jo und unser Fahrer mit dem Rattengesicht rauchen, sie haben einen ganzen Vorrat an Marihuana mit, und es ist ein Wunder, dass die Zöllner an den Grenzen nichts merken, trotz der Duftwolke, die dem Auto entsteigt. Schon am ersten Abend gibt das Auto am Rand eines Dorfes den Geist auf, und wir müssen eine Nacht im Hotel schlafen. Wir schieben das verfluchte Vehikel auf einem schlammigen Weg bis zu einer Werkstatt, wo man uns nicht mal versprechen kann, es bis zum nächsten Tag zu reparieren.

Nachdem der Vergaser und einige Teile am Motor ausgetauscht wurden, können wir gegen Mittag endlich weiter. Wir nehmen unsere Mahlzeiten im Auto ein, und wir schlafen auch darin, um Hotelkosten zu sparen, denn jeden Tag gibt es neue Reparaturen, die mich viel Geld kosten. Wegen der Risse im Dach werden wir bei Regen nass, und da das Auto keine Heizung hat, frieren wir erbärmlich. Unser Fahrer hat schlechte Laune. Er fährt wie ein Henker, und wenn wir halten, vergisst er, die Zündung auszuschalten, sodass die Batterie oft den Geist aufgibt und wir sie stundenlang aufladen müssen.

An der spanischen Grenze platzt ein Reifen. Wir verbringen eine Nacht in Barcelona und müssen einen neuen kaufen. Unser Fahrer rast immer verrückter über die Straßen Spaniens, meistens klebe ich wegen der Löcher und Steine an der Decke. Wir fahren fast ununterbrochen, Tag und Nacht. Auf einer dunklen Straße, um Mitternacht, fährt unser Fahrer gegen einen Eselskarren; er hat ihn trotz einer hinten befestigten Lampe nicht gesehen. Das kostet uns den linken Kotflügel. Am nächsten Nachmittag fährt er einen Hund tot, der am Rand eines Grabens an einem Knochen genagt hat, und beinahe hätte er noch einen zweiten überfahren, wenn Jo und ich nicht geschrien hätten, er solle langsamer fahren.

Mit seinem wie geschnitzten Profil und seinem steifen Nacken sieht er aus wie ein waschechter Nazi. Er hat die germanische Brutalität in sich. Man kann nichts zu ihm sagen, er ist gleich beleidigt und wird sofort grob. Zudem spielt er sich wie unser Boss auf. Jo, weich geworden durchs Rauchen, sagt nichts, er ist sich dessen vielleicht nicht einmal bewusst. Ich beiße die Zähne zusammen und schweige ebenfalls. Wir durchqueren Spanien im Höllentempo, vor lauter Staub können wir kaum etwas sehen. Schweigend rasen wir über steinige, verbrannte Straßen, Hunger und Durst quälen uns, aber wir haben keine Zeit, um anzuhalten, und auch fast kein Geld mehr. Tiefe Schlaglöcher werfen uns aus den Sitzen, wir klammern uns mit aller Kraft fest, um nicht dauernd gegen die Wände des Wagens und gegen das Dach zu donnern, das immer mehr zerreißt. Einmal, als wir am Strand übernachtet haben, weckt uns ein Mann von der Guardia Civil, indem er seine Taschenlampe auf uns richtet. Entsetzlich frierend müssen wir um vier Uhr morgens wieder aufbrechen.

Wir können nur noch an eines denken: Marokko und Marihuana. In rasanter Geschwindigkeit rückt die Verwirklichung unserer Pläne näher. Endlich erreichen wir den Hafen von Ceuta. Wir lassen den staubigen Wagen am Kai stehen wie ein Stück Alteisen und schiffen uns auf einem schmierigen Boot ein. Es schaukelt so schrecklich, dass fast alle Passagiere seekrank werden. Ich gehe zu den Toiletten hinunter, doch auf dem Weg dahin steigt mir der Geruch nach Erbrochenem in die Nase und lässt mich würgen. Schnell steige ich wieder hinauf auf die Brücke. Marokko taucht am Horizont auf. Seine gehäuteten Hügel aus gelber Erde, seine Lehmhütten mit den Ziegengehegen, seine kleinen Esel, seine zerlumpten Kinder werden sichtbar im Abendlicht. Im Bus, der uns nach Tétouan bringt, sitzen nur zahnlose alte Frauen, eingemummelt in mehrere Lagen schmutzige Kleider, und geheimnisvoll aussehende Männer im Burnus. In den tiefen Wagenspuren werden wir durchgeschüttelt und aufeinandergeworfen, es stinkt nach Schweiß, und wir ersticken in unseren Sitzen fast vor Staub. Ein Schwarm arabischer Männer und Kinder stürzt sich bei unserer Ankunft auf uns, hält, in allen Sprachen, vor allem aber auf Deutsch und Französisch schreiend, die Hände auf. Jo kennt einen kleinen Araber, der uns aus der Menge lotst.

Wir folgen ihm in ein Café, in dem ausschließlich Männer sitzen und Pfefferminztee aus großen, mit parfümierten Blättern gefüllten Gläsern trinken, und setzen uns an einen Tisch. Ich bin, so scheint es, die einzige Frau der ganzen Stadt und trage noch dazu eine rote Hose, was bedeutet, dass alle sich nach mir umdrehen. Als wir das Café verlassen, folgen uns Männer in gestreiften Burnussen. »Das sind Polizisten«, sagt der Araber, und er beschleunigt seine Schritte. Wir entkommen, indem wir uns in ein kleines Hotel flüchten, das mit blauen und weißen Fliesen dekoriert ist. Wir nehmen ein einziges Zimmer mit drei Betten. Jo und der Araber unterhalten sich leise. Der Araber sagt, wir sollen auf ihn warten, er werde gleich zurückkommen. Nach einer langen Weile kehrt er zurück mit einer großen Tüte voller Marihuana und einer Rolle braunem Teig, eingewickelt in Silberpapier: Haschischpaste.

»Versuchen Sie nur, Madame«, sagt der Araber. »Wenn man eine Ware kauft, muss man sie zuerst probieren. Diese Paste ist beste Qualität, lange gekocht, mit Opium gewürzt. Mein Onkel macht sie. Hier wird sie von einem Bonbonhändler verkauft, aber man muss ihn kennen, wenn man davon etwas haben will: Er versteckt sie in seinem Hinterraum. Samstagabends treffen wir uns mit ein paar Freunden und essen alle davon, hören Musik dabei. Es macht uns glücklich, wir können lachen, das Leben erscheint uns schöner. Ein kleiner Teelöffel genügt.« Der Araber öffnet das Silberpapier. Die geheimnisvolle Paste kommt zum Vorschein, gleicht einer dicken, dunklen Feigenkonfitüre mit helleren Körnern. Er rollt eine Kugel von der Größe einer Kirsche zwischen seinen Fingern und reicht sie mir. Ich schlucke sie zögernd, während der Araber, Jo und der Fahrer mich ansehen.

Plötzlich ist das Zimmer um mich herum verschwunden. Ich befinde mich am Rand eines wunderschönen Tals, auf dem Gipfel eines Berges. Ich werde nach vorn gestoßen, doch bevor ich in den klaffenden Abgrund zu meinen Füßen falle, schreie ich und klammere mich an das, was ich für eine Wurzel halte. Ich öffne die Augen und befinde mich immer noch im Hotelzimmer, an Jos Fuß geklammert. Alle lachen laut auf.

Die anderen haben eine Zigarette mit Marihuana geraucht, auch sie von sehr guter Qualität. Wir werden uns einig. Ich kaufe ihm drei Kilo für achtundzwanzig Mark ab und nehme auch die Rolle Haschischpaste für zehn Dollar. Ich verstecke sie im Futter meiner Tasche, die ich mit einem Taschenmesser aufgeschnitten habe. Jo hat ein wenig Marihuana für sich behalten. Der Fahrer steckt sich eine kleine Menge in Plastik eingewickelt unter seine Bluejeans, ganz dicht an seine Haut.

In der Nacht, während die anderen schlafen, nähe ich einen Teppich aus Marihuana ins Innere meines Schlafsacks, zwischen eine Schicht Plastik und eine schottische Decke. Am Morgen bin ich fertig. Ich rolle ihn zu einem Ballen zusammen, der bei der geringsten Berührung flüstert wie ein Strohsack und dem ein seltsamer Geruch entströmt.

Der Augenblick des Abschieds von Jo ist gekommen. Er wird allein weiterreisen und per Anhalter nach Tanger fahren, wo er den Winter in der Sonne verbringen will.

»Nächstes Jahr treffen wir uns in München wieder«, sagt er, »wenn ich mir bis dahin nicht die Syphilis eingefangen habe.«

Wir wünschen einander viel Glück. Jo bleibt auf seinem Bett liegen, eine kleine Tüte Marihuana neben sich. Kaum ist die Tür zu, drehe ich mich um und beobachte ihn durch einen Spalt, ohne dass er es ahnt. Er macht eine Geste, die ich nie vergessen habe, Hunderte von Malen habe ich daran gedacht, später im Gefängnis und anderswo: Er hebt den Arm, vielleicht zum Zeichen des Abschieds oder aus einem Gefühl der Schicksalhaftigkeit heraus, dann lässt er ihn fallen und dreht den Kopf zur Seite. Diese Geste zeigt, dass er uns schon aufgegeben hat. Im Grunde ist damit alles gesagt. Es wird lange dauern, bis wir uns wiedersehen, und wir werden kein Wort miteinander wechseln können in dem vergitterten Gefängnisbüro vor den Bullen.

Draußen nehmen wir ein Taxi. Wir müssen uns beeilen. Jede Minute zählt. Wir haben das Gefühl, als ob uns eine Stange aus glühendem Eisen in den Eingeweiden bohrt. Die Angst schnürt uns die Kehle zu. Wir sagen kein Wort mehr. Der verdächtige Ballen liegt im Kofferraum des Taxis. Bei der ersten Grenzstation am Meer kontrolliert man unsere Pässe. Niemand öffnet den Kofferraum. Der Fahrer und ich haben keinen Blick gewechselt. Auf meinen Lippen bewahre ich während der ganzen Stempelprozedur ein gezwungenes Lächeln.

Als wir ein wenig weitergefahren sind, will ich, dass wir anhalten. Der Fahrer aus München fügt sich nur widerwillig, aber ich muss einen Moment raus, ich ersticke sonst. Ich laufe am Strand auf und ab, werfe ein paar Kiesel in das blaue Meer, und als ich wieder atmen kann, steige ich ein. Wir fahren weiter. Am Hafen gehen wir in ein schmutziges kleines Café. Auf dem Boden aus gestampfter Erde liegt Unrat, ein heißer Geruch nach Gebackenem steigt uns in die Nase. Wir setzen uns an einen Tisch. »Es ist scheußlich hier«, sagt der Fahrer.

Ich dagegen fühle mich gerade wohl und zufrieden. Man serviert uns ein Fleischgericht, das vor Öl trieft. Während ich esse, fühle ich auf meinen Füßen eine seltsame Liebkosung, ein Büschel feuchtes Haar, das mich anknabbert. Ich beuge mich hinunter: Es ist eine kleine Katze, schwächlich und mit kahlen Stellen im Fell. Diese erbärmliche afrikanische Katze mit den blauen Augen will ich haben. In meinen Armen schnurrt sie bereits. Der Fahrer ist wütend. Er ist nicht einverstanden, dass ich sie mitnehme. Wir streiten uns, doch dann lenkt er ein: »Dann nimm sie. Die Zöllner werden nur die Katze sehen und nichts sonst. Mit einem Tier im Auto wirken wir weniger verdächtig.«

Es ist eine kleine arabische Wildkatze mit rotem Fell und langen Beinen. Ich gebe ihr einen Namen: Fatima. Niemals mehr werde ich einer Katze diesen Namen geben. Katze, in dir hat der Teufel gesteckt! Sie lebt jetzt in Frieden, auf Seidenkissen, im Salon einer Zigeunerbaronin. Nachdem sie mich an die Bullen verraten hat. *Inschallah!*

Wir finden unser Auto wieder, das in der Sonne kocht. Der Fahrer startet den Motor, wir ersticken beinahe in diesem Backofen. Ich habe die Drogenballen ausgerollt und sitze jetzt darauf. Während der ganzen Strecke tanze ich auf diesem duftenden und knirschenden Lager. So passieren wir sämtliche Grenzen. Die Katze fühlt sich schon wie zu Hause und schläft stundenlang auf meinen Knien.

Unsere Rückreise beginnt. Der Fahrer dreht voll auf. Wir reden nicht mehr miteinander, außer um zu sagen: »Gib mir das Wasser, Brot«, wenn Hunger und Durst uns quälen. Wir haben nur noch Geld für Benzin. Der Fahrer fängt an, mir auf die Pelle zu rücken. Er geht immer brutaler mit dem Auto um, und ich bleibe wohlweislich hinten sitzen. Auf einer ansteigenden Straße bleibt der Wagen einfach stehen. Der Novemberwind weht durch alle Löcher im Dach, es ist kein einziges Haus in Sicht, nur Hügel, bedeckt mit magerem Gestrüpp. Wir müssen aussteigen und schieben. Beim Runterfahren setzen wir uns wieder rein. So geht es immer weiter, von Hügel zu Hügel, kilometerlang. Ich bin am Ende meiner Kräfte. Dem Chauffeur darf man nicht zu nahe kommen. Dann tritt er heftig gegen die Stoßstange und flucht: *»Scheiße! Hure! Sau! Verdammte Mistkarre!«*

Ich überlege, ob ich den Wagen zurücklassen, in den nächsten Graben stoßen, meine Rolle Marihuana unter den einen Arm nehmen, meine Katze in den anderen und per Anhalter weiterfahren soll. Aber wir sind völlig allein, kein einziges Auto fährt vorbei. Gezwungenermaßen müssen wir noch bis zum nächsten Dorf schieben. Dort opfert der Fahrer ein paar Mark von seinen persönlichen Ersparnissen und lässt noch einmal die Batterie aufladen. Fatima, unsere afrikanische Katze, ist die Einzige, der das alles nichts ausmacht. Sie schnurrt und steigt auf die Sitze, macht sich auf Entdeckungstour. Sie inspiziert die Beine des Fahrers, der sich erweichen lässt. Plötzlich höre ich ihn schreien: »Großer Gott! Scheißvieh!« Ein riesiger feuchter Fleck breitet sich auf seiner Hose aus. Rasend vor Wut öffnet er das Fenster und packt die Katze am Genick, um sie auf die Straße zu werfen.

»Nicht! Wenn du das tust, springe ich raus! Ich lasse dich hier allein!« Ich bin es immerhin, die das Sagen hat, solange er sein Geld noch nicht bekommen hat. Er beißt die Zähne zusammen und sagt kein Wort mehr. Es wird Nacht. Die Scheinwerfer funktionieren nicht mehr. Wir können es uns nicht erlauben, anzuhalten, jede Minute ist kostbar. Wir durchqueren ganz Spanien in der Dunkelheit, im Windschatten von Lastwagen, die mit zwanzig Stundenkilometern dahintuckeln.

In der schneidenden Kälte des frühen Morgens finden wir ein wenig Schlaf, zusammengekauert liegen wir unter unseren Decken auf einem Weg hinter einer Hecke. Wir spüren keinen Hunger mehr und keine Kälte. An den Grenzen sind wir dermaßen apathisch, dass wir nicht mehr die Kraft haben, Angst zu empfinden. Wir schaffen es gerade noch, die Zollbeamten nicht anzuschreien.

In Frankreich, in einer Autoschlange auf einer Dorfstraße, fährt uns ein Lastwagen hinten aufs Auto. Bei dem heftigen Aufprall stoße ich mit dem Kopf gegen das Dach und falle auf Fatima, die spitze Protestschreie von sich gibt. Ich höre, wie Metall sich verbiegt, und bin überzeugt, dass unser letztes Stündchen geschlagen hat. Ausnahmsweise trifft unseren Fahrer keine Schuld. Weil er plötzlich bremsen musste, um ein vor uns fahrendes Auto links abbiegen zu lassen, konnte er nicht schnell genug wieder anfahren, und der Koloss hinter uns hatte nicht gebremst und uns wie eine Flunder zur Hälfte geplättet.

Alle schreien einander auf offener Straße an. Polizeisirenen heulen in der Ferne. Wir müssen an Ort und Stelle ausharren. Im verstümmelten Auto sitze ich und bete ganz leise, dass bloß kein Bulle es genauer in Augenschein nehmen möge. Die Katze ist eingeschlafen. Schließlich ist alles geregelt, und wir können, wenn auch mühsam, unseren Weg fortsetzen. Ich klammere mich noch immer fest an meine mit Drogen gefüllte Matratze, die unversehrt ist. Wir fahren weiter, es gibt weder Tag noch Nacht, wir fahren wie Schlafwandler, durch den Winter, den Schnee, die Dunkelheit.

In meiner alten Heimat halten wir nachts an, damit ich in einer Bar etwas Geld auftreiben und damit das Benzin für die letzte Etappe bezahlen kann. Der Fahrer nutzt die Gelegenheit, seine Schwester zu besuchen und bei ihr zu übernachten. Ich gehe zu meiner alten Wohnung und zu dem Boxer, der mich auf dem Boden schlafen lässt, eingewickelt in meinen Drogenschlafsack.

Schließlich passieren wir die allerletzte Grenze, die fünfte. Die Polizei selbst hilft uns dabei. Weil wir keine Scheinwerfer und nicht einmal mehr Rücklicht haben, sind sie so nett und begleiten uns zu einer Werkstatt. Man bringt uns mehr schlecht als recht eine Funzel an, die uns immerhin ein wenig Sicht verleiht. Die Polizisten wünschen uns viel Glück und lassen uns weiterfahren.

Eine letzte verrückte Etappe. Elf Uhr abends: München. Wir lassen das Autowrack am Bürgersteig stehen. Ich steige die Treppe hoch, halte das schwere Bündel und die Katze. In meinem Zimmer habe ich in einem Umschlag noch ein paar Hundertmarkscheine. Ich gehe wieder runter, gebe dem völlig durchgefrorenen Fahrer das, was ihm zusteht. Er besitzt noch die Unverschämtheit, mich um ein Lager für die Nacht zu bitten. Außerdem will er fünfzig Mark mehr. Ich bleibe unerbittlich. Schließlich habe ich ihn die ganze Fahrt über mit Essen und Trinken versorgt, und sei es nur Wasser und trockenes Brot, ich schulde ihm nichts. Er hingegen hat sich kaum um uns gekümmert, hat noch dazu mein armes Auto demoliert. Er soll sich zum Teufel scheren! Doch genau diese fünfzig Mark mehr, die er mit säuerlicher Miene von mir verlangt, sind später mein Untergang.

An jenem Abend will ich ihn nicht mehr sehen, ihn und sein Rattengesicht, ich jage ihn fort. Soll er doch an der Straße erfrieren, mir egal!

In meinem Bett werde ich in jener Nacht nur meine kleine Katze haben, bei ihrem Anblick wird mir warm ums Herz. Big Mamma Shakespeare liebt dieses kleine Tier wie eine Amme. Sie gibt ihm Milch, dazu ein Schweinsfüßchen auf einem Teller. Sie läuft ihm ständig hinterher und flötet mit sanfter Stimme: *»Fatima, ja du kleine Fatima, du süßes Kätzelein!«*

Als sie am nächsten Tag vom Lebensmittelladen zurückkommt, ist sie ganz erschüttert. Sie hat den Rest meines im Schnee geparkten Autos entdeckt. Ganz außer Atem klopft sie an meine Tür: *»Mein Gott! Das ist ja* *furchtbar, was mit deinem Auto passiert ist!* Du könntest tot sein!«

In der folgenden Nacht verbringe ich Stunden damit, in einer kleinen elektrischen Kaffeemühle die Drogen zu mahlen, Stängel, Blätter, Körner, alles. Das Schnurren der Mühle macht mir Sorgen, ich fürchte, dass man es auf der anderen Seite der Tür hören kann. Hoffentlich wird die sonst so neugierige Big Mamma Shakespeare nicht misstrauisch bei dem ungewöhnlichen Geräusch.

Zum Glück wird es vom üblichen nächtlichen Lärm überdeckt; erst am Morgen hört das Geschrei der Soldaten und der Mädchen auf. Die frisch gemahlenen Drogen verpesten das Zimmer mit einem kräftig duftenden Staub. Allein durch das Einatmen bin ich schon betäubt, und ich muss eine Flasche Parfüm gegen Wände und Tür versprühen. Mit der Menge Marihuana könnte man ein ganzes Geschäft betreiben: Ich werde Tage, Wochen brauchen, um sorgfältig Zigaretten daraus zu drehen, sie in Streichholzschachteln zu füllen und im Schrank zu verstauen. Und ich werde weitere Beatniks für den Verkauf in Schwabing engagieren müssen.

Für den Großverkauf habe ich eine Briefwaage angeschafft und mir genügend mit Watte gefüllte Plastiksäckchen besorgt. Mit der Watte weiß ich nichts anzufangen, auch nicht mit den Streichhölzern, die ich aus den Schachteln nehme.

Die Freuden des Fleisches werden nun nach und nach ersetzt werden durch die funkelnde Alchimie von Rodwells Sticks!

Eine Nacht ist ganz dem Haschisch geweiht. Das Fest

dauert bis zum Morgen, und Rodwell hält mich die ganze Zeit über in den Armen. An einem Punkt glaube ich, verrückt zu werden, und flehe Rodwell an, einen Arzt zu rufen. Weil er nicht weiß, was er tun soll, holt er Big Mamma Shakespeare. Sie kommt in mein Zimmer, beugt sich über mich, erfasst alles mit einem Blick: meine Blässe, meinen zitternden, schweißbedeckten Körper, meine wahnsinnigen Augen. Trotz meiner Qualen wird mir klar, dass ich eine riesige Dummheit begangen habe. Ich sehe es an ihrem wutverzerrten Gesicht. Mir fällt nichts Besseres ein, als sie anzuflunkern: »Entschuldige, Helen, ich habe zu viel getrunken.«

Mit schneidender Stimme gibt sie zurück: »Du, zu viel getrunken? Aber du trinkst doch nie Alkohol! Komm, erzähl mir keine Märchen! Verkauf mich nicht für dumm! Das wird böse ausgehen! Sehr böse. Du wirst schon sehen!«

Die Haschischpaste verkaufe ich löffelchenweise an Schwarze. Ich habe die Paste in einem Nescafé-Glas im Schrank versteckt. Ein Schwarzer, der davon gegessen hat, bevor er mit Freunden im Kino einen Western ansehen wollte, war begeistert. Er habe sich selbst auf der Leinwand gesehen, wie er mit einem Pferd galoppierte, berichtet er, und seine Freunde mussten ihn mit aller Gewalt zurückhalten, sonst wäre er von der Galerie gesprungen. Da haben wir ihm noch eine Gratisportion gegeben.

Bei Rodwell hingegen zeigt die Paste keine Wirkung. Dennoch isst er davon, in derselben Nacht wie ich, und auch dieselbe Menge. »Das ist nicht mein Fall«, sagt er.

»Mir ist ein guter, fester Stick lieber.« Er hat einen ganzen Vorrat davon, im Gürtel seiner Hose und im Innenfutter, aufgereiht wie winzige Torpedos.

Ich sorge dafür, dass unsere Tür immer verschlossen ist, und besprühe sorgfältig den Türrahmen und die Zimmerecken, denn der Duft des Marihuanas ist verräterisch, scharf und süß. Er bleibt lange im Zimmer hängen. Rodwell wird ihn gar nicht mehr los. Er sagt mir, um festzustellen, ob jemand geraucht hat, brauche man nur an seiner Ohrmuschel zu schnüffeln. Das scheinen die Bullen so zu machen.

Wir sind ständig auf der Hut, Tag und Nacht.

»Wenn du willst«, sagt Rodwell eines Nachmittags, »werde ich uns einen Kompagnon besorgen, einen Schwarzen aus meiner Kaserne. Ich bin dabei, ihn zu testen. Mal sehen, was er taugt. Wenn er diskret ist, können wir den Stoff zusammen verkaufen und den Gewinn teilen. Wie findest du das?«

Ich bin einverstanden. Kann ja nicht ahnen, dass dieser Brown das Instrument unseres Untergangs wird. Manche Typen sind dazu prädestiniert. Es ist wohl Schicksal.

Auch über unseren Fahrer höre ich von allen Seiten Geschichten. Dieser widerliche Kerl, diese Kellerassel! Typen, die ich noch nie gesehen habe, halten mich auf der Straße in Schwabing an und fragen: »Also, die Reise nach Marokko? Und das Auto? Haben Sie noch was von der Ware?«

Jedes Mal tue ich so, als wüsste ich nicht, wovon sie reden. Aber meine Wut steigt. Dieser Dummkopf hat das ganze Viertel informiert! Außerdem macht er uns Konkurrenz, nimmt uns die Käufer weg, in einer Bar treibt er sich abends herum und verkauft die Ware zum halben Preis. Einmal entdecke ich ihn, wie er auf einem Barhocker sitzt wie ein Papagei auf der Stange, noch magerer als zuvor, und sich wichtigmacht. Ich tue, als würde ich ihn nicht erkennen.

Ein schwarzer Sergeant, der mit einem Mädchen auf der Etage unter mir verlobt ist, kommt mich regelmäßig heimlich besuchen. Big Mamma Shakespeare, die Bescheid weiß, lässt ihn in den Gang, ohne dass es jemand sieht, und klopft selbst an meine Tür. Ich berechne ihm nie weniger als zehn Dollar. Er gesteht mir, dass er wegen der *french love* zu mir kommt: Seine Verlobte, eine kleine Deutsche mit Talent fürs Haushalten, schafft es einfach nicht, seinen Schwanz korrekt zu lutschen. Er mag es, wenn man ihn delikat behandelt und die Sache lange dauert. *»More, more«*, sagt er und seufzt wolllüstig.

Voll Bedauern nimmt er die Dollarscheine aus seinem Portemonnaie, denn er ist ein bisschen knauserig. Er sagt, es sei zu teuer. Aber er kann es nicht lassen, tigert ganz nervös durch den Flur, weil seine Verlobte eifersüchtig ist. Eines Tages begehe ich den Fehler, ihm von der Reise nach Marokko zu erzählen, und frage ihn, ob er einen Stick probieren möchte.

»Nein«, sagt er, »das interessiert mich überhaupt nicht. Außerdem ist es sehr gefährlich, und Sie dürften sich damit eigentlich gar nicht abgeben.«

Er hat mich kalt erwischt. Doch er zieht sich an, als ob nichts geschehen wäre, und dankt mir noch zum Abschied: *»It was very good, very good.«*

Am nächsten Tag weiß das ganze Haus, dass ich Marihuana verkaufe. Der Boden wird heiß, verbrennt mir die Füße! Gigi, die auf derselben Etage wohnt, kauft mir ein paar Schachteln ab. Davor hat sie nie ein Wort mit mir geredet. Jetzt kommt sie jeden dritten oder vierten Tag im Morgenmantel an, klopft zweimal diskret an die Tür. Wenn ich aufmache, sagt sie: »*Zwei*. Oder lieber: *drei*.« Die Schachteln verschwinden in ihrer Tasche. Sie hält mir das Geld hin, fünf Dollar pro Schachtel, und kehrt in ihr Zimmer zurück, den Blick wie in einer Art Nebel verborgen. Sie ist ein schönes Mädchen, noch jung, mit schwarzen Haaren.

Ein kleiner schwarzer Soldat, der verliebt ist in ein Mädchen vom vierten Stock, fragt mich mit unstetem Blick und rauer Stimme, ob ich ihm »Schnee« besorgen könne: So nennt man hier Heroin. Ich habe es noch nie gesehen. Ich weiß, dass es eine sehr gefährliche Droge ist, und reagiere entrüstet. Er hat mein Zimmer noch nicht verlassen, als seine Verlobte, der man verraten hat, dass ihr Freund bei mir ist, mit einer Schere in der Hand in den Flur stürzt, um mir die Kehle durchzuschneiden. Big Mamma Shakespeare fängt sie ab: »*Wo gehst du hin? Was willst du?*«

Sie hindert sie daran, in mein Zimmer zu kommen. Wir klären die Sache auf, die Kleine weint und entschuldigt sich: »Verzeih mir, jetzt weiß ich, warum er zu dir gegangen ist.«

Ich sage schnell: »Du spinnst. Ich weiß nicht, wovon du redest.« Ich muss sehr aufpassen. Der Vulkan kann jeden Tag ausbrechen.

Kurz danach verbringt ein Schwarzer, den ich im Birdland getroffen habe, die Nacht bei mir. Er ist ziemlich großzügig, verhält sich allerdings merkwürdig, stellt mir eine Menge Fragen: »Rauchen Sie amerikanische Zigaretten? Haben Sie welche in Ihrem Schrank versteckt? Treiben Sie Schwarzhandel mit Angehörigen der amerikanischen Armee?«

Er ist klein und trägt eine Goldrandbrille. In dieser Nacht ziehe ich, um ganz sicher zu sein, den Schrankschlüssel ab. Ich sage ihm, ich würde nicht rauchen. Mit einem breiten Lächeln gesteht er mir, dass er von der Polizei ist und zeigt mir seinen Ausweis. Ich bleibe ganz ruhig, bin so nett zu ihm wie zu den anderen, damit er keinen Verdacht schöpft.

Nachdem er weg ist, taucht Big Mamma Shakespeare an meiner Tür auf, sie schäumt. Sie kommt herein, zieht leise die Tür hinter sich zu und warnt mit halblauter Stimme: »Bist du verrückt geworden? Hast du jetzt völlig den Verstand verloren?«

»Nein, warum?«

»Wie kannst du nur einen Polizisten mit aufs Zimmer nehmen?«

»Aber er ist doch ein Mann wie jeder andere, er war sehr nett.«

»Also, seit ich weiß, dass du Zigaretten verkaufst … Mein Leben ist die Hölle, ich bin mit den Nerven völlig am Ende. Ich flehe dich an, hör auf damit! Pass besser auf, lass nicht jeden hier herein.«

Ich zucke mit den Schultern. Sie geht wieder, ist beleidigt. Ich habe keine Angst, zumindest noch nicht. Selbst in jener Nacht nicht, als ich neben Rodwell liege und es sechsmal an der Tür im Treppenhaus klingelt. Ausnahmsweise beschließe ich an jenem Abend, nicht zu öffnen. Es klingelt weiter, ich rühre mich nicht. Dann gibt es ein großes Durcheinander, es wird an alle Türen geklopft, schwere Schritte sind im Flur zu hören. Das Geräusch von Schlüsseln, laute deutsche Stimmen, Männerstimmen. Jemand versucht, unsere Tür aufzumachen, schafft es aber nicht.

Als ich später zur Toilette gehe, erfahre ich, dass sechs Polizisten die Zimmer durchsucht und alle Frauen verhört haben. Sie haben nach ihren Papieren gefragt und wollten wissen, wovon sie leben. Sie suchten nach Mélittas Mann, der kurz zuvor aus der Strafanstalt geflohen war und von dem sie glaubten, dass er sich bei seiner Frau versteckte, doch da war er nicht, sie haben nichts gefunden. Plötzlich wird mir klar, welches Glück ich gehabt habe, mit Rodwell im Bett geblieben zu sein. Die Polizisten glaubten, in dem Zimmer sei niemand. Wieder einmal bin ich gerade noch mal davongekommen.

Ich erhalte einen Brief aus Amerika. Ein länglicher Umschlag, Luftpostpapier. Links oben steht der Name Roy Blane Miller, Chicago. Der kleine schwarze Liebling hat mich also doch nicht vergessen. Ich lese den Brief in Rodwells Anwesenheit, breche in Tränen aus. »Was hast du denn? Schlechte Nachrichten?«

Nein, er kann es nicht verstehen. Er weiß nicht, dass ich mich im Keller einer Kaserne mit einem schwarzen Indianer verlobt habe und dass ich ihn verraten habe, als ich nicht länger warten konnte. Sein Brief kommt zu spät, jetzt liebe ich Rodwell, und dennoch weine ich bittere Tränen des Bedauerns.

Da drüben in Chicago schläft er ganz alleine in einem Verschlag. Verfolgt, hungrig, hofft er noch immer auf ein Wiedersehen. Er schlägt sich in dem riesigen Amerika durch und bekommt nichts geschenkt. Ohne Arbeit, ohne Geld irrt er durch die ewige Nacht der Schwarzen. Er wird mir noch weitere heiße Briefe, sogar Gedichte schreiben. Wird in Schlägereien geraten, denn er gehört zu denen, die das Leben mit Gewalt herausfordern. Seine Schreie erreichen mich in Form seiner Gedichte. Sie sind verzweifelt.

Ich habe einmal einen jungen Deutschen bei mir gehabt, den niemand sonst bedienen wollte. Ein ausgemergelter Mann, nervös, die Augen vom Alkohol gerötet. Seine Bewegungen waren abgehackt, und er redete kaum. Er trug einen fleckigen Gabardinemantel. Wir handelten an der Türschwelle den Preis aus. Hinter seinem Rücken gab mir Big Mamma Shakespeare zu verstehen: »Nimm ihn nicht, er ist betrunken! Er ist ein gefährlicher Typ!«

Ich tat, als würde ich nicht verstehen. Der junge Mann versprach mir hundertfünfzig Mark, wenn ich nett zu ihm wäre. Es war Monatsende, und für mich war das eine ganze Stange Geld. Ich ließ ihn herein. Schloss die Tür ab, wie gewöhnlich. Er gab mir hundert Mark Vorschuss, die ich in mein Versteck unter das Schrankpapier schob. Bevor er sich auszog, glitt seine Hand tief in eine Innentasche seines Mantels und holte ein langes Messer mit funkelnder Klinge hervor, das er auf meinen Tisch legte. Dann zog er seine Kleider aus und faltete sie auf meinem

Stuhl zusammen. Er zeigte auf das Messer: »In meiner Tasche stört es mich, deshalb lege ich es hierhin. Ich bin immer bewaffnet. Man kann nicht vorsichtig genug sein.«

Ich lächelte, was hätte ich auch anderes tun sollen. Das große Messer auf dem Tisch nötigte mir Respekt ab. Wir brachten alles fast ohne ein Geräusch hinter uns. Ich wusch ihn in meiner Waschschüssel, trocknete ihn ab, er legte sich auf mein Bett. Alles ging ohne unnütze Worte vonstatten. Schließlich sagte er sehr zufrieden: »Hier, weil Sie so nett waren, noch die fünfzig Mark. Ich halte meine Versprechen, wenn ich mit Respekt behandelt werde. Nur wenn man sich über mich lustig macht, werde ich ungehalten.«

Ich habe ihn noch einmal ganz ruhig gestreichelt, da er aber zu viel getrunken hatte, war es schwierig. Er selbst sah es am Ende ein. »Hören Sie, es macht nichts. Sie haben sich viel Mühe gegeben. Schade, dass es dann beim zweiten Mal nicht klappt. Ich danke Ihnen dennoch, aber ich werde jetzt abhauen, ich bin müde.« Er zog sich an, steckte das Messer wieder in seine Tasche und sagte: »Wohin ich auch gehe, mein Messer ist immer dabei. Nur dann läuft alles so, wie ich es will!«

Ich bin wieder krank. Die Syphilis ist zwar vollständig abgeklungen, doch jetzt, wo ich vom Penicillin nicht mehr geschützt bin, haben sich neue Erreger bei mir eingenistet: Ich habe einen Tripper. Ein heimtückisches Brennen war das erste Symptom. Rodwell macht mir heftige Vorwürfe, droht, mich zu verlassen: »Das ist mir noch nie im Leben passiert!«

Ich antworte: »Nun, jetzt weißt du wenigstens, wie es ist! Jetzt bist du um eine Erfahrung reicher!«

Er grinst und schluckt die Pillen, die man ihm bei der Armee gegeben hat. Ich hingegen bin zu einem deutschen Arzt gegangen, der die blau eingefärbten Biester zwischen zwei Glasscheiben unter dem Mikroskop gesehen hat. Er hat mir im Abstand von zwei Tagen zwei Streptomyzin-Spritzen gegeben, und für dieses Mal bin ich sie los. Und dabei wasche ich mich jeden Tag in einer Schüssel mit violettem Enzianpuder. Eine Gewohnheit aus Bills Zeiten. Anscheinend nur eine rein sentimentale Angewohnheit, denn es hat niemals eine Krankheit verhindert.

Im Café Birdland verkaufe ich jeden Abend heimlich Streichholzschachteln voller Marihuana. Man muss schlau sein wie ein Fuchs. Schwarze und weiße Polizisten liegen auf der Lauer. Wenn ich mich beim Tanzen an die Schwarzen schmiege, wechsle ich halblaut geflüsterte Sätze mit ihnen: »Wie viel willst du?«

»Wie viel kostest es?«

»Fünf Dollar die Schachtel.«

»Gib mir vier.«

»Okay. Warte auf mich vor den Toiletten, um die Ecke.«

Ich gehe für einen Moment zurück an meinen Tisch. Dann stehe ich auf, lasse mich durch die wogende Menge schwarzer Soldaten und deutscher Frauen gleiten und finde den Schwarzen im Schatten gegen die stinkende Wand gelehnt, die den Saal von den Toiletten trennt. Die Schachteln sind vorbereitet, eingewickelt in blaues Papier. Der Schwarze hält mir Dollars hin und lässt die Schachteln in die Innentaschen seiner Jacke gleiten. Er wird die ganze Nacht auf der Toilette verbringen, Zigaretten rollen und sie dann zum doppelten Preis verkaufen. Ein großes Risiko, denn auch Bullen müssen mal pinkeln.

Direkt unter ihrer Nase verkaufe ich die Schachteln überall, in der Telefonzelle, am helllichten Tag. Einige Male hat Sonja mir geholfen. In ihrer berühmten Zigeunertasche aus schwarzem Stoff hat sie einen ganzen Vorrat Schachteln versteckt, die sie vorsichtig herausholte und aus einem dunklen Flureingang heraus anbot, während ich auf dem Bürgersteig Wache stand. Wir handelten auch außerhalb des Cafés, hinter dem Holzzaun eines brachliegenden Geländes; wir bückten uns und taten so, als würden wir pinkeln, und in der Hocke tauschten wir dann Ware gegen Geld.

Manchmal treffe ich mich abends beim Bahnhof mit einem schwarzen Musiker, der in einem brasilianischen Orchester spielt. Ich warte bis zur Pause, bis sich die Männer zu mir setzen und Tee trinken. Von diesem Moment an spielt sich alles unter dem Tisch und zwischen unseren Knien ab; mit einer Hand bekomme ich das Geld, während ich mit der anderen die Schachteln übergebe. Unsere Mienen bleiben völlig unschuldig, wir trinken und lachen weiter, reden miteinander, schauen uns aber kaum an, den Mund etwas verzogen. Dann stehen die Männer auf und kehren zu ihren Instrumenten zurück. Einen kurzen Moment später stehe ich auch auf, und wenn ich an ihnen vorübergehe, im Lärm und

Rauch, zwinkere ich ihnen zu, und sie antworten mir lächelnd, während sie weiterspielen. Ich gehe auf die Straße und zähle die Scheine. Niemals haben sie mich betrogen.

Der schwarze Brasilianer sagt mir, dass Marihuana ihm bei seiner Musik helfe. Ohne die Droge könnte er es nicht ertragen, in Deutschland zu bleiben und in Bars schlechte Musik zu spielen. Aber die Zigaretten wärmen ihm die Seele, sie machen ihn fröhlich, seine Gitarre springt ihm davon, und die Akkorde explodieren ihm zwischen den Fingern wie Raketen. Niemand hat je etwas bemerkt, weder der Chef, der auf der anderen Seite der Theke beschäftigt war, noch die eilig hin und her rennenden Kellnerinnen.

Ich kenne auch einen deutschen Musiker, er lebt mit seiner blonden Frau, einem Kind und einer Katze in einem großen Haus in Schwabing. Eines Tages gehe ich in Begleitung meines Beatnik-Verkäufers zu ihm, er ist klein, verlaust, aber freundlich. Vor der Marokko-Reise hat er mit Jo in einem schmutzigen Zimmer im Keller zusammengelebt. Der deutsche Musiker leidet unter Verfolgungswahn. Als der Beatnik an seine Tür klopft (die Klingel ist außer Betrieb), öffnet er uns mit wirrem Blick, an den Füßen Pantoffeln. Er beugt sich nach vorn, schaut ins Treppenhaus, ob uns jemand gefolgt ist. Schweigend bedeutet er uns hereinzukommen, den Finger an den Mund gelegt. Wir gehen in ein mit Büchern übersätes Zimmer, dessen Fensterläden geschlossen sind. Auf dem Boden im Flur habe ich ein Katzenklo und ein Kinderdreirad gesehen. Seine Frau kommt hinzu, auch sie still, ihre blauen Augen flattern vor Furcht, auf ihrem geschminkten Mund liegt ein erstarrtes, dünnes Lächeln. Die Wohnung ist dunkel, auch wir fühlen uns hier unwohl. Ohne ein Wort gesprochen zu haben, breitet der Musiker Packpapier auf dem Tisch aus und schüttet die Droge darauf, die ich ihm in einer Plastiktüte gereicht habe. Er schnuppert daran, knetet sie mit den Fingerspitzen. Er gibt etwas davon in eine Pfeife und zündet sie an, zieht den Rauch in tiefen Zügen ein und reicht sie an uns weiter. »Der Stoff ist sehr gut«, sagt er.

Er holt eine Briefwaage, wiegt das Marihuana, kauft ein paar Hundert Gramm und verspricht, noch mehr abzunehmen, sobald sein Vorrat verbraucht ist. »Ohne kann ich nicht arbeiten«, sagt er und steckt seine Pfeife in die Tasche; er wirkt jetzt ein kleines bisschen entspannter.

Alles an ihm erscheint weich, vage, wie abwesend. Seine Gesichtszüge haben ihre Konturen verloren, seine Gesten sind langsam, sie schweben. Er begleitet uns zur Tür, immer mit diesem misstrauischen Zögern, er schaut verstohlen überallhin, ob sich nicht irgendwo ein Bulle versteckt hält. Schließlich schiebt er uns nach draußen und schließt ganz schnell die Tür; man hört, wie er den Riegel vorschiebt und mehrfach den Schlüssel umdreht.

Am Bürgersteig, in der Nähe des großen roten Hauses, steht immer noch das Skelett meines Autos. In diesen letzten Novembernächten hat der Rost ihm den Rest gegeben.

»Es ist eine Schande!«, sagt Big Mamma Shakespeare. »Vor unserem Haus, dieses Wrack! Die ganze Straße wird hässlich davon. Wie sehen wir denn aus, wir anderen, wenn die Kunden uns fragen, was das ist? Wir trauen uns ja gar nicht zu gestehen, dass dieses Auto jemandem von uns gehört! Wenn man bedenkt, was für schöne Autos die anderen Frauen alle haben! An deiner Stelle würde ich es verschrotten lassen.«

Ja, mein armes Vehikel ist eine Beleidigung für all die Mercedesse, Triumphs, die riesigen Chevrolets mit Chrom, die am Bürgersteig aufgereiht sind, allesamt Früchte der mühseligen Arbeit dieser Damen. Es ist eine Karikatur! Neben ihm sind selbst die überquellenden Abfallbehälter von ehrwürdiger Nützlichkeit!

Eines Morgens kommt Tata mit einem Zigeunerkameraden. Sie binden das Wrack mit einem Seil an Tatas kurzatmiges Auto, das man im Winter erst jeden Morgen wecken muss, indem man heißes Wasser auf seine Motorhaube schüttet. Die beiden Zigeuner bringen es zu einer Werkstatt und lassen es schriftlich für schrottreif erklären. Ein Jahr später wird mir dank eines raffinierten Anwalts eine Versicherung tausend Mark für das Ding ausbezahlen, mehr als es mich beim Kauf gekostet hat.

Unten vor der Tür habe ich den alten Juden, den Hauseigentümer getroffen. Er mustert mich mit stählernem Blick, und seine Begrüßung ist schneidend: »Haben Sie schon Ihre Miete bezahlt, mein Fräulein?«

Big Mamma Shakespeare sagt, er sei ein alter Irrer. Er besitzt in München mehrere Häuser und ist so reich, dass er nicht weiß, was er mit seinem Geld anfangen soll, doch nimmt er vor lauter Geiz die Straßenbahn, um sich ein Auto zu sparen! Und hat es dennoch geschafft, sich eine

Freundin zuzulegen, eine kleine Achtzehnjährige, die so dumm ist, ihm treu zu sein. Ich hoffe, dass sie sein ganzes Geld verprasst.

Eines Sonntags holt mich Tata zu einem Zigeunerbegräbnis ab. An jenem Morgen friert es, alles ist traurig und grau, und dennoch bleibt mir dieser Tag als eine Orgie aus Farben, Blumen und Musik in Erinnerung. Eine Menge Zigeuner in Schwarz, schweigsam und andächtig, drängen sich in der Leichenhalle. Tata, Sonja und ihre ältesten Töchter halten Blumensträuße in der Hand. Beerdigt wird ein Großvater von achtzig Jahren.

Die stumme Menge defiliert vor den hinter einer Glaswand aufgereihten Särgen. Jeder Tote liegt zwischen seinen Blumen in einem mit Stoff ausgeschlagenen Sarg, der Kopf ruht auf einem Kissen. Es ist das erste Mal, dass ich Tote sehe. Dort liegt sogar ein kleines Mädchen, in einem winzigen Sarg. Alle sind in Weiß gekleidet, unbeweglich, friedlich. Es ist nicht der Tod, der fasziniert, sondern diese beunruhigende Parodie des Schlafs. Es scheint, als würden uns ihre Gesichter vom Grund der Särge aus verhöhnen, uns vielleicht rufen mit triumphierender Stimme. Schon sind wir besiegt durch ihre Ewigkeit. Welche Verachtung liegt in ihrem Schweigen!

Vor dem offenen Grab bricht eine alte Frau zusammen und stößt Schreie aus. Die Witwe. Ihr schrilles Schluchzen bedeutet, dass sie am liebsten mit ihrem Mann hätte sterben wollen, dass sie ihm vorwirft, vor ihr gegangen zu sein. Er hört sie nicht mehr. Leute stützen sie, reißen sie fort. Dann gibt es noch eine letzte Zeremonie in einer Art Kirche. Feierlicher Gesang erklingt, eine Liturgie, von Lautsprechern übertragen, brandet über uns hinweg und trifft uns bis ins Mark. Die Anwesenden sind erschüttert, die Tränen rinnen, mir wird schwindelig bei dieser quälenden Art von Musik. Wenn man wenigstens eine Orgel, einen Chor sehen würde! Aber dieser Lärm scheint den marmorverkleideten Mauern selbst zu entsteigen. Das ganze Gewölbe bricht in Wehklagen aus!

Endlich versammeln wir uns unter der bleichen Novembersonne vor der Friedhofsmauer. Gott sei Dank gehen wir jetzt alle in eine Kneipe. Wir sitzen an großen Tischen, an denen es laut, fast zu fröhlich zugeht, und werden langsam wieder warm. Es tut gut. Wir essen, lachen und scherzen. Niemand spricht mehr von dem Toten. Man könnte sogar meinen, wir würden ein freudiges Ereignis feiern, wir essen, trinken, singen, rülpsen, grölen herum. Lautes Lachen dringt durch den Raum, vermischt sich mit den Klängen deutscher Walzer aus der Musikbox. Und so endet die Begräbniszeremonie in einem deftigen Saufgelage.

Meine Kleinen leben noch immer im Heim bei den Nonnen. Im Einvernehmen mit dem *Jugendamt* (noch so eine Sauerei der Behörden, die sie sich ausgedacht haben, um Kinder ihren Müttern zu entreißen) hat die Mutter Oberin eine neue Anweisung erlassen: Die Mütter haben ab jetzt kein Recht mehr, ihre Kinder über die Ferien oder übers Wochenende abzuholen, ja nicht einmal mehr für einen Spaziergang. Wenn ich mit meinen Kindern in die Stadt gehen will, um sie neu einzukleiden, teilt man uns eine Wärterin in Nonnentracht zu, die uns auf Schritt und Tritt folgt. Aber damit nicht genug: Sie gibt uns auch noch Ratschläge, und wir müssen ihr gehorchen. Ich darf den Kindern nur Mäntel oder Schuhe kaufen, die sie als »angemessen« empfindet, lauter Sachen, die nach Armut aussehen. Unser Protest macht alles nur noch schlimmer. Sie droht, uns in Zukunft keine Einkaufstouren mehr zu erlauben, wenn wir nicht still sind. Wir geben uns geschlagen. Ich beiße die Zähne zusammen. Ich weiß nicht, was mich daran hindert, meine Kinder zu packen und wegzulaufen, diese Frau einfach stehen zu lassen, hochrot vor Wut unter ihrem Visier aus gestärkter Heiligkeit!

Nina mit den grünen Augen, die älteste Tochter von Tata und Sonja, ist in einem Heim für junge Mädchen untergebracht, in dem es ihr nicht gefällt. Dreimal schon ist sie nachts abgehauen, ist einfach aus dem Fenster ihres Zimmers gestiegen, um sich mit Jungs zu treffen.

Ich habe Sonja zum Geburtstag einen gebrauchten Wohnwagen gekauft, für zweihundertfünfzig Mark. Er ist größer und schöner als der, den sie vorher hatten und den sie mir jetzt schenken. Einen Wohnwagen besitzen, einen echten! Das war immer mein Traum. Auch die Zigeuner sind richtig aufgeregt. Sie ziehen in den großen Wagen um. Als es so weit ist, rufen sie mich. Tata hat den hinteren Teil, den sie als Schlafzimmer nutzen, selbst dekoriert. Ganz feierlich präsentieren sie ihn mir. Das Zimmer ähnelt einer Kapelle. Die Wände sind mit Goldpapier bedeckt und mit Heiligenbildern, Papierblumen, Spitzenteppichen geschmückt. Auf den Nachttischen brennen zwei kleine Lampen. In dem großen Bett schlafen Tata und Sonja, in ihren Armen je eines der kleinen Zigeunermädchen: Julischka liegt bei ihrer Mutter und die blonde Emmi mit den blauen Augen bei ihrem Vater. Beide pinkeln ab und zu noch ins Bett. Aber diese Leute lieben einander so sehr, dass sie ihre Kinder niemals dafür ausschimpfen würden. »Wir sind daran gewöhnt, es macht uns nichts aus«, sagt Sonja.

Am Sonntag streiche ich den alten Wohnwagen innen weiß und blau. Ich schmücke ihn mit Vorhängen und einem Teppich. Hier werde ich meine Sommerferien verbringen. Ich lerne auch die Zigeunersprache, habe aber nur einen einzigen Satz behalten: »*Tu Narvlo, jovri!* (Hau ab, du Dummkopf!)«

Das kriegen die zu hören, die uns in unseren Wohnwagen belästigen. Tata macht sich jeden Tag trotz des Schnees auf, um amerikanische Zigaretten und Whiskyflaschen, die er im Kofferraum seines alten Autos schmuggelt, an reiche Leute in den großen Villen zu verkaufen. Eines Tages lässt er sich von der Polizei erwischen. Die Bullen haben ihm von der Straße aus, in einem etwas weiter weg geparkten VW, aufgelauert. Sonja erzählt mir die ganze Geschichte. Nachdem die Bullen das Auto durchsucht haben, werden Tata und sie zur Polizeidienststelle gebracht. Die Lage ist ernst. Sie werden des Schwarzhandels beschuldigt: Es ist verboten, Waren, die sie zu niedrigen Preisen von schwarzen Soldaten beziehen, wiederzuverkaufen. Also legen sich Tata und Sonja ins Zeug und führen ein Theaterstück auf, das sie lange zuvor geprobt haben, um in brenzligen Situationen wie dieser die Bullen in die Irre zu führen. Wie immer haben sie auch diesmal Erfolg. Für die Bullen wird die Zigeunerseele immer ein unergründliches Geheimnis bleiben!

Erster Akt: Tata wird wütend. Er schreit, droht seiner Frau, er werde ihr den Kopf abreißen, denn sie habe ihn schon wieder mit schwarzen Soldaten betrogen und als Geschenk dieses ganze Zeug bekommen, das sie ohne sein Wissen in seinem Auto versteckt hat.

Zweiter Akt: Sonja wälzt sich vor Tata und den Bullen auf der Erde, schluchzt, bittet um Vergebung und fleht die Polizei an, zu verhindern, dass Tata sie umbringt. Sie gesteht, alles für ihre Kinder getan zu haben, ihr Mann sollte nichts davon erfahren, und sie schwört, es nie wieder zu tun.

Dritter Akt: Tata springt auf, die Bullen halten ihn mühsam zurück. Erst nach einer ganzen Weile lenkt er ein und verspricht, seiner Frau kein Haar zu krümmen.

Letzter Akt: Tata nimmt seine Frau weinend in die Arme, doch sie wirft sich auf die Knie und bittet ihn im Namen der Kinder um Vergebung. Die Bullen sind gerührt und richten sie wieder auf. Und statt sie auf der Stelle ins Gefängnis zu stecken, lassen sie sie ziehen. Zwar müssen sie noch vor Gericht erscheinen, doch kann die Vorladung Monate auf sich warten lassen.

»Ja«, sagt Sonja »so sind wir gerade noch mal davongekommen. Aber eine andere Zigeunerin, die zur gleichen Zeit wie wir zum Polizeiposten gebracht wurde, hatte nicht so viel Glück. Sie wurde durchsucht, und man hat bei ihr eine Streichholzschachtel wie die in deinem Schrank gefunden, mit der gleichen Droge gefüllt. Sie hat sich verteidigt, behauptet, das sei nur ganz gewöhnliches Gras, und sie wisse nicht, wie die Schachtel in ihrer Tasche gelandet sei, aber vergeblich. Man hat ihr nicht geglaubt, und sie wurde sofort ins Gefängnis gesteckt.«

Bei dieser Geschichte läuft es mir eiskalt den Rücken herunter. Und doch entwische ich ihnen noch einmal. Eines Sonntags klopft es morgens um elf Uhr an meiner Tür, kurz nachdem ich gehört habe, wie im Treppenhaus sechsmal geklingelt wurde. Wie durch ein Wunder bin ich allein im Zimmer, habe keinen Schwarzen bei mir, und die Luft ist nicht marihuanageschwängert. Ich höre eine Jazzplatte, habe die Musik etwas zu laut gestellt, die Nachbarn von unten haben sich beschwert. Die beiden Polizisten an meiner Tür sind höflich, sie entschuldigen sich für die Störung, aber sie müssten ihre Pflicht tun. Von meinem zum Platzen mit Drogen vollgestopften Schrank nur zwei Schritte entfernt, ahnen sie nichts! Sie haben nichts gesehen, nichts gerochen! Schnell stelle ich meinen Plattenspieler leiser, entschuldige mich, und das genügt ihnen: Sie gehen wieder.

Ein Portugiese verbringt eine Nacht bei mir. Er zieht herrliche Geldscheine aus seinem Portemonnaie. Die Währung ist mir unbekannt, aber die vielen Nullen auf den Scheinen und die schönen farbigen Illustrationen faszinieren mich. Das kann nur eine Riesensumme sein. Mit der Geste eines Grandseigneurs wirft der Mann mehrere Scheine auf den Tisch. Es macht mich ganz ehrfürchtig. Die Nacht verläuft problemlos. Der Portugiese verlangt nichts Außergewöhnliches, er schläft sogar ein paar Stunden, was auch mir die Möglichkeit gibt, mich etwas auszuruhen. Morgens biete ich ihm, bevor er geht, sogar noch eine oder zwei meiner kleinen Schachteln an. Sofort öffnet er wieder sein Portemonnaie, zieht zwei seiner wunderbaren Scheine heraus und hält sie mir mit einem Lächeln hin. Ich gehe zur Bank. Am Geldwechselschalter komme ich vor Ungeduld fast um. Der Bankangestellte braucht ewig, um den Gegenwert herauszufinden. Die Überraschung ist bitter. Der Portugiese hat mich betrogen und belogen. Seine dicken Scheine sind nichts wert, ihre Schönheit ist nur äußerer Schein. Die Wahrheit ist: Ich habe in der ganzen Nacht nicht mehr als sechzig Pfennig verdient!

»So was passiert eben«, sagt Big Mamma Shakespeare, der ich alles erzähle. Beim nächsten Mal müsse ich eben besser aufpassen und Dollars oder deutsches Geld verlangen, das seien die einzigen Währungen, denen man trauen könne.

Rodwell hat mir eine Ohrfeige verpasst, die einzige, die ich je von ihm bekommen habe. Manchmal muss man von seinen Liebhabern Ohrfeigen ertragen. Ich habe sie verdient. Rodwell, du hast sie mir mit deiner großen Negerhand verpasst. Und für diese herrliche Ohrfeige preise ich dich noch heute.

Du hattest mir ja gesagt: »Heute Nacht komme ich zu dir. Halt dich bereit für mich.«

Es war Zahltag, der dreißigste November. Es klingelte pausenlos. Ich habe dich warten lassen, stundenlang hast du auf den Treppenstufen gesessen. Als Big Mamma Shakespeare Rodwell schließlich Einlass gewährte, gebärdete er sich wie ein Verrückter, zumal ihm auch noch ein Deutscher begegnete, der aus meinem Zimmer kam.

Er stürzte sich auf mich, gab mir eine schallende Ohrfeige, während ich ganz ruhig blieb. Sein schwarzes indianisches Gesicht, das ich so sehr liebte, funkelte vor Zorn.

Vielleicht, so dachte ich damals, würde ich in einer amerikanischen Stadt noch immer das Brennen einer großen schwarzen Hand auf meiner Wange fühlen. Doch alles, was mir geblieben ist, ist ein Stück Papier, auf dem Rodwell ein Versprechen niedergeschrieben hat. Und vielleicht wird es einst von einem anderen eingelöst werden. Ich weiß genau, dass jemand auf mich wartet, in weiter Ferne, in einer mit Kohlenstaub gepuderten Straße, im schwärenden Herzen eines schwarzen Ghettos; hinter der Tür einer jener Kapellen, in der, wie ich gehört habe, sie nach Gott schreien, im Rhythmus entfesselter Füße und klatschender Hände, mit der rauen Stimme Seines Volkes, im Ozean schwarzen Schweißes.

Rodwell hat immer gern gelacht, sein Lachen war laut und wohlklingend. »Als ich klein war«, erzählte er mir, »hat mir mein Indianervater den Schädel rasiert, mir nur einen kleinen Zopf oben auf dem Kopf stehen lassen. Meine Mutter ist schwarz, sehr dunkel. Jetzt ist sie alt, hat viele Falten, und sie ist sehr religiös. Sie gehört einer Sekte an, hat auch meine Schwester bekehrt, jeden Sonntag gehen sie zum Singen in eine Kapelle. Wir sind neun Kinder. Mein Vater ist tot.«

Ich habe Rodwell monatelang angefleht, seiner Mutter einmal zu schreiben, aber so etwas fällt ihm schwer. Schließlich hat er es doch getan. Ein paar Zeilen nur. So wird sie wenigstens erfahren, dass ihr Sohn an sie denkt.

Der Dezember ist auch bald wieder vorbei. Auf der dunklen Straße schmilzt der Schnee tagsüber zu einer matschigen Brühe. Nachts jedoch, wenn es schneit, sieht das Haus richtig festlich aus. Seine Löcher und Risse und die vom Alter zerfressenen Fassaden sind dann mit einem makellos weißen Mantel übertüncht. Woche für Woche streikt die Heizung. Wir zittern in unseren Zimmern vor Kälte. Dem alten Juden sind wir völlig egal: Vielleicht rächt er sich an uns wegen all dem, was er während des Krieges hat erdulden müssen. Die Mieten steigen. Die Wände werden noch rissiger. Die Möbelstücke zerbrechen eins nach dem andern. Die verstopften Toiletten erbrechen sich in den Flur.

Meine Nachbarin Emmi läuft wie eine Ente, drückt ihren riesigen Bauch unter einem abgetragenen Flanellrock hervor. Auf ihrem kleinen Schädel wirken ihre blonden Haare wie mit dem Messer geschnittenes Stroh. Jeden Abend geht sie aus, trägt dabei ihre mottenzerfressene Jacke, eine schwarze Tasche und einen Schirm, ihre kurzen Beine stecken in weißen Kniestrümpfen, die Füße in Holzlatschen aus Armeebeständen. »Man läuft gut darin«, sagt sie. Auf dem Bürgersteig zwischen zwei Bars in der Bahnhofsgegend steht sie sich im Schnee die Beine in den Bauch, friert bis auf die Knochen. Meistens kehrt sie unverrichteter Dinge zurück, die Jacke ist von Eisstückchen übersät. Man hört, wie sie wutentbrannt in ihrem Schlüsselloch stochert und flucht: *»Scheiße! … Nix … Nix verdient! God damned!«*

Sie schüttelt ihren Schirm aus. Sie hat nicht einmal mehr Unterhaltung in ihrem Zimmer, denn zwei Männer sind gekommen und haben ihr den Fernseher weggenommen, weil sie dafür keine Markstücke mehr übrig hatte.

Maria, die Jugoslawin, behilft sich ebenfalls mit Freiern aus den kleinen Bars in der Bahnhofsgegend. Gewieft und intelligent, wie sie ist, kommt sie immer mit Hundertmarkscheinen zurück, die sie geschickt im Deckelinnern eines vergoldeten Zigarettenetuis zusammengefaltet hat. Sie ist frühmorgens schon um sieben auf Achse, wenn wir alle noch schlafen. Wie eine magere Katze streift sie im Eingang der Höhlen herum, in denen die ganze Nacht über zum Klang asthmatischer Saxofone getanzt wurde. Dort findet sie immer noch irgendwelche alten Säufer, die nicht wissen, ob es Tag oder Nacht ist. Kurz danach kreuzen auch schon die Handelsvertreter mit ihren ledernen Aktentaschen auf und trinken ihren ersten Kaffee. An sie macht sie sich heran, gewinnt sie mit ihrem grellen Lächeln, hebt ihren karierten Schulmädchenrock. Sie geht mit ihrer Eroberung in ein kleines Hotel in der Nachbarschaft, steigt ins Zimmer hoch und kehrt mit Unschuldsmiene eine Viertelstunde später wieder zurück. »Ich habe nie Ärger gehabt«, erzählt mir Maria. »Die Chefin kennt mich. Ich mache das drei-, viermal jeden Morgen, zu einer Zeit, wenn die Polizei noch nicht unterwegs ist. Die Vertreter sind nett, leicht zu haben und froh darüber, ihren Tag mit ein paar Zärtlichkeiten zu beginnen, die sie über die Sprödigkeit ihrer Gattinnen hinwegtrösten.«

Mélitta bewahrt in einer Schublade sorgsam gehütete Pornofotos. Es sind veraltete Aufnahmen, die Frauen tragen komplizierte Dessous, und vor allem ein Foto fasziniert mich: Auf ihm ist eine berühmte Prostituierte abgebildet, die auch viele Kunden aus Politik und Wirtschaft hatte. Ihr Name war Nitribitt. Auf der vergilbten Aufnahme sieht man, wie ein nacktes Paar sich auf einem Fahrrad auf einem Feldweg vergnügt. Sie, die berühmte Nitribitt, liegt auf dem Lenker, krümmt sich über die Stange mit dem Mann unter sich, und wie durch ein Wunder fährt das Fahrrad weiter, wenn auch kurz davor, umzufallen.

Eines Abends treffe ich im Birdland einen Schwarzen namens Love. Wir einigen uns auf zehn Dollar. In meinem Zimmer ziehen wir uns aus. Welche Erregung, ihn plötzlich vor mir zu sehen: über der Schüssel mit lauwarmem Wasser für die rituelle Waschung streckt er seine riesige Rute aus, die dreimal so lang ist wie ein gewöhnlicher Schwanz und an der dicksten Stelle den Umfang meines Handgelenks hat! Er sieht mich mit glänzenden Augen an, wünscht sich sehnsüchtig, ihn mir in den Bauch zu rammen, dass mir die Luft wegbleibt. Im Geiste schicke ich ein Stoßgebet zum Himmel. Einen wahrhaft königlichen Schwanz hat dieser Jupiterneger. Wie soll ich den in mir aufnehmen? Womöglich wird er mich das Leben kosten! Ich schmiere das Prachtexemplar gut mit Niveacreme ein, genehmige mir selbst auch eine halbe Dose. Aber ich zittere. Ich lege mich aufs Bett. Und dann gleitet dieses Jupiterglied nach und nach, sehr, sehr sanft in mich hinein, lässt keinen Millimeter Spielraum mehr zwischen ihm und meinem Fleisch, es füllt mich ganz aus. Ich fühle es so riesig in mir, dass es, auch wenn es mir wie durch ein Wunder nicht wehtut, mich auch nicht befriedigt, denn die Angst schnürt mir die Kehle zu, mir versagt die Stimme. Als er fertig ist und sich aus mir zurückgezogen hat, ist sein Schwanz kaum schlaffer geworden. Ich nehme ihn mit unendlichem Respekt in meine Hände und sage ganz leise Danke dafür, dass er mich nicht getötet hat. Als Love wieder angezogen ist, als er mir *Good-bye* sagt und mir die Hand hinstreckt, sehe ich ihn verschwinden wie den Blitz bei einem Gewitter, ein kurzer, blendender Schrecken.

Ein anderer schwarzer Soldat hat mich beim Verlassen einer Bar vergewaltigt. Ich war nicht misstrauisch, als er mich, nachdem wir den ganzen Abend getanzt hatten, mit sanfter Stimme fragte, ob er mich noch bis zur Bushaltestelle begleiten dürfe. Sie liegt an der Straße, die zu den Kasernen führt. Es ist spät, schon Mitternacht. »Komm mit«, sagt er, »ich kenne eine Abkürzung.« Wir gehen ein paar Stufen hinunter und befinden uns plötzlich in einem Tunnel unter der Straße. Der Soldat packt mich in der Dunkelheit und drückt mich gegen die Mauer. Er hält mich mit einer Hand fest, und mit der anderen reißt er mir sämtliche Kleider vom Leib. Ich wehre mich wie eine Verrückte. Öffne den Mund zu einem Schrei, der von einem ledernen Fäustling erstickt wird: Meine Zähne können auf diesem Ding nichts ausrichten. Der Soldat packt mich an den Haaren, schlägt meinen Kopf gegen die Mauer, tritt mir in den Bauch. Er drückt mich unter sein Knie, auf den steinigen Boden, fast nackt, seine Faust, die in einem dicken Handschuh steckt, liegt noch immer fest auf meinem Mund, mit der anderen Hand öffnet er seine Hose. Ich bin besiegt. Die Sache ist bald vorbei. Bevor er mich, vor Kälte zitternd, auf dem eisigen Boden der Unterführung liegen lässt, gibt er mir zum Abschied noch einen Satz mit, den ich nie vergessen werde: »Ich komme aus dem Gefängnis, habe keinen Pfennig. Vielleicht wirst du das eines Tages verstehen.«

Es ist Weihnachten. Jede Frau im großen roten Haus hat einen mit Kerzen und bunten Kugeln geschmückten kleinen Tannenbaum in ihrem Zimmer. Auf unseren Betten tummeln sich grüne Nadeln, ein Geruch nach Wald erfüllt den Flur. Nachts empfangen wir unsere Schwarzen bei Kerzenlicht, das ihre Haut funkeln lässt. Mein Tannenbaum steht auf dem Bücherregal und tanzt im Laufe einer Drogenparty ein Ballett, wie man es noch in keiner Kirche gesehen hat.

Ich habe drei meiner kleinen blauen Schachteln gegen drei mit Tesafilm umwickelte Plastiktüten getauscht. Sie enthalten ein unbekanntes Pulver, Meskalin, gewonnen aus einer brasilianischen Kakteenart. Ich weiß nicht, auf welchem Weg dieses Pulver aus den Händen eines Psychiatriestudenten in die eines bärtigen Schwabinger Beatniks gelangt ist, der mit einer Tasche voller bemalter Holzmedaillons herumläuft, die allesamt Christusköpfe darstellen sollen. »Ich kaufe weder Drogen, noch verkaufe ich welche«, hat er gesagt. »Ich tausche nur. Das schafft Vertrauen.«

Ich löse für Rodwell und mich zwei Päckchen dieses Pulvers in Wasser auf. Es dauert eine halbe Stunde, bevor man etwas spürt. Der Geschmack des Wassers ist sehr bitter. Zuerst fühlt man eine starke Übelkeit. Die muss man aushalten, darf sich nicht übergeben, man muss sich hinlegen und warten, bis »es« kommt. Ich liege auf meinem Bett, die Hände auf dem Bauch, und fühle mich krank, aber ich sehe nichts. Der Beatnik hat uns zum Besten gehalten! Doch ganz plötzlich bemerke ich auf meinem Bücherregal eine unbewegliche Flamme, ganz tief in einer Höhle in der Wand. Ohne mich zu rühren, betrachte ich dieses merkwürdige Feuer. Auch der Weihnachtsbaum hat sich verwandelt. Er ist länger geworden, seine Zweige heben und senken sich, die Kugeln werden riesig, glänzen wie Sonnen, streifen das Bett, berühren den Boden, springen auf, fliegen davon und drehen sich in einem magischen Wirbel bis zur Decke. Ein Flüstern begleitet das Streicheln der Nadeln. Am Fenster wogt der Vorhang hin und her, er faltet sich und entfaltet sich wieder, die Falten blähen sich auf und wehen hoch, und dabei ist das Fenster doch geschlossen. Ein wütendes Schlingern lässt das Zimmer erbeben. Das Flüstern der Nadeln wird ernst, bedrohlich, es klingt jetzt wie eine Orgel. Der japanische Papierfisch, der an einem Faden befestigt an der Decke hängt, spielt ebenfalls verrückt. Er taucht nach unten. Seine inzwischen riesige Gestalt berührt unsere Körper, er dreht sich mit rasender Geschwindigkeit, gleitet wieder nach oben, wird winzig klein, bis man ihn fast nicht mehr sehen kann, dann kommt er zurück, stürzt sich auf uns, mit enormer Wucht, vom Wind aufgebläht. Als ich schon befürchte, er würde uns zermalmen, hebt er den Kopf und schwingt sich erneut in die Luft auf, wird wieder ganz klein und heftet sich an die Decke. Meine Augen werden müde vom Betrachten all dieser Bewegungen, dem Hin und Her, dem unvermittelten, rasanten Fallen. Wenn er auf uns niederstürzt, halte ich die Luft an, um nicht zu schreien. Ich richte mich auf und schaue auf das Bett, dorthin, wo Rodwell schläft. Rodwell! Es ist nicht mehr Rodwell. Da, wo er lag, ruht jetzt ein großer Buddha aus Porphyr, das Bildnis eines flachen Gottes, unermesslich groß und versteinert. In seiner unbeweglichen Form brennt ein inneres Feuer. Ich möchte schreien. Doch kein Laut kommt von meinen Lippen. Rodwell! Ich bin ganz voll von Liebe und von Entsetzen. Er ist jetzt Gott, unerreichbar, ein Gestein. Ja, so habe ich ihn mir immer vorgestellt. Es stimmt also, dass er nicht von dieser Welt ist. Ich werde mit der Gottheit Liebe machen! Ich betrachte meine Hände. Sie sind durchsichtig. Das Fleisch brennt, im Innern sehe ich das Skelett. Meine gekrümmten Finger mit den riesigen Nägeln werden zu Löwentatzen. Ich weiß, dass ich sie nie wieder werde öffnen können. Ich schreie, aber aus meinem Mund kommt kein Laut. Ich erhebe mich, komme nur mühsam vom Fleck, wälze mich am Fuß des Bettes; ich richte mich erneut auf, und nach furchtbaren Anstrengungen schaffe ich es, mich vor den Spiegel zu stellen. Ich betrachte mich. Mein Gesicht sieht aus wie das eines Monsters. Eine Hälfte ist schief, aufgeschlitzt, eine zusammengesetzte Fläche, die auseinanderbricht. Die andere Hälfte verschwindet in einem Nebel. Ich bin davon überzeugt, dass ich für immer so aussehen werde. Ich falle aufs Bett, tränenüberströmt. Rodwell reißt mich in seine Arme. Ich beginne zu zittern, ein gewaltiger Schüttelfrost erfasst mich, Schweiß rinnt mir vom Gesicht. Ich klappere mit den Zähnen.

Rodwell bleibt ganz ruhig. Er sagt kein Wort. Ich hingegen rede ohne Unterlass. Heftige Erschütterungen reißen mich fast aus seinen Armen. Er hält mich mit aller Kraft fest. Ich liege auf dem Bett und bin plötzlich ein Vogel, der auf der Fensterbank sitzt. Vor mir befinden sich große Schlösser aus Schnee. Ich möchte wegfliegen, mich in die Luft schwingen. Ich sage es Rodwell. Er lässt mich nicht los. Und noch immer brennt die Höhle, gräbt eine tiefe Wunde in die Wand. Ich, der Vogel, schlage am Fenster mit den Flügeln, während hinter mir die Tanne ihren Lichtertanz vollführt.

Und dann, am nächsten Morgen, finde ich in einem nicht näher zu bestimmenden Augenblick, denn die Zeit hat aufgehört zu existieren, unter meinen schweren, von Tränen brennenden Lidern in den Tag zurück. Alles ist wieder normal. Auf dem Bücherregal brennt auf einem Teller eine Kerze ab, ihre Flamme ist nur noch ganz klein, erstirbt in einem See aus Wachs. Der Weihnachtsbaum ist erloschen. Der japanische Fisch, dieser bleiche Papierzeppelin, hängt von der Decke herab. Kein Lufthauch bewegt ihn. Die Vorhänge hängen steif, in dicken Falten herunter. Rodwell ist da, sein schwarzer Körper ist nicht mehr der leuchtende Buddha der Nacht. Ich kann nicht mehr. Ich bin erledigt, erschöpft von zehn Stunden halluzinierendem Wachsein. Endlich werde ich schlafen können, mich in den Schlaf fallen lassen.

Das dritte Säckchen mit Meskalinpulver habe ich später einem schwarzen Soldaten verkauft. Er hat es in Wasser aufgelöst und die Mischung vor meinen Augen getrunken, dann ist er gegangen, wohin, weiß ich nicht. Stunden später ist er zurückgekommen, hat an meine Tür geklopft, zähneklappernd, in Tränen aufgelöst. Er ist auf einem Stuhl zusammengesunken, wo er im Morgengrauen wimmernd einschlief.

In der Silvesternacht verdiene ich mehr als tausend Mark. Die schwarzen Soldaten geben sich in meinem Zimmer die Klinke in die Hand. Big Mamma Shakespeare kommt in mein Zimmer und trägt in ihren kräftigen Armen einen betrunkenen Neger hinaus, der auf meinem Bett eingeschlafen ist: Ich habe es nicht geschafft, ihn zu wecken. Sie setzt ihn auf die Treppe, wo er irgendwann wieder zu sich kommt.

Zwei junge unbekannte Soldaten, der eine schwarz, der andere weiß, betreten mein Zimmer und setzen sich an meinen Tisch. Der Weiße sagt: »Schließen Sie die Tür ab. Und lassen Sie uns Ihre Ware sehen. Wenn sie gut ist, kauf ich Ihnen für siebenhundert Mark etwas ab. Mein Freund bezahlt die Hälfte.« Er nimmt eine Pistole aus seiner Tasche und legt sie auf den Tisch. Ich tue so, als würde ich sie nicht sehen. Lächelnd antworte ich: »Einverstanden.«

Ich schütte eine kleine Menge gemahlenes Marihuana vor ihnen aus, und sie rollen sich zwei Zigaretten. Der Weiße sagt zum Schwarzen: »Es gefällt mir. Und dir?« Der Schwarze: »Mir auch.«

Ich hole meine Briefwaage und fülle eine Plastiktüte

mit dem Zeug. Weil gerade Weihnachten war, gebe ich ihnen zwei Schachteln extra. Die Pistole verschwindet wieder im Mantel des Weißen. Die beiden stehen auf, geben mir die siebenhundert Mark, jeder die Hälfte, und verabschieden sich. Als sie die Tür öffnen, kann ich mir die Frage nicht verkneifen: »Warum haben Sie die Pistole auf den Tisch gelegt?«

Der Weiße: »Das tue ich immer, wenn es um ein Geschäft geht. Man kann nie wissen. Sie hätten mich ja auch reinlegen können. Ich habe festgestellt, dass man mich respektiert, wenn ich die Pistole sehen lasse. Ich hoffe, Sie verstehen mich.«

Kurz vor Mitternacht kommt noch ein letzter Schwarzer und bringt mir vergoldeten Schmuck, den ich noch immer habe: eine sehr schöne Kette aus kunstvoll gearbeiteten Kugeln, dazu die passenden Ohrringe. Als er fertig ist, ist es Mitternacht, die Glocken beginnen zu läuten. Ich mache das Fenster auf, draußen ist alles weiß, die Flocken wirbeln über der Straße. Ich nehme ihn in meine Arme und tanze mit ihm, barfuß, beide sind wir halb nackt. Ich atme seine schwarze glänzende Haut ein, die nach Ingwer duftet, und ich platze vor Freude beim Gedanken an all das Geld, das ich verdient habe, an Rodwell und sein Versprechen, mich zu heiraten, an die Kinder, mit denen ich bald in einer eigenen Wohnung zusammenleben werde.

Ja, in dieser Minute tanze ich vor Freude, und gleichzeitig weine ich, denn ich sage mir: »All das ist einfach zu schön. Das kann nicht so bleiben. Es wird ein Unglück geschehen.«

Am zweiten Januar wendet sich das Blatt. Der Abend dieses Tages bleibt mir wie ein blutroter Buchstabe ins Gedächtnis eingebrannt. Ich habe mich mit Rodwell um acht Uhr im Birdland verabredet. Er ist nicht da. Das Café ist so voll wie immer. An der Küchentür macht mir ein großer Schwarzer Zeichen, er will mir etwas sagen. Er kommt auf mich zu, lächelt. Seine Goldzähne glänzen. »Suchen Sie Rodwell?«

»Ja.«

»Er wird nicht kommen. Er ist verhaftet worden und ist im Gefängnis.«

Ich schreie auf: »Nein!«

Ganz leise sagt er: »Doch. Mit Brown. Beide.«

Da weiß ich, dass es stimmt. Ich werde ganz plötzlich starr. Bewege mich nicht mehr, schreie nicht mehr. Ich frage ihn nur mit kaum zu hörender Stimme: »Warum?«

»Drogen.«

»Wie lange?«

»Ich weiß nicht. Fünfzehn Jahre, vielleicht zwanzig. Es hängt davon ab, was man ihm nachweisen kann.«

Er dreht sich um und geht.

Ich richte mich auf. Niemand darf merken, was da gerade geschehen ist. Mit festem Schritt gehe ich zum Tisch, an dem die Zigeuner zu sitzen pflegen. Im Vorbeigehen lächle ich Big Mamma Shakespeare zu, die sich mit schwarzen Sergeants an einem Tisch vergnügt. Ich beuge mich zu Sonja hinunter, die zwei Tische von ihr entfernt sitzt, flüstere ihr zu: »Kannst du einen Moment mit rauskommen? Es ist sehr ernst.«

Sie steht auf, sagt kein Wort, flüstert Tata schnell etwas in Zigeunersprache zu.

Wir gehen raus in den Schnee, ein Stück weg vom Café. Ich frage sie: »Kennst du ein sicheres Versteck? Ich habe einen Koffer, den ich irgendwo deponieren muss. Wir müssen ihn sofort holen. Mein Freund ist verhaftet worden.«

Sonja stellt keine einzige Frage. Wir gehen ins Birdland zurück. Sie sagt noch einmal etwas in Zigeunersprache zu Tata, woraufhin er aufsteht. Wir gehen zu seinem Auto, er macht uns die Türen auf. In vollem Tempo durchqueren wir die Stadt. Sonja geht mit mir hoch in mein Zimmer. Ich packe alles in einen großen Koffer: Schachteln, Tütchen, die Kaffeemühle, die Briefwaage.

Noch einmal durchqueren wir die ganze Stadt. Mit meinem Koffer im Kofferraum erreichen wir ein unbekanntes Viertel. Er klingelt an der Tür eines alten Hauses. »Hier«, sagt Sonja, »ist dein Koffer in Sicherheit. Das sind Zigeuner, Freunde von uns. Sie werden ihn dir so lange aufbewahren, wie du willst.«

Wir betreten eine Wohnung voller Kinder, Frauen, junger Mädchen. Man bietet uns Wein an. Ich kann nicht trinken, meine Kehle ist wie zugeschnürt. Der Koffer wird in ein anderes Zimmer gebracht. Wir verabschieden uns von den Leuten, und ich bitte Tata, mich zurück ins Birdland zu fahren.

Dort tanze und lächle ich die ganze Nacht. Vierzehn Tage lang gehe ich jeden Abend dorthin. Ich frage alle, die Rodwell kennen, nach Neuigkeiten. Schwarze, vielleicht Bullen in Zivil, fragen im Gegenzug mich aus. Ich tue so, als wüsste ich von nichts. Ich tanze und flirte mit ihnen. Schließlich erfahre ich, dass sich Rodwell im Geheimtrakt des amerikanischen Militärgefängnisses in Dachau befindet und dass er nichts gesagt hat. Brown hat ihn verraten. Er hat in der Kaserne eine Schachtel Drogen an einen schwarzen Bullen verkauft und ihn auf Nachfrage direkt zu Rodwells Schrank geführt.

Rodwell, der auf seinem Bett lag und sich ausruhte, sah, wie die Tür aufging und zwei Bullen hereinkamen, zusammen mit Brown, der zu Boden blickte. Der Schrank stand offen. Die Bullen fanden darin leere Streichholzschachteln, die sie beschlagnahmten. Dann schnitten sie die Taschen von Rodwells Gabardinemantel mit einer Rasierklinge auf, um sie in einem Labor untersuchen zu lassen. Rodwell wurde zusammen mit Brown abgeführt. Jetzt ist er allein in seinem Verlies, ohne Licht, ohne Kleider, nur bei Wasser und Brot.

Ich finde den Namen seines amerikanischen Anwalts heraus und gehe zu ihm. Er fragt mich: »Haben Sie zehntausend Dollar?«

»Nein.«

»Schade«, sagt der Anwalt, ein ganz vornehmer Herr. »Das ist wirklich schade. Ihr Freund ist in einer schwierigen Lage, und ohne eine ausreichende Summe Geld kann ich nicht viel für ihn tun. Was das Ganze noch erschwert, ist die Tatsache, dass er gestanden hat.«

Rodwell, gestanden? Nein, das ist unmöglich, er irrt sich. Das hätte Rodwell nie getan.

Ich verlasse das Büro des Anwalts, erfüllt von einer dumpfen Wut. Auf dem ganzen Weg zurück überschütte ich Rodwell mit Flüchen. Zu Unrecht. Wie ich später erfahren habe, hat sich der Anwalt geirrt. Er hat mich für die Geliebte von Brown gehalten! Für diese großen weißen Anwälte sehen schwarze Gesichter alle gleich aus!

Ich will kämpfen. Ich will Rodwell aus dem Knast herausholen! Ich bitte Tata, mich im Auto zu ihm zu fahren, gebe ihm zwanzig Mark fürs Benzin.

An einem nebligen Nachmittag fahren wir los. Ich sehe die langen Reihen düsterer grauer Baracken im Schneematsch vor mir. Überall verletzt Stacheldraht die Erde, solide festgemacht am Ort alter Verbrechen. Der schweigende Schnee ist das Atmen der Toten, der Juden, der Zigeuner, die ganze Ebene ist ein einziges Stöhnen. Niemals werden diese langen schwärzlichen Baracken wieder unschuldig sein. Selbst die hochsommerliche Sonne kann sie nicht wärmen.

Wir passieren ein Gewölbe, das von einem Holzturm überragt wird. Das ist der Eingang des Militärstützpunkts. Ich habe keine Angst. Ich fürchte, dass ich die amerikanischen Militärangehörigen in Uniform erst überreden muss, mich zu Rodwell zu lassen. Doch alles, was man von mir wissen will, ist mein Name. Dann erteilt man mir die Erlaubnis, ihn kurz im Wartesaal des Gefängnisses zu sehen.

Ich habe mich für das Wiedersehen schön gemacht. Nina hat mich frisiert, mir einen Knoten nach Art der Zigeunerinnen gemacht, einen Turm aus schwarzem Haar, neben dem das silbrige Wasser meiner schwersten Ohrringe aus falschen Diamanten funkelt. Ich trage einen weiten rosa Pullover, eine prächtige Hose aus glänzendem smaragdfarbenem Lamé und Lederstiefel.

Die Zigeuner müssen draußen bleiben. Sie warten im Auto auf mich, während ich auf einem zerschlissenen, mit Plastikfolie bedeckten Sofa in dem leeren Saal sitze. Ich habe die Hände ineinander verkrampft, wende den Kopf zum vergitterten Fenster. Nach einer kleinen Ewigkeit höre ich ein Lachen. Ich sehe, wie Rodwell draußen durch den weißen Schnee läuft, die mit Handschellen verbundenen Hände vor sich ausgestreckt. Ein schwarzer Wächter geht ihm voraus.

Er betritt das Zimmer. Ach Rodwell, in Ketten! Du mein Indianer, mein König, mein Geliebter im Drogenrausch! Deine samtigen, zärtlichen Hände an einer Eisenkette festgemacht! Du, dessen Rute ich so oft geküsst habe, wenn sie sich im blauen Schatten deiner Schenkel aufrichtete wie eine Kobra, Rodwell, dessen Saft ich getrunken habe, so erniedrigt hier vor mir in seiner Gefängniskluft, mit einem noch vom Schlaf zerknitterten Gesicht!

Ich stehe auf. Rodwell fragt den Wächter, ob er mich küssen darf. Er darf.

Auf dem Diwan, wegen der Handschellen mit leicht geneigten Köpfen, verlieren wir uns in einem unendlich langen Kuss.

Der Wächter tut, als würde er uns nicht sehen, den Blick starr aufs Fenster gerichtet.

Niemals, hörst du, Rodwell, niemals habe ich aufgehört, dich zu lieben. Glück, das wäre zwanzig Jahre Knast mit dir, im selben Verlies.

Wir konnten einander nicht viel sagen. Der Wächter überwacht uns ja schließlich. Ich benutze ein paar geschickte Formulierungen, um ihm zwischen den Liebkosungen und unserem zärtlichen Flüstern ein paar Neuigkeiten mitzuteilen und ihm Fragen zu stellen. Die Besuchszeit ist bald zu Ende. Nach einem letzten schmerzlichen Kuss, nachdem der Wächter mehrfach *»It's finished, now, it's finished«* wiederholt hat, geht er davon.

Ich sehe, wie Rodwell nun mit gesenktem Kopf und in entgegengesetzter Richtung an dem vergitterten Fenster vorbeiläuft. In einer Woche werde ich wiederkommen. In meinem Zimmer höre ich die Platte, die Rodwell mir kurz zuvor noch geschenkt hatte; Miriam Makeba, diese schöne Afrikanerin, singt darauf mit ihrer sanften, wie vom Glück ummantelten Stimme: *Love tastes like Strawberries.*

Die Abwesenheit des Geliebten ist wie ein Gift, das den Magen zerfrisst. Und jetzt wird die Situation auch für mich brenzlig. Am Morgen bekam ich Besuch von der Alten des Juden. »Sind Sie allein?«

Aufgeregt flattert sie herum wie eine Fledermaus und setzt sich erst aufs Bett, nachdem sie mich beim Leben meiner Kinder hat schwören lassen, dass ich niemandem von ihrem Besuch erzählen werde. Sie senkt ihre Stimme zu einem dünnen, durch Jahre der Knechtschaft gedämpften Flüstern: »Ich bin gekommen, um Ihnen zu sagen, dass Sie in Gefahr sind. Ich sage es Ihnen, weil ich es gut mit Ihnen meine, denn Sie sind hier die Einzige, die immer nett und freundlich zu mir war und mir Geld für meine kranke Enkelin gegeben hat. Wenn Sie wüssten, wie viele Frauen hier nicht pünktlich ihre Miete bezahlen und mich anschreien. Und der Chef, der schreit mich ja auch nur an. Für mich ist es hier die Hölle. Niemand zeigt mir auch nur ein bisschen Dankbarkeit, dabei erledige ich hier die dreckigsten Arbeiten.«

Auf ihren trockenen Lippen ist ihre Stimme nur noch ein Hauch: »Ich muss Ihnen einfach sagen, dass Sie um Himmels willen aufpassen sollen. Seien Sie vorsichtig! Alle Mädchen reden über Sie, sie sagen, Sie würden Drogen verkaufen. Glauben Sie mir, es gibt Gesetze. Ich habe mich schon schuldig gemacht, weil ich davon gehört und Sie nicht angezeigt habe. Sie brauchen mir nicht zu sagen, ob es wahr ist, nein, sagen Sie nichts. Aber wenn Sie etwas haben, dann werfen Sie es weg, schnell. Und jetzt tun Sie so, als wäre ich nicht hier gewesen.«

Ich beruhige sie. Und nutze die Gelegenheit, um mein Zimmer zu kündigen. Mir bleibt nur noch eines: die Flucht. Ich habe den Koffer inzwischen bei den Zigeunern wieder abgeholt, mein Schrank ist wieder belastend, meine Stiefel quellen über von Streichholzschachteln. Ich kann hier nicht länger bleiben. Der Boden ist so heiß, es kommt mir schon vor, als würden Flammen herausschießen!

Am kommenden Sonntag werde ich Tata und Sonja meine Rückkehr ins Zigeunerlager, in meinen Wohnwagen, ankündigen. Dort werde ich in Sicherheit sein. Niemand wird davon erfahren, außer ein paar engen Freunden, schwarzen Freunden, die ich schon lange kenne. Big Mamma Shakespeare weihe ich nicht ein.

Ganz heimlich bringen wir schon einen Teil meiner Sachen weg. In etwas weniger als einer Woche wird Tata mich mit dem Auto abholen. Aziz, ein schwarzer Afrikaner, der Medizin studiert, besucht mich in meinem Zimmer. Er war es, der einmal zu mir gesagt hat: »Mit den Weißen ist es jetzt vorbei. Du gehörst zu uns.«

Er erzählt mir von Afrika, von fabelhaften Drogen. »In Afrika habe ich einmal mit Freunden ein Kraut geraucht. Es war so heftig, dass ich im Auto unter einer Brücke meinen Kopf in beide Hände genommen und geschrien habe. Mir war, als wäre mein Kopf zu groß, um unter der Brücke hindurchzufahren.«

Im Café Birdland tanzt Aziz geschmeidig wie eine schwarze Schlange. Er trägt immer außergewöhnliche Jacketts. In einem – es hat kleine schwarz-weiße Karos – sieht er aus wie ein abgedrehter Neger. Uns verbindet eine enge Freundschaft. Jetzt, wo Rodwell nicht mehr da ist, besucht mich Aziz häufig. Eines Abends rauchen wir Marihuana zusammen. Danach lachen wir wie verrückt, können gar nicht mehr aufhören. Und dann lege ich eine Platte von Ahmad Jamal auf. Aziz schließt die Augen, wiegt sich in einer Art Tanz im Sitzen auf seinem Stuhl, der Bogen seiner schwarzen Lippen in einem Lächeln erstarrt. Abends hilft er mir beim Verkauf von Zigaretten. Wir gehen in ein Tanzlokal auf der Leopoldstraße. Während ich den Polizisten im Flur im Auge behalte, den Aziz sofort entdeckt hat, geht er zu den Toiletten und bietet anderen Schwarzen Sticks an. Nachdem er alles verkauft hat, machen wir uns so schnell wie möglich aus dem Staub, denn der Geruch des Rauches könnte uns verraten, sobald er sich ausgebreitet hat.

An einem Samstagmorgen verlasse ich das große Haus. Big Mamma Shakespeare schüttelt den Kopf: »Ich weiß ja nicht, wo du hingehst, du willst es mir nicht verraten. Möge Gott dafür sorgen, dass du es nicht bereust. Ich bleibe immer deine Freundin. Wann immer du mich brauchst, ich bin da.«

Wir umarmen uns. Ich steige mit all meinem Krempel und meiner kleinen arabischen Katze Fatima, die sich auf meinen Knien zusammenrollt, ins Auto der Zigeuner. In meinem winddurchtosten Wohnwagen richte ich mich mehr schlecht als recht ein. Sonja hat mir im Ofen am Eingang ein Feuer angezündet, dort, wo sie früher gekocht hat. Ich habe die rauen Kamelhaardecken der amerikanischen Armee und meinen alten blauen Daunenschlafsack, den ich günstig erworben habe und der immer mehr Federn verliert, über mein Bett gebreitet. Im Schrank hinten im Wagen haben die Mäuse ihre Freude an meinen Kleidern. Es schneit durchs Dach; morgens ist der Tisch ganz weiß und der Wassereimer schwer vom Eis.

Den Koffer mit Drogen vergraben wir unter dem Wagen der Zigeuner im Schnee.

Abends verlasse ich das Lager. Die verrosteten Busse, die Wohnwagen, die russische Kirche, die bewohnten Konservenbüchsen mit den Blechkaminen, deren zum Himmel weisende Schornsteine dünne Rauchstreifen ausspucken, wirken im eisigen Nebel wie Gespenster. Ich schleppe mich durch die verschneite Straße, durch das Herz der Gefahrenzone, bis ein Auto mich einsammelt. Jedes Mal ist es wie ein Wunder, wieder im Warmen zu sitzen, um mich herum das verschwörerische Schnurren eines Motors, das mich der Nacht und den Bullen entreißt. Ich strecke mich aus, seufze vor Wohlbehagen und sage zu dem Mann an meiner Seite, noch bevor ich sein Gesicht gesehen habe: »Nur geradeaus. Folgen Sie einfach der Straße.«

Wenn's brenzlig werden sollte, bleibt immer noch Zeit genug, um aus dem Auto zu springen. Diese paar Minuten, die ich dem Bürgersteig entkomme, machen meine durchgefrorenen Knochen wieder geschmeidig. Ich bin erschöpft, fühle mich wie gerädert, und meine Lippen sind so kalt, dass ich kaum noch Worte formen kann. Ich lasse uns auf der Straße bis an den Stadtrand dahingleiten, bis der Mann, beunruhigt von der einsamen weißen Ebene, mich ängstlich fragt: »Ist es noch weit?«

»Nein, wir sind gleich da, fahren Sie einfach weiter. Sie werden sehen, es ist nett bei mir, wir werden ganz ungestört sein.«

»Ach so, gut.« Er schöpft wieder Vertrauen.

Da beginnt der nur zu bekannte Gestank uns in die Nasen zu steigen. Selbst durch die Autoscheiben hindurch finden die Ausdünstungen des »Chanel-Bergs« den Weg ins Innere des Wagens. Der Mann hüstelt, schnüffelt, hebt den Kopf: »*Was ist das?* Was riecht denn hier so? Woher kommt dieser Gestank?«

Ich lasse ihn reden, unterdrücke ein Lachen, der imposante Chanel-Berg links vor uns stinkt zum Himmel, wortwörtlich. Der ans Lenkrad gekrampfte Mann rast über den holprigen Weg, nur von einem Gedanken besessen: diesem Gestank schleunigst zu entkommen. Ich bedeute ihm, nach links abzubiegen. Wir fahren an dem ganzen Berg entlang, der uns mit seinen Gasen trunken macht. Wir fahren wie die Verrückten, mit verstörtem Blick, wir halten den Atem an.

Als die Straße endlich hinter uns liegt, atmet der Mann tief durch. Resigniert und noch immer außer Atem, wagt er nichts mehr zu sagen. Der Gnadenstoß erwartet ihn an der Biegung eines verschneiten Waldes. Dort recken sich die bizarren Dächer des Zigeunerlagers mit ihren bizarren Flächen und schiefen Schornsteinen unter dem dunklen Himmel. »Wie? Wo sind wir? Sie wohnen doch wohl nicht hier?«

Das Auto macht einen verzweifelten Sprung, der Blick des Mannes bleibt an den Wohnwagen, den gespenstischen Bussen, den verbeulten Caravans hängen. Er fürchtet sich vor einem Hinterhalt, einer Mördergrube unter einer Decke aus Schnee.

Ich sage mit meiner sanftesten Stimme: »Wissen Sie, ich lebe allein in einem kleinen, sauberen Wagen, ich habe Feuer, ein ordentliches Bett, warmes Wasser. Wir werden es dort beide gemütlich haben.« Auch meine Hand lasse ich sprechen, sie beruhigt und zähmt ihn unter seinem Mantel. Der Mann wird schwach: »Gut, wenn wir schon mal hier sind, vertraue ich Ihnen. Weil Sie einen netten Eindruck machen. Normalerweise meide ich nachts solche Orte. Und ich hasse schmutzige Leute, die nicht von einer anständigen Arbeit leben.«

Wir umfahren den Wagen meiner Zigeuner, hinter dessen Fenstern noch Licht brennt. Wir parken das Auto neben Tatas Wagen, über dem Unmengen Decken liegen. Ich steige die vom Eis knirschenden Treppenstufen hoch und klopfe an die Tür. Für meinen Wohnwagen gibt es nur einen Schlüssel, und Sonja hält ihn für mich bereit, denn sie hat inzwischen Feuer für mich gemacht und dafür gesorgt, dass es bis zu meiner Rückkehr brennt. Der Mann bleibt draußen, steht abseits im Schnee, schlotternd vor Kälte. Vielleicht bedauert er es schon, schwach geworden zu sein. Ich erlöse ihn. Ich öffne die Tür zu meinem Wagen, das rote Auge des Ofens taucht auf, seine herrliche Wärme umfängt uns. Ich zünde eine Kerze an. Jedes Mal ist es ein wenig wie Weihnachten. Durch die Spalten des alten Ofens sieht man, wie die von den Luftzügen gepeitschte Glut erwacht. Der Wasserkessel flüstert leise, lässt einen dünnen Strahl Dampf entweichen. Der Mann blüht geradezu auf. Er betrachtet die geblümten Vorhänge, das Bett mit den khakifarbenen Decken, den abgenutzten Teppich, die Plastikschüssel, das saubere Handtuch auf dem Tisch. Er nimmt einen Fünfzigmarkschein aus seiner Brieftasche. Wir müssen uns beeilen. Schon nach kurzer Zeit nimmt die Wärme des Feuers ab, der Wind dringt durch die Ritzen und fegt uns eisig über unsere Rücken. Ich lasse das Vorspiel aus, und dem Mann, der immer noch mit den Zähnen klappert, ist das ganz recht. Auch er drängt dem Moment entgegen, in dem er endlich wieder seine warmen Kleider überstreifen, zu seinem Auto gehen und seine Wohnung betreten kann, wo seine Frau ihm unter der gepolsterten Decke das Bett vorwärmt.

Keiner von diesen Männern ist je wiedergekommen. Es war immer ein einmaliges Fest. Manche haben das Zigeunerlager nicht einmal betreten. In panischer Angst sind sie umgekehrt und haben mich im Schnee stehen lassen. In jenen Nächten war ich so mutlos, dass ich nicht mehr die Kraft hatte, noch einmal loszugehen. Ich wollte nur noch ins Bett und mich mit der Siamkatze der Zigeuner unter die Decken verkriechen, und meine Seele war so vereist wie mein Körper. Mit zwanzig Grad unter Null ist es so kalt, dass sich der Atem in feine Silberkristalle verwandelt, sobald man aus Versehen die Nase oder das Schnäuzchen herausstreckt.

Morgens kommt Sonja, um Feuer anzumachen und das Eis in meinem Eimer zu zerschlagen. Ich springe in meine Kleider und laufe zum großen Wagen, wo mich die ganze Familie zum Frühstück erwartet. Dort drinnen ist es warm und gemütlich. Ich darf mich zuerst in einer großen Schüssel waschen, die Sonja zusammen mit einem Stück Seife bringt. Anfangs habe ich Hemmungen, mich auszuziehen. Aber Sonja meint nur: »Du brauchst keine Bedenken zu haben. Tata hat im Konzentrationslager so viele nackte Frauen gesehen, tote und lebende, er ist daran gewöhnt, das macht ihm nichts mehr aus.« Ich wasche mir erst die Brüste, dann den ganzen Körper. Die kleine Julischka sieht mir aufmerksam zu: »Vergiss nicht«, sagt sie jedes Mal, »auch deine Muschi zu waschen!« Dann bricht sie in Lachen aus und trampelt vor Vergnügen mit ihren kleinen nackten Füßen auf dem durchlöcherten Stoff des Sofas herum.

Wenn ich fertig bin, schenkt Sonja mir eine Schale Zigeunerkaffee ein: tiefschwarzer Kaffee, in dem ein Stück Butter schmilzt. »Das tut gut«, sagt sie. Sie streicht Butter auf eine große Scheibe Brot. Sie haben nur eine Schale und nur einen Teller. Sonja will, dass ich die erste bin, die zu essen bekommt. »Die Kinder können warten. Nur keine Eile. Wir haben Zeit.«

Ich sitze unter ihnen wie eine Prinzessin, eingehüllt von ihrer Liebe und wunderbaren Zuwendung, die mir ganz warm ums Herz werden lässt. Die Kinder betrachten mich mit glänzenden Augen und warten schweigend, bis sie an der Reihe sind. Ach Zigeuner! Wer wird euch jemals eure unendliche Großzügigkeit vergelten?

Das Wasserholen ist im Lager eine mühsame Angelegenheit. Die öffentlichen Wasserhähne sind unter einem Turm aus malträtiertem Eis verborgen. Man muss das Eis mit der Hacke aufschlagen und heißes Wasser auf den Wasserhahn schütten, damit er wieder funktioniert. Eine Schlange hat sich gebildet, alle warten geduldig, bis sie an der Reihe sind, einen leeren Eimer in der Hand. Tata trinkt etwas Alkohol,um sich aufzuwärmen. Jeden Morgen gebe ich Peppi oder Willy eine Mark, worauf Tata mit seiner rauen Stimme ruft: »Geht mir meinen Steinhäger holen, schnell!«

Die kleinen grünen Flaschen gibt es im Lebensmittelladen des Lagers. Tata trinkt sie in einem Zug aus, der Schnaps verbrennt ihm den Bauch und die Speiseröhre, die schon so manches ausgehalten haben. Seine Augen brennen, er lacht laut auf. *»Das hält mich jung!«*

Manchmal kommen schreckliche Erinnerungen an Dachau und Auschwitz in ihm hoch. Eines Abends taucht

Nina ganz aufgeregt an meinem Wagen auf und bittet mich zu kommen: »Mach schnell! Tata hat einen Wutanfall, er ist verrückt! Er schlägt Sonja!«

Ich stürze hinter Nina her. Tata brüllt, und seine Wut bringt den Wagen zum Erzittern. Das wenige Geschirr zerbricht an der Wand. Die Kinder kauern sich hinten zusammen, die Siamkatze, meine afrikanische Katze und der kleine schwarze Hund liegen zusammengerollt unter dem Tisch. Sonja versucht ihm standzuhalten, in Tränen aufgelöst, mit schwacher Stimme. Die Arme ihm entgegengestreckt, blutüberströmt, fleht sie Tata an, sie nicht umzubringen. Tata hört sie nicht, er ist trunken vor Bitterkeit, Elend und Alkohol. Er wirft ihr vor, dass sie halb Deutsche ist, der ganze Krieg kommt in ihm hoch, die Lager, die toten Kinder, die skelettierten, in Eis und Schnee vergrabenen Körper, die Verbrechen der Nazis explodieren in seinem Hirn. Er brüllt zu den Bomben, den Schüssen, zum Lärm der Öfen, die Menschenfleisch gefressen haben.

Tata, ja! Möge deine Stimme nie erlöschen. Möge das vergossene Blut auf die Deutschen zurückströmen, sie verbrennen!

Ich werfe mich auf Sonja, schreie und weine ebenfalls. Ich brülle: »Sonja ist meine Schwester! Töte mich zuerst!«

Da bleibt Tata stehen, die letzten Schreie ersticken in seiner Kehle. Ich bringe Sonja in meinen Wagen, um sie zu verbinden. Ihr Arm ist von einer Tellerscherbe tief aufgeschnitten. Ganz ehrfürchtig berühre ich das Blut dieser Märtyrerin, ihre Hände, die sonst Kinder streicheln und die Tata auf den Knien küsst, weil er sie liebt.

Von Big Mamma Shakespeare habe ich gehört, dass am Tag nach meinem Auszug zwei Polizisten in mein Zimmer gekommen sind, ein Deutscher und ein Amerikaner. Sie haben alles durchsucht, den Schrank auseinandergenommen, die Bodendielen angehoben, die Wände betastet. Aber sie haben nichts gefunden. Danach haben sie alle Frauen verhört. Zum Glück weiß keine von ihnen, wo ich mich verstecke.

Eines Nachmittags, als ich nicht da bin, kommen sie auch ins Zigeunerlager. Nina empfängt sie. Mit ihrem schönsten Lächeln lügt sie: »Nein, hier ist niemand, sie wohnt nicht hier.«

Unverrichteter Dinge ziehen sie wieder ab. Offensichtlich hat man in der Kaserne unter Rodwells Sachen ein Foto von mir gefunden.

Im Café Birdland, beim Friseur, in der Straße, überall werde ich mit leiser Stimme gewarnt, dass ich gesucht werde, dass die Polizei wiedergekommen ist. Charlotte, Gigi, danke! Doch ich habe nicht auf euch gehört.

Auf dem Sofa des Gefängnisses, unter dem stumpfsinnigen Blick des Wächters, fleht mich Rodwell ebenfalls an: »Wirf alles weg«, sagt er, während er mich aufs Ohr küsst. »Behalte nichts, lass diesen Wahnsinn sein, such dir eine Arbeit, egal was. Wenn ich hier raus bin, werden wir heiraten. Ich habe den Anwalt bezahlt, meine Familie aus Amerika hat Geld geschickt.«

Ach, hätte ich doch nur auf ihn gehört!

In meinen Wagen kommen noch ein paar treue Schwarze, sie nehmen ein Taxi, um hierher zu gelangen. Mit eisigen Füßen sitzen sie bei mir und rauchen still und leise eine Zigarette. Während ich unauffällig den Schnee unter dem Nachbarwagen entferne, den kostbaren Koffer ausgrabe und herausnehme, was ich gerade brauche, schließe ich sie in meinem Wagen ein. Der Koffer ruht sicher unter den vielen schneebedeckten Lumpen. Niemand hat mich gesehen. Nur Tata und Sonja wissen davon.

Außer ihnen kann man niemandem trauen. Alle hier gehören zum Stamme Judas. Sie würden sich Arme und Beine ausreißen, um so schnell wie möglich alles, was sie nur können, bei der Polizei anzugeben. Es vergeht kein Tag, an dem man im Schnee nicht einen VW der Polizei blitzen sieht, der wieder jemanden abholt, der von seiner Familie verraten wurde.

Eines sonnigen Nachmittags, nachdem wir Rodwell im Militärgefängnis besucht haben, nimmt mich Tata mit nach Dachau, um die Reste des ehemaligen Konzentrationslagers zu besichtigen. Es ist jetzt ein Museum. Ich habe am Eingang den kleinen Hohlweg gesehen, auf dem die Deportierten nackt im Schnee warten mussten, bis man ihre Namen aufrief. »Ja, hier ist es«, sagt Tata, »hier haben wir stundenlang gestanden und gewartet. Es gab welche, die flehten darum, dass man ein Ende machen, sie töten solle. Wir waren alle blau vor Kälte, halb verhungert, abgemagert. Manche sind einfach tot zu Boden gesunken.« Auf beiden Seiten sieht man noch die Stacheldrahtzäune, die in der Erde verankert sind, und schwarze Gräben, bedeckt mit verfaulten Brettern.

Wir treten in kleinen Gruppen ein. In manchen Räumen werden die Leute plötzlich ganz still. Tata streckt mit einer langsamen Bewegung die Arme aus und zeigt auf verrostete Öfen. Lächelnd sagt er: »In solchen Öfen hat man in Auschwitz meine erste Frau und meine acht Kinder verbrannt.«

Wir gehen ins Innere der Baracken aus rosa Ziegelstein, betrachten die kaum wahrnehmbaren Kratzer, die von den Nägeln der Gefangenen stammen: Namen, Kreuze, Daten. Der Himmel draußen ist unnatürlich blau, blau wie Tatas glänzende Augen.

In den letzten Nächten war es so kalt, dass ich gezwungen war, aus meinem Wagen in den der Zigeuner umzuziehen. Dort schlafe ich mit Nina, dem Hund und den beiden Katzen in einem Bett unter einer feuchten Decke.

Ich beschließe, in die Stadt zurückzukehren. In einem Mietshaus in Schwabing miete ich eine Wohnung, ein sonnendurchflutetes Studio voller abgenutzter Möbel. Es ist im sechsten Stock und hat einen Balkon und ein Badezimmer. Trotz des Komforts strahlt die Wohnung jene anonyme Trostlosigkeit aus, die Orte annehmen, deren Mieter nie lange bleiben. Ich gehe jeden Abend aus, den Kopf in einen Schal gehüllt. Bei dieser Kälte machen sich die Männer rar. Die unter der Last des Schnees ächzenden Autos fahren ganz nah am Bürgersteig entlang, begleitet von einem dumpfen Schnurren, ihre unsichtbaren Insassen hinter Vorhängen aus Raureif verborgen.

Für die Drogen habe ich ein neues Versteck gefunden, das nur ich kenne. Im Badezimmer, am Boden einer vergitterten Nische über der Wand, an der sich das Waschbecken befindet. Ich stelle mich auf einen Stuhl, entferne das Gitter und bringe im Innern des Schachts, der bis in die Tiefen des Hauses hinunterreicht, Nägel an. Dann lasse ich die Tütchen mit den Drogen, die ich an Bindfäden befestigt habe, so tief wie möglich ins Innere des Kamins hinuntergleiten. Wenn das Gitter wieder an seinem Platz ist, kann sie niemand sehen. Sollte es brenzlig werden, kann ich immer noch die Fäden abschneiden, und die Drogensäckchen werden im Bauch des Gebäudes auf Nimmerwiedersehen verschwinden.

Ein schwarzer Hauptmann kauft mir eines Morgens eine Schachtel für fünf Dollar ab. Er rollt sich eine Zigarette, raucht sie andächtig und gibt mir dann die Schachtel zurück mit der Bitte: »Bewahren Sie sie hier auf, ich komme ab und zu und rauche eine. Ich kann kein Risiko eingehen, sie nicht in meinem Auto verstecken.«

Ich habe ihn nicht wieder gesehen. Und genau diese kleine Schachtel wird mir später zum Verhängnis, ich muss sie mit sieben Monaten Gefängnis bezahlen.

Ein großer schwarzer Kerl, den ich im Birdland getroffen habe, macht mir eines Tages Probleme. Morgens weigert er sich schlichtweg zu gehen. Tief in seinen Augen brennt eine grausame Flamme, als er mich mit seinen kräftigen schwarzen Armen packt. Am Abend zuvor haben wir ein einziges Mal vereinbart. Ich werde nicht nachgeben. Zuerst bitte ich ihn mit sanfter Stimme, zur Toilette gehen zu dürfen. Misstrauisch sieht er mich an: »Gut, aber mach schnell, und bleib nicht zu lange. Ich warte auf dich.«

Ich stehe auf, streife, um keine Zeit zu verlieren, nicht einmal meinen Morgenmantel über, und renne zum Badezimmer. Während ich mit einer Hand an der Kette ziehe, nehme ich mit der anderen in aller Eile den Ledergürtel von meinem an der Tür hängenden Mantel. Als ich wieder ins Zimmer komme, den Gürtel um meine rechte Hand gerollt, die ich hinter dem Rücken verberge, zittere ich am ganzen Körper.

Der Schwarze in meinem Bett hat nichts gesehen. Ich springe auf ihn, entrolle den Gürtel und schlinge ihn ihm um den Hals, kreuze ihn unter seinem Kinn und ziehe mit aller Kraft zu. Ich habe ihn kalt erwischt. Der Mann ist so überrascht, dass er keine Zeit hat, auch nur ein Wort zu sagen. Er wirft mir seine beiden Hände mit den kräftigen Fingern um den Hals und drückt zu, so fest er kann. Doch ich bin im Vorteil, denn er liegt unter mir, und ich zerquetsche seine Brust unter meinen Knien. Ich stemme mich gegen ihn, der Gürtel beißt in sein Fleisch, die Zunge tritt ihm aus dem Mund, seine Augen werden trübe. Mit einem Ruck lasse ich ihn los, reiße den Gürtel weg und werfe ihn unters Bett.

Er steht auf. Ohne ein Wort zu verlieren zieht er sich an. Als er fertig ist, die Schuhe zugebunden, den Mantel übergestreift hat, dreht er sich langsam um und kommt mit erhobenen Händen auf mich zu. In seinem Blick liegt etwas Unbarmherziges. Diesmal sitze ich in der Falle. Er öffnet den Mund, seine Stimme ist noch rau vom Kampf: *»Now, I should beat you to death.«*

Seine Fäuste nähern sich meinem Gesicht. Ich überlege nicht lange, tue das Einzige, was in einer solchen Situation getan werden muss. Ich sehe ihn an, lächle sanft, lege meine Hände auf seine Schultern und sage: »Nein, du brauchst mich nicht zu schlagen. Was du brauchst, ist Liebe.«

»Du hast recht.«

Er nimmt mich in seine Arme. Gott weiß, was noch passiert wäre, wenn es nicht an der Tür geklingelt hätte. Ich öffne. Es ist Sonja. Der Schwarze wirkt peinlich berührt und wütend zugleich. Ich mache ihm dennoch eine Tasse Kaffee. Endlich geht er, ich habe ihn nie wieder gesehen.

Big Mamma Shakespeare besucht mich ebenfalls, eines Morgens um zehn Uhr steht sie vor der Tür. Sie hat sich schön gemacht, ihr dickes Gesicht ist mit Reispuder eingepudert, ihren voluminösen Körper hat sie in ihr weiches blaues Wollkleid gepresst, das nach Lavendel duftet, eine kleine Goldkette hüpft auf ihrer Brust. »Meine Liebe«, sagt sie und lässt sich in einen Sessel plumpsen, der mit besorgniserregendem Knirschen antwortet, »was bin ich froh, dich hier zu sehen. Ich sehne mich so nach dir in unserer Baracke. Seit du weg bist, gibt es niemanden mehr, mit dem ich mich verstehe. Jede Nacht der gleiche Zirkus, die ewigen Streitereien, und jeden Tag Polizeirazzien. Angelika hat mir vorgeschlagen, mit ihr aufs Land zu ziehen. Ich habe gezögert und schließlich doch abgelehnt. In meinem Alter, weißt du, ist Freiheit wichtiger als alles andere.«

Von Jo kommt eine Karte aus Tanger. Ich besitze die Geistesgegenwart, sie zu vernichten. Und dann geht über der Stadt eines Tages wieder die Sonne auf: Rodwell kommt aus dem Gefängnis frei. Er besucht mich heimlich, denn er darf die Kaserne nicht verlassen. Sein Kopf ist rasiert. Er ist noch von seinem Aufenthalt gezeichnet. Er verhält sich linkisch, schweigsam. Aber er ist da, in meinem Zimmer, wir umarmen uns mit schmerzlicher Freude. Glauben, wir könnten nun endlich wirklich glücklich sein.

An diesem Abend wird im Birdland gefeiert. Es geht so laut zu, dass die Lampions an der dunstigen Decke schwanken. Wir sitzen alle dicht gedrängt an einem großen Tisch und begießen Browns und Rodwells Freilassung aus dem Knast. Nie standen so viele Flaschen Gin und Cognac auf dem Tisch, es wird viel gelacht, unaufhörlich werden Hände geschüttelt, die Schwarzen sind vor Freude aus dem Häuschen.

An Rodwells Körper gepresst, wanke ich durch die Menge der Schwarzen, verschmelze mit seinen Schenkeln, seinem Brustkorb, werde von seinen dicken seidigen Lippen gefressen. Wir trinken, lachen, tanzen. Der Judas Brown sitzt uns gegenüber, ein etwas brüchiges Lächeln auf seinem platten Gesicht. Ich weigere mich, ihm die Hand zu geben. Mit einer ironischen Geste hält Rodwell ihm eine Schachtel Streichhölzer hin, die genauso aussieht wie die, in denen wir Drogen verkauft haben, und fragt ihn lächelnd, wobei er seine schönen weißen Zähne entblößt: »Na komm, willst du Feuer? Bedien dich, hab keine Angst. Es sind echte Streichhölzer drin.«

Brown wird ganz steif, lacht etwas unsicher. Er steht auf und geht.

Es ist Sonntagabend. Rodwell verabredet sich wieder für Mittwoch mit mir. Zu diesem Rendezvous bin ich nie gegangen.

Dein Gesicht hängt jetzt an meinen Wänden. Die Erinnerung an deinen Geruch, das nach Vanille duftende Knabenkraut deiner Haut. Verloren. Deine Küsse. Nie wieder. Dein schwarzer Körper, deine Stirn, deine orchideenhaften blauen Lippen. Vorbei. Dein Zyklonenlachen. Der Sturm zwischen deinen Schenkeln. Deine Augen. Das Marihuana in deinem Kopf. Dein Name, RODWELL. Amerika hat alles verschlungen. In Chicago, im Viertel der Schwarzen, in einem kahlen Untergeschoss, weit weg in der Ferne.

Ich habe dich verloren.

Ja, es ist Montag, mein letzter Montag in Freiheit. Die Sonne strahlt über dem schneebedeckten München. Ich laufe die Leopoldstraße entlang, ein schweres Netz voller Drogen in der Hand. Ich will dem deutschen Musiker, immer noch dem, der sich zwischen seinen dunklen vier Wänden verkriecht, mein letztes Kilo verkaufen.

Anschließend gehe ich zu einer Bank und zahle das Geld ein, das ich verdient habe: tausend Mark. Zum ersten Mal sehe ich einen Tausendmarkschein. Ich glaube, dass er mich an dem Tag, an dem ich Rodwell heiraten werde, hier erwarten wird.

Seit er aus dem Gefängnis entlassen ist, bin ich völlig furchtlos. Ich habe das Marihuana aus dem Versteck im Badezimmer genommen und in einem geblümten Kulturbeutel in meinem Schrank deponiert. Er enthält auch eine weiße Brieftasche mit allen wichtigen Adressen, der des Arabers in Marokko und der schwarzen Hauptmänner und Sergeants mit ihren jeweiligen Telefonnummern. Ich habe jetzt nur noch eine einzige volle Schachtel, die ich verstecken muss.

An diesem Montag kommt spät in der Nacht ein Schwarzer und fleht mich an, ihm eine Schachtel zu verkaufen, der Preis sei Nebensache. Ich lehne ab. »Komm in einer Woche zurück, dann habe ich wieder welches.«

Ich habe beschlossen, nach Tanger zu fliegen, alle Vorbereitungen sind getroffen: Ein Plastikbezug wartet auf dem Schrank, bereit, in meinen Schlafsack eingenäht zu werden. Die Schottendecke ist fest zusammengerollt, ich habe sie darüber gelegt. Heute Morgen habe ich in einem Reisebüro mein Flugticket bestellt.

Dienstag. Die Zigeuner sind gekommen. Tata sitzt in einem Sessel, Nina und Sonja machen Milch warm und decken den Tisch fürs Frühstück. Ich will Fatimas Katzenklo sauber machen und den Inhalt des Klos in den Müllschlucker werfen, der sich draußen neben der Aufzugtür befindet.

»Lass nur«, sagt Sonja, »ich mach das für dich.«

»Nein, ich gehe schon, bin gleich wieder da.«

Ich öffne die Tür. Ich bin in Schürze und Hausschuhen, goldene Pantöffelchen mit Absätzen, in denen ich nicht schnell laufen kann, denn sie sind mir etwas zu groß. Ich gehe hinaus, das Katzenklo in den Händen, und ziehe die Tür hinter mir zu. Ich gehe in den Flur. Gerade als ich am Aufzug bin, öffnet er sich, und zwei Männer steigen aus. Sie kommen auf mich zu, einer von ihnen fragt mich: »Sind Sie zufällig Frau R...?«

»Ja.«

Der andere beugt sich über das Katzenklo: »Was ist denn da drin?«

Ich begreife sofort. Nun ist es also so weit, die so gefürchtete, verhasste Minute ist da. Wenn ich mich doch nur unsichtbar machen, aus dem Fenster springen – sechs

Stockwerke – oder zur Treppe laufen könnte, doch diese verdammten Pantoffeln hindern mich daran. Es ist zu spät, ich sitze in der Klemme. Daher sage ich nur mit ruhigem Lächeln: »Das ist das Katzenklo. Ich will es ausleeren, denn es ist schmutzig.«

Einer der Bullen stochert darin herum, schnuppert. Es riecht nach Katzenpisse, die Sägespäne sind feucht, kleben in gelblichen Kugeln zusammen. »Gut, in Ordnung.«

Er hält mir die Klappe des Abfallcontainers auf. Mit stummer Wut kippe ich alles aus. Ich werde am Arm gepackt. »Welche Tür ist Ihre?«

»Die da.«

Ihre dicken Körper heften sich an meinen. Ich rieche ihren Atem dicht in meinem Nacken, spüre ihre Rattenaugen, die sich in meinen Hinterkopf bohren. Bestimmt sind sie bewaffnet, daher ihre mit einem Lächeln kaschierte Grausamkeit. Wir stehen jetzt vor meiner Tür. Ich muss mich dazu durchringen, auf Deutsch zu rufen: »Sonja, mach auf, ich bin's! Ich bringe Besuch mit!«

Ach, hätte ich doch nur die Zigeunersprache richtig gelernt! Dann hätte ich alles noch retten können. Dann hätte ich, bevor man mir mit der Hand den Mund hätte zuhalten können, geschrien: »Geh zum Schrank, schnell, und wirf den Kulturbeutel aus dem Fenster!«

Wenn ich nicht draußen gewesen wäre! Sie hätten geklingelt, mehrmals, so wie sie es immer tun. Ich hätte Zeit gehabt, alles auszuräumen, alles zu verstecken. Doch jetzt stehe ich da, vor meiner Tür, und bitte auch noch darum, dass man ihnen aufmacht!

Jetzt ist es zu spät, sie sind drinnen, die Füße auf dem Boden, den Rücken zur Wand. Der eine sagt mit dicker, flacher Stimme: *»Schluss mit dem süßen Leben!«*

Man spürt die Eifersucht dieser platten Ärsche, die jeden Tag für ein mageres Gehalt auf ihren Bürostühlen herumrutschen und dazu noch der Leichenbittermiene ihres Chefs ausgesetzt sind, die abends zu Hause in Pantoffeln mit einem Maß Bier vor der Glotze hocken, an ihrer Seite ihre dicken, kalten Ehefrauen, die nach Bohnerwachs riechen.

Die Stimme spricht weiter, widerlich süffisant: »Wir wissen alles: Über Ihre Reise nach Marokko, Ihren Handel mit Drogen. Herr P., Ihr ehemaliger Fahrer, hat uns bereits alles erzählt.«

Dieser Judas! Unser Fahrer mit der Rattenfresse hat uns also verraten! Nun, da sie ja schon alles wissen, brauche ich nichts mehr zu sagen. Kein Wort. Ich werde taub sein, unschuldig, dumm, stumm. Triumphierend schwenken sie einen Durchsuchungsbefehl. Und dann kommt der berühmte Satz: »Sie sind verhaftet!«

Das süße Leben!

Einer der Bullen ist mit Tata hinausgegangen, um sein Auto zu durchsuchen. Der andere hat Sonja gefilzt. Er steht jetzt auf der Schwelle des Zimmers und behält uns fest im Auge. Sonja und ich sehen einander an, mit einem langen, verzweifelten Blick. Sie ist weiß wie die Wand. In meinem Kopf kreuzen sich Gedanken, scharf wie Klingen. Eine leere Flasche packen, sie mit aller Kraft auf den Nacken dieses dicken Ochsen niedersausen lassen. Oder ihm kräftig in die Eier treten. Und dann abhauen, schnell, um am Fuß der Treppe auf den anderen zu stoßen, der hinaufgeht!

Nein, nichts ist mehr möglich. Ich rühre mich nicht. Es wird an die Tür geklopft. Der andere, er ist schon wieder da, hat in Tatas Auto nichts gefunden, Gott sei Dank. Er redet wieder, öffnet seine behäbige viereckige Fresse: »Sagen Sie uns doch einfach, wo Sie die Drogen versteckt haben. Dann haben wir es hinter uns.«

»Ich weiß nicht, wovon Sie reden.«

Seufzend machen sie sich an die Arbeit. Sie durchsuchen alles, Gegenstand für Gegenstand, Möbel für Möbel. Sie haben meinen Daunenschlafsack zerschnitten, Schwärme von Federn fliegen ihnen in die Nase, sie husten und niesen. In einem Sessel sitzend, Fatima auf den Knien, bemühe ich mich, nicht zu zittern. Im Geiste sage ich bei jeder ihrer Bewegungen: »Warm. Kalt. Eiskalt«, je nachdem, wie nah oder fern sie der Stelle sind, an der die Drogen versteckt sind. Ganz langsam gehen sie zum Schrank: »Das ist heiß.«

Ich habe es nur in meinem Kopf geschrien, habe meine Hände mit aller Kraft zusammengepresst, habe in Sonjas Augen gesehen, dass sie verstanden hat. Nur noch einen Moment und nichts und niemand mehr wird ihn zurückhalten, wird den Siegesschrei verhindern können: »Sehen Sie mal, was ich gefunden habe!«

An ihrer Hand baumelt der geblümte Kulturbeutel, mit angewidertem Gesicht holen sie die Schachtel heraus, die einzige Schachtel, und die leeren Plastiktütchen, in denen ein gelber, nur allzu verräterisch riechender Staub steckt; den Umschlag mit den Dollars, mein kleines rotes Notizbuch und die weiße Brieftasche mit allen Adressen. Es liegt alles da, ans Licht gezerrt. Ihre Gesichter zucken vor Freude! Sie stapeln ihren Fund pyramidenförmig aufeinander, Dinge, von denen ich angeblich nichts weiß, sie legen sie aufs Bett, in einem schwankenden Haufen, *die Beweise*. Ja, diese trügerischen, nichtigen Dinge bringen mich schließlich ins Gefängnis: »Und zwar für lange«, sagen sie, »keine Ahnung, wann Sie wieder freikommen!«

Während in der Küche einer der Bullen dabei ist, alles auszuleeren, Tüten mit Reis, Zucker, Haferflocken, in der immer wieder enttäuschten Hoffnung, noch irgendeine verbotene Substanz ausfindig zu machen, schraubt sein Kollege meinen Plattenspieler und die beiden mit Kabeln an der Wand befestigten Lautsprecher auseinander. Ich stehe auf, ohne Eile, durchquere das Zimmer und setze mich aufs Bett. Ein Blick nach links und nach rechts. Niemand achtet auf mich, außer der immer noch reglosen Sonja, die an der Wand steht. Sie lässt mich nicht aus den Augen. Mit einer schnellen Bewegung ergreife ich die kleine Brieftasche mit den Adressen, ich schiebe sie unter meine Jacke, halte sie fest mit dem Arm an meinen Bauch gedrückt. Sonja hat sich nicht bewegt. Ich atme tief durch. Dann sage ich mit gezwungener, ein wenig keuchender Stimme: »Wie heiß es hier ist! Man erstickt förmlich! Ich muss ein bisschen raus an die Luft.«

Der Typ beim Plattenspieler hebt den Kopf. Er fixiert mich misstrauisch, aber er hat nichts bemerkt. Ungeschickt streife ich mit der linken Hand meine Stiefel über. Ich erhebe mich, ein wenig schwankend, gehe Richtung

Balkon, öffne die Tür, immer noch mit nur einer Hand, die andere wie an den Körper geschweißt. Ich beuge mich vor. Mit der linken Hand hole ich blitzschnell die Brieftasche mit den Adressen unter meiner Jacke hervor und werfe sie in hohem Bogen übers Geländer. Sie fällt in den Schnee, fünf Stockwerke tiefer, auf ein gläsernes Vordach.

Sofort stürzt der Bulle raus, beugt sich über die Brüstung, doch er sucht vergeblich alles mit seinen Augen ab: Die kleine weiße Brieftasche ist im Schnee unsichtbar. Gerettet die Sergeants, die schwarzen Hauptmänner, der Araber! Gesegnet sei ihre Freiheit! Ich werde allein in den Schatten zurückkehren.

Sie sind fertig. Alles ist auseinandergenommen, zerpflückt, in Einzelteile zerlegt. »Gut. Wir können gehen.«

Ich nehme meine Zahnbürste, ein Foto von Rodwell, eines von den Kindern. Ich ziehe meinen Mantel an, streife meine Handschuhe über. Ich gehe ein letztes Mal zur Toilette. Auf dem Sitz, hinter geschlossener Tür, genieße ich meine letzten Sekunden in Freiheit.

Es ist gut, ich bin bereit. Ich umarme Fatima, die Verräterin mit den gelben Augen, meine afrikanische Katze, die ich nie wiedergesehen habe. Schon existiert meine Wohnung nicht mehr. Die Tür hat sich geschlossen, ich habe meinen Schlüssel Tata gegeben. Ich werde nie wieder irgendwo zu Hause sein. Die Polizisten folgen mir auf Schritt und Tritt. Als wir das Haus verlassen, sehe ich zum letzten Mal für lange Zeit ohne Gitter die Sonne, den Schnee. Mit welcher Anmut die Flocken vor unseren Gesichtern tanzen!

Da steht sie, die grüne Pustel, die glänzende Kakerlake der letzten Reise! An den Bürgersteig gepresst, öffnet sie sich, erwartet mich! Man drängt mich: *»Schnell! Schnell!«*

Ich falle auf die von den Spuren unsäglichen Unglücks befleckten Sitze, und alles verschwindet hinter einer schmutzigen Scheibe.

Ein lauter Schrei, der nicht aufhören will, dringt in meine Ohren. Es ist Sonja. Sie hebt die Arme, schreit wie eine wehklagende Zigeunerin. Ihr Schrei wird mich nicht mehr verlassen. Er begleitet mich von nun an auf all meinen Reisen. Er hat mit einem Schlag all mein Leiden gerächt.

Ich sehe sie noch, Tata und Sonja, wie sie am Ende der Straße verschwinden. Ich weine keine einzige Träne. Ich richte mich im Unglück ein wie eine Raupe in ihrem Kokon. Ich spare meine Kräfte fürs Verhör.

Ach, wenn die Stadt doch nur brennen könnte! Wenn der VW doch nur gegen eine Mauer rasen würde! Wenn sie doch nur tot umfallen würden, niedergeschmettert!

Doch nein, der Wagen fährt weiter, nichts geschieht, außer dass am Ende einer Mauer vergitterte Fenster und Drahtzäune auftauchen. Ein Hof, der steil in einen Keller hinunterführt, eine Garage mit einer Schiebetür, einer der Polizisten hat nach einem kleinen Telefon gegriffen. Er ruft hinein: *»Alles fertig. Elf Uhr.«*

Ich bin ein Gepäckstück, das man herumschleppt, in den Aufzug schiebt, die Flure entlang, das man auf einem Stuhl festbindet, in einem kleinen Büro, in dem es nach

Staub und Schweiß riecht, vor einem Weibsstück mittleren Alters. Eine fette Polizeibulldogge leckt sich am Nachbartisch gierig die Lefzen und kneift vor Vergnügen die Augen zusammen. »Was haben Sie nachts in Schwabing gemacht? Wollen Sie, dass ich den Kollegen rufe, der bezeugen kann, dass er Sie dort gesehen hat? Wie Sie auf dem Bürgersteig standen?« Wie aus Zufall ist der andere nicht da. Die Alte giert nach Rache: Deine Freiheit, die wirst du uns bezahlen! Uns, die wir den ganzen Tag hier eingesperrt sind! In unseren Papierbergen ersticken, in unseren verschimmelten Büros!

Ich leugne sanft, aber beharrlich. Der Bulldoggenpolizist hat mit den Fingerspitzen die kleine Schachtel Marihuana hochgehoben, er zwingt sich ein Husten ab. »Wohlgemerkt, *Fräulein*: fünf Gramm einer Droge mit Namen Haschisch. Plus einige Teilchen zweifellos derselben Substanz, die in den Plastiktütchen zurückgeblieben sind.« Und direkt an mich gerichtet: »Wenn Sie nicht reden, bedeutet das mindestens sechs Monate Untersuchungshaft, ich warne Sie.«

Die Tür geht auf. Man führt den Judas herein, unseren ehemaligen Fahrer. Bleich, mit Muskelkater nach seiner ersten Nacht im Knast, seine spitzen Pobacken zitternd! Schwindsüchtiger Tausendfüßler! Seine Augen kriechen! Seine Stimme ist nur noch ein Flüstern dicht über dem Boden!

»Erkennen Sie die Frau?«

»Ja.«

»Erhalten Sie Ihre Aussage aufrecht?«

»Jawohl.«

Ich sage nichts. Ich zermalme ihn unter meinen Blicken.

Wie ich später erfahren habe, ist der Kerl einen Tag zuvor ins große rote Haus gegangen, in der hartnäckigen, Hoffnung, mir die strittigen fünfzig Mark abzutrotzen, die ihm nicht zustanden, denn er hatte schließlich während der ganzen langen Reise nach Marokko auf meine Kosten gelebt. Big Mamma Shakespeare und die Damen haben ihm gesagt, ich sei nicht mehr da. Sie haben ihm auch gesagt, dass ich von der Polizei gesucht werde. Ganz runzlig vor Verzweiflung, voller Schiss, schon völlig aufgelöst vor Entsetzen, ist er, den Arsch auf Grundeis, zum Polizeipräsidium gerannt. Dort hat er alles ausgespuckt, auf seinem Stuhl zusammengesunken, die Arschbacken zusammengekniffen vor lauter Angst. Er hat seine eigene Verhaftung mit meiner besiegelt.

Und da ist er in seinem armseligen Kostüm des Verräters, die Zähne zusammengebissen nach seinem Geständnis. Man führt ihn weg. In eine Einzelzelle! Er hat ein Recht darauf, genau wie ich!

Als er gestern Nachmittag seine freiwillige Aussage beendet hat, wird man ihm wohl *»Danke schön!«* gesagt haben. Und dann: »Unterschreiben Sie hier, am unteren Ende der Seite!«

Und hopp! Eine Faust muss auf seiner Schulter niedergegangen sein, und man hat ihn eingebuchtet, ihn, den Komplizen! Gut gemacht, Herr Chauffeur, Sie haben uns und sich selbst einen schönen Dienst erwiesen! Sie werden genauso *vorbestraft* sein wie alle anderen!

Abgeurteilt, verurteilt. Du wirst dein verschimmeltes

Brot und deine Natronsuppe mit ruhigem Gewissen essen. Möge deine Selbstgerechtigkeit dir die Eingeweide ausbrennen!

Wieder öffnet sich die Tür, und die Zigeuner tauchen auf. Tata, Nina und Sonja, die eine riesige Tüte mit Lebensmitteln bei sich hat: Schokolade, Obst, Butter, ein gebratenes Hühnchen, Kuchen. Nie in meinem ganzen Leben habe ich so sehr bedauert, keinen Hunger zu haben. Mir liegt eine Eisenstange, ein dickes Gitter auf dem Magen: Es geht nichts hindurch. Am nächsten Tag werde ich alles den Wächterinnen geben müssen. Aber diese Tüte hat ihren Duft in meiner Zelle hinterlassen. Wenn ich daran zurückdenke, ist sie noch immer da, und ich werde nie wieder Hunger haben. Im Paradies, da bin ich sicher, werden die Engel sie mir aufheben, und ich werde die ganze Ewigkeit Zeit haben, um den Geschmack ihres herrlichen Inhalts in meinem Mund zu spüren.

»Das ist für dich. Von uns.«

Tata steht dicht neben mir, legt mir die Hand auf die Schulter und sagt mit rauer Stimme: *»Das ist meine Tochter. Ich bin ihr Vater.«*

Der Bulldoggenpolizist nimmt meinen Pass auseinander: »Das ist nicht möglich! Sie haben einen anderen Namen!«

»Doch, es stimmt. Ich habe ihre Mutter getroffen, habe mich damals in Paris gut mit ihr amüsiert!«

Der Polizist macht Stielaugen vor Überraschung. Er versteht diese fiktive Vaterschaft nicht, die da an der Tür zum Knast entsteht. Ein anderer hätte mich verflucht, verleugnet! Aber dieser da, dieser Zigeuner, macht sich zu meinem Vater! Das geht über seinen Verstand!

Ja, such nur, wühl in meinem Pass herum. Ihr werdet niemals etwas finden. Die Liebe, da versteckt sie sich nicht! Ihr Herz schlägt anderswo, an Orten, die euch entgehen. Überlebender von Dachau, von Auschwitz! Im Wohnwagen, am Fuß des Abfallbergs! Mit all eurem Gas, euren Massengräbern, den Öfen der Krematorien habt ihr das Herz des Zigeuners nicht zerstören können!

Nina murmelt mir auf Französisch ins Ohr: »Sag alles! Sag die Wahrheit! Erzähl vom Beatnik!«

Und dann umarmt sie mich. Sie zittert. Wie schön sie ist, in der Blüte ihrer sechzehn Jahre, mit ihren feuchten grünen Augen, ihren schwarzen Haaren, ihrem rosenroten Mund! Wie sie dieses Polizeibüro zum Leuchten bringt!

»*Schluss jetzt, fertig!* Der Besuch ist beendet. *Hinaus* mit der ganzen Familie!«

Man jagt sie raus. Wir wissen, dass es vorbei ist, fürchten, dass wir uns nicht wiedersehen werden. Die Mauern verschlingen mich bereits, die Tür schließt sich wieder. Die Zigeuner sind verschwunden.

Jetzt ist mehr als ein Jahr vergangen. Die Schatten der Gitterstäbe auf den Mauern, der Lärm der Schlüssel in den rostigen Schlüssellöchern, den die deutschen Zerberusse veranstaltet haben, ist verstummt, weggewischt.

Ich will meine Zigeuner wiedersehen.

Ohne einem Menschen etwas davon zu sagen, habe ich bei einer Frau, der ich absolut vertrauen kann und die mir ein wenig ähnlich sieht, einen Pass geliehen und bin mit einem Mann im Auto losgefahren. Wir fahren die Nacht durch. An den Grenzen stelle ich mich hinten auf der Rückbank schlafend, eingerollt in einen riesigen Schal. Ein einziges Mal richtet ein eifriger Zollbeamter seine Taschenlampe auf mich. Ich zucke hoch, stottere etwas, den Mund zu einer Grimasse verzerrt, mit der ich versuche auszusehen wie eine viel jüngere Frau, noch dazu eine mit grünen Augen, während meine braun sind. Den geliehenen Pass untersucht er sehr sorgfältig, während er die Lampe auf mich richtet. Ich zucke nicht mit der Wimper. Er hat nichts bemerkt, und ich fahre nach Deutschland hinein, das verbotene Land, in dem die Morgendämmerung so bedrohlich hell ist, dass ich mich nirgendwo zeigen kann.

Vor einem Gebäude mit Sozialwohnungen lassen wir das Auto stehen. Die Zigeuner, denen von der Stadt eine Wohnung zur Verfügung gestellt wurde, seit die Zigeunermutter in der Fabrik arbeitet, haben ihre Wohnwagen verkauft, den Schmutz des Lagers verlassen, die zugefrorenen Wasserhähne, den Wald aus Schornsteinröhren, die aus Autobussen und Caravans ragen, und sie haben es nun warm in einer Wohnung im dritten Stock, mit Balkon und Badezimmer.

Ich klingle an der Tür. Sonja macht mir auf. Sie stößt einen spitzen Schrei aus, und eine Traube von Zigeunern hängt sich an mich, klebt an mir fest, schreit vor Freude. Sie kämpfen darum, wer mich als Erstes küssen, mich auf dem Treppenabsatz in den Arm nehmen darf. Wir weinen alle miteinander.

Ach Zigeuner!

In ihrem Zimmer erstickt man mich mit Fragen, Küssen, Zärtlichkeiten. Tata zeigt mir stolz ein Glas in Essig eingelegte Paprika, die ich so liebe und die er für mich in einem Schrank in der Küche versteckt hat. Er öffnet das Glas und serviert mir eine enorme Portion auf einem Teller mit Eiern, Speck, Hühnchen.

Sie haben kaum Möbel. In ihrem Schlafzimmer steht eine kleine Wiege für das Kind, das Sonja erwartet; wenn es ein Mädchen ist, werden sie ihm meinen Namen geben. In einem leeren Zimmer spielt eine Schar Kleinkinder mit Lumpen und erfindet sich eine wunderbare Welt. Die älteren Mädchen waschen das Geschirr ab und putzen die Küche, bis alles funkelt. Ich verbringe die Nacht bei ihnen auf einem Sofa im »Salon«. Tata hustet ein wenig, aber das ist der Husten eines Mannes, der es warm hat und der sich satt essen kann.

Am nächsten Morgen breche ich wieder auf. Ich habe zu große Angst vor der Polizei. München ist wie ein riesiges Haifischmaul geworden, bereit, sich um mich zu schließen, eine Stadt, aus der ich für immer vertrieben wurde. Als ich und der Freund, der mich begleitet, im Auto an der ehemaligen Bar vorbeifahren, wo Judas auf betrügerische Weise unsere Ware verkauft hat, kann ich dem Drang nicht widerstehen hineinzugehen, und sei es nur für ein paar Sekunden. Das Gesicht mit meinem großen Schal bis zu den Augen verborgen, bin ich nicht zu erkennen. Aber ich schaue nicht nach unten, und weil sie inzwischen den Saal umgebaut haben, sehe ich die neue Treppe nicht. Mein Incognito-Auftritt ist gründlich verpatzt! Ich schlage der Länge nach zu Füßen der Leute hin, der Schal geht auf, alle sehen mich an und brechen in Lachen aus! Ich habe gerade noch Zeit, schnell aufzustehen, meine Tasche, den Schal und meine Sonnenbrille zu packen und abzuhauen, bevor mich jemand erkennt.

Wahrscheinlich hat mich doch jemand erkannt, denn am nächsten Tag, ganz früh, klingeln zwei Bullen der Geheimpolizei an der Tür der Zigeuner und verlangen, mich zu sprechen. Sonja empfängt sie strahlend und lässt sie überall suchen. Sie weiß genau, dass ich schon auf den vereisten Straßen Deutschlands unterwegs bin, außer Reichweite.

Sieben Jahre später werde ich noch einmal zurückkehren, allein, im Zug, einem Wagen der ersten Klasse, wie eine Dame, in einem wunderschönen weißen Mantel, mit einem prächtigen glatten Knoten am Hinterkopf. Zum Glück wird der deutsche Zollbeamte, der durch die Waggons geht und ein kleines grünes Buch unter dem Arm trägt, das berühmte *Fahndungsbuch*, die Liste der Verdammten in alphabetischer Reihenfolge, nicht auf die Idee kommen und es öffnen, wenn er mich ganz still in meiner Ecke sieht, ein Buch auf den Knien. Ich halte ihm mit meinem charmantesten Lächeln meinen Pass hin, französischer geht's nicht mehr. Niemals wird er ahnen, dass er eine Geächtete vor sich hatte, eine ehemalige Gefangene, die genauso gut Deutsch spricht wie er selbst.

Zehn Tage lang bleibe ich bei der Zigeunerfamilie versteckt. Von Zeit zu Zeit lässt mich der Zigeunervater auf dem Balkon frische Luft schnappen, »nicht zu lange«, sagt er, »damit die Nachbarn nicht aufmerksam werden«.

Emmi und Julischka sind groß geworden, mit ihren langen schwarzen, geflochtenen Haaren sind sie herausgeputzt wie Prinzessinnen. Sie leisten mir Gesellschaft und hüten ihre kleinen Brüder, während Sonja und ihre älteste Tochter Joséphine, ein zartes junges Mädchen von zwanzig Jahren, das das *Jugendamt* endlich aus dem Heim entlassen hat, seit fünf Uhr morgens in einer Fabrik als *Putzfrauen* arbeiten.

Auf dem Balkon mariniert in der Sonne ein Hühnchen in einer Schüssel Öl mit dicken Knoblauchzehen. Ein alter Kühlschrank quillt über von Bierflaschen, einfachem Sekt und französischem Rotwein, der für mich bestimmt ist. Er wird zwar mit Eiswürfeln serviert, hat aber dennoch einen wundervollen Geschmack.

Gleich am Morgen beginnt ein Fest mir zu Ehren. Kaum aufgestanden, noch im Nachthemd, darüber einen japanischen Morgenmantel, werde ich zum großen Familiensofa geführt, setze mich vor einen Teller mit den schmackhaftesten Gerichten, dazu gibt es Bier, Weißwein, Milchkaffee. In einer Zimmerecke, in einem Klappbett, tanzt die winzige Ninuschka, eine blonde Miniaturausgabe von Nina mit blauen Augen, mit einer Haut von rosa Perlmutt und zarten Puppenhänden, und stößt begeisterte Schreie aus. Sie ist die Tochter von Joséphine und einem Exfreund, der sich aus dem Staub gemacht hat. Den ganzen Tag über wird sie geküsst und geherzt, wird von Arm zu Arm gereicht, auf ihr Engelsgesicht und auf ihren kleinen nackten Popo geküsst.

Die echte Nina, die mit den grünen Augen, ist verschwunden und hat ihren Sohn mitgenommen, einen kleinen »französischen« Jungen. Der wütende Tata hat in ganz Deutschland mit einer Flinte nach ihr gesucht, vergeblich.

Bei jedem Klingeln springe ich auf, und mein Herz hüpft vor Schreck in meiner Brust. Ich glaube immer, dass es die Polizei ist, die mich wieder verhaften, mich wieder ins Gefängnis stecken wird. An Tatas Geburtstag klingelt es mindestens hundertmal, doch irgendwann habe ich aufgehört, Angst zu haben: Ich habe dafür einfach keine Kraft mehr. Ganze Stämme von Zigeunern bevölkern die Wohnung, braune Männer mit schwarzen Haaren, feurigen Augen, Frauen und junge Mädchen, herrlich herausgeputzt in blauen oder grünen Kleidern aus Satin, bedeckt mit Goldschmuck, dazu Unmengen pausbäckiger Kinder, lebhaft, laut, die überall herumlaufen, schreien, sich auf dem Boden wälzen, sich prügeln. Bier und Sekt fließen in Strömen, ein alter Plattenspieler dreht sich unaufhörlich. Auf der Kommode hinten im Zimmer, zwischen einer elfenbeinfarbenen japanischen Göttin und Kruzifixen, brennen Kerzen um ein rotes Friedhofslicht. Es soll die Seele der Toten ehren und an den geliebten kleinen Peppi erinnern, der in seinem Grab unter Blumen ruht. Eines Abends im Frühling ist er gestorben, als er die Straße überquerte, eine Milchkanne in der Hand, ganz in der Nähe der Kasernen. Er wurde von einem Lastwagen überfahren.

Tata lacht, tanzt, schreit, singt feierliche und nostalgische tschechische Lieder und stößt mit den Zigeunern an. Auf dem Balkon im Mondlicht hält mich ein echter Zigeunerprinz in den Armen und fleht mich an, mit ihm zu gehen. Aber er ist verheiratet! Wenn seine Frau davon erfährt, wird sie mich umbringen. Und weil ich Tatas Tochter bin, würde es auch Tatas Ehre verletzen. Ich schlüpfe mit dem Prinzen ins Schlafzimmer, doch Tata merkt, dass ich weg bin. Er schreit fürchterlich herum. Der Zigeunerprinz wird aus meinen Armen gerissen und aus der Wohnung geworfen. Am nächsten Morgen werde ich, noch vollständig angezogen, in Emmis Zimmer wach, die auf dem Boden schläft, ihr schwarzes Haar ausgebreitet um sich herum.

Nach vielem Bitten und Betteln erlaubt mir Tata schließlich, durch die Stadt zu spazieren. Jedoch nicht allein: Er schickt Emmi als Schutzengel mit und gibt uns eine Stunde, mehr nicht. Ich gehe nach Schwabing, laufe mit Emmi durch die verbotenen Straßen bis zu dem großen roten Haus, das mich anzieht wie ein Geliebter. Nein, es ist nicht mehr das alte kaputte Schiff. Eine neue Tür, anonym, verschließt es jetzt vor neugierigen Blicken, und kein Schwarzer, kein schwankender Deutscher steht mehr auf dem Bürgersteig herum. Die Treppe ist sauber. Wenn man hinein will, muss man klingeln und unten in einen Apparat sprechen. Die einzige Spur der Vergangenheit, etwas, das einen glauben lassen könnte, das große rote Haus sei noch nicht gänzlich tot, sind zwei Bullen in Uniform, die an einem in der Nähe geparkten grünen VW Wache stehen.

Ich leiste mir den unerhörten Luxus, direkt vor der Nase der Bullen auf der Terrasse eines kleinen Künstlercafés, wo Jo früher verkehrte, mit Emmi eine Cola zu trinken. Meine Knie zittern, und mein Herz schlägt mir bis in die Kehle. Es ist zu spät, um noch ins Birdland zu gehen.

Bei der Rückfahrt sehe ich durch das Busfenster etwas sehr Trauriges: Da, wo einmal die Bar mit den bunten Laternen war, die ich so sehr mochte, in der Nähe der Kasernen, ist jetzt brachliegendes Land, bedeckt mit Stapeln Holz und Eisen. Sie haben alles abgerissen, es gibt keine Schwarzen mehr, keine Tänze, keine Musik. Nur noch Hinterhöfe von Fabriken, Schuppen, Industrieabfälle.

Ich habe Tata noch einmal überredet, mich mit zum Zigeunerlager zu nehmen. Aber ich muss mich hinten im Auto zusammenkauern und darf mich auf keinen Fall zeigen. »Die Frauen hier sind sehr gemein, sie würden dich sofort anzeigen«, sagt Tata.

Langsam umrunden wir das Lager. Gerührt sehe ich die Wohnwagen wieder, die alten Busse, »die russische Kirche«, bedeckt mit kleinen Kreuzen und Inschriften. Angeblich ist Big Mamma Shakespeare hierhin emigriert und lebt allein in einem eigenen Wohnwagen. Sie geht einer anständigen Arbeit nach, aber von Zeit zu Zeit macht sie es heimlich einem Deutschen für fünfzig Mark. Schwarze gibt es nicht mehr.

Lucy ist, so scheint es, kahl geworden und trägt eine Perücke. Maria mit den roten Haaren hat sich mit einem gewalttätigen Türken zusammengetan, der sie dazu gebracht hat, sich zum Islam zu bekehren.

Tata fährt sein neues, ganz weißes Auto, das sogar ein Radio hat. In einer Straße in München lässt er bei den Klängen eines Foxtrotts das Lenkrad los und beginnt im Sitzen zu tanzen. Mit seiner alten, wunderbaren Bassstimme singt er mit, die Augen voller Tränen und schaut mich an. *»Ich bin glücklich«*, sagt er.

Ja, Tata, sing nur! Auf dass die alten Schmerzen vergehen!

Eines Tages werden wir alle vereint sein, und das Fest wird kein Ende haben.

Le Vaud und Genf, 1972–1973

Heute sind dreißig Jahre vergangen seit meiner Reise nach Deutschland, als flüchtige Paria, mit meinen geraubten Kindern.

Ich habe keinen schwarzen Geliebten mehr, meine Kinder sind erwachsen. Der Zigeunervater, der wunderbare Tata, ist gestorben, verbraucht von Liebe, Schmerz und Alkohol.

Ich habe nichts vergessen. Alles ist lebendig: die Angst, die Schläge, die Schwarzen, die Musik, der Tanz, die Gefängnismauern. Wie eine tiefe Brüderlichkeit, die mich für immer mit denen verbindet, die ich geliebt habe.

Heute bewohne ich andere Straßen, und wie früher klopfen Männer, fast alle einsam und fremd, nachts an meine Tür, und dann gehen sie wieder, befriedigt und verstohlen. Ich verstecke mich nicht mehr. Die Zeiten haben sich geändert, wir haben aufbegehrt. Es war nötig, dass Tausende von Frauen der Nacht in die Welt hinausgehen und reden, schreiben, sich versammeln, manchmal maskiert, aber auch mit unbedecktem Gesicht, und ihre Wahrheit, ihr Leben herausschreien. Man hat sie angehört, mundtot gemacht, angegriffen. Man hat sie zum Schweigen bringen wollen, doch ihre Stimme ist stärker gewesen. Es war nötig, dass man sie sah, dass man erfuhr, dass es sie gibt, dass sie nicht mehr in dunklen Ecken wie Kakerlaken zerdrückt werden.

Vor vierzehn Jahren bin ich mit meinen Schwestern der Verdammnis in einer Kapelle in Montparnasse zur Revolution übergegangen. Seither habe ich nicht mehr damit aufgehört. Die Revolution hat uns gepackt, sie wird uns bis zu unserem letzten Atemzug nicht mehr loslassen. Sie entflammt die ganze Welt. Nie wieder wird man uns unsere Kinder wegnehmen. Wir werden nicht mehr verachtet, verjagt, eingesperrt, getötet werden. Man wird unsere Geliebten nie mehr ins Gefängnis werfen. Der Respekt wird sich vor uns ausbreiten wie ein Samtteppich, über den wir barfuß wandeln, ohne uns zu verletzen, glücklich, triumphierend.

Selbst wenn wir weiter kämpfen müssen, weiter bezahlen müssen, immer weiter bezahlen, mit unserem Blut, unserem Leben. Dieses Geld, das man uns nimmt, ist sehr hart verdient, und noch härter ist es, wenn wir es opfern müssen.

Die Freiheit hat keinen Preis. Wir wissen es, das ist unsere Kraft, unsere Hoffnung. Wir werden bis zum Mond gehen, wenn es sein muss, wir werden den Raum für uns gewinnen, der uns zusteht, uns, die wir Balsam auf Wunden sind und Wasser in der Wüste, parfümiert, strahlend und verletzlich, süß und heftig. Frauen, Zauberinnen, Prinzessinnen mit all unseren Sinnen, Prinzessinnen des männlichen Begehrens.

In Paris, in der Kapelle Saint-Bernard in Montparnasse waren im Juni 1975 fünfhundert Frauen versammelt, bleich, entschlossen, manche hatten vom vielen Reden und Schreien keine Stimme mehr. Die Priester, die sie empfingen, hatten die Statue der Jungfrau und der Heiligen mit Stoff bedeckt. In der vierten Nacht hat die Polizei die Frauen mit Schlagstöcken traktiert und rausgeworfen.

Wir werden uns nicht ergeben. Der Kampf geht weiter, er

überquert Meere, verbrennt Papier, Leinwände, Mauern. Nie wieder werden wir wie gehetzte Tiere durch die Straßen laufen, nie wieder wird man uns vergewaltigen.

An die vielen Freundinnen, die gestorben sind aus Einsamkeit, aus einem Zuviel an Liebe, die sie niemals zurückbekommen haben: Um ihrer zu gedenken, muss ich berichten, wie der Alltag und die Verachtung der Leute sie getötet haben. Und wie schön sie waren, wie großzügig, so voller Talent und Geheimnis, umgeben von all denen, die sie so sehr brauchten, die nach ihren Zärtlichkeiten, ihren Liebkosungen, ihrer unendlichen Geduld, ihrem Wissen, ihrer Macht hungerten. Bei ihrem Begräbnis war kaum jemand anwesend. Ein paar Freunde und wir, die verlorenen Schwestern, die ohne Reue vor ihren ins Vergessen eingehenden Körpern geweint haben. Für alle Ewigkeit diesen Tausenden von Händen entzogen, die sie im Laufe ihres Lebens gespürt hatten.

Welche Stille, da unter den Blumen. Und wie ihre Vergangenheit zu uns aufstieg, gesponnen aus Orgel und Weihrauch, durch die Gebete hindurch und mit den Geschichten zu sehr gelebten Lebens.

Und welch große Erleichterung, dass sie endlich nicht mehr leiden müssen, auf immer dieser zu harten Welt entflohen sind.

Ruhet in Frieden, gebrochene Sternenbilder.

Genf, am 24. August 1989

PIPER

Shan Sa

Kaiserin

Roman. Aus dem Französischen von Elsbeth Ranke.
416 Seiten. Serie Piper

Eigentlich sollte sie ein Junge werden, als sie im siebten Jahrhundert zu Zeiten der sagenhaften Tang-Dynastie geboren wurde. Denn sie sollte die Schmach ihres Vaters rächen, den ein Staatsstreich in die Verbannung trieb. Doch das Schicksal will es anders, und mit zwölf Jahren gelangt sie als eine von zehntausend Frauen in die Verbotene Stadt, um dem Kaiser, dem Sohn des Himmels, zu dienen. Als das mutige Mädchen, das lieber wilde Pferde zähmt, anstatt sich den traditionellen weiblichen Beschäftigungen hinzugeben, dem Sohn des Kaisers ins Auge fällt, ist sie nicht länger eine von vielen. Sie gerät in die Kreise der Macht und damit in einen Strudel von Mißgunst, Intrige und Mord, dem sie ihr Leben lang nicht mehr entkommen wird. Als Herrscherin über das größte Reich unter dem Himmel droht ihr der Verrat – selbst von den eigenen Kindern.
Ein eindrucksvolles literarisches Fresko als Bestätigung eines außergewöhnlichen schriftstellerischen Talents: Shan Sa und die mächtige Kaiserin – eine magische Begegnung.

PIPER ORIGINAL

Claire Castillon

Giftspritzen

Rabenschwarze Erzählungen über Mütter und Töchter. Aus dem Französischen von Gaby Wurster. 176 Seiten. Klappenbroschur

Mit höchster literarischer Eleganz treibt Claire Castillon den Tabubruch auf die Spitze. Beißender Humor, treffsicherer Zynismus und sarkastische Bösartigkeit machen ihr Buch zum voyeuristischen, aufrüttelnden Ereignis. »Meine Mutter ist meine beste Freundin« – doch was, wenn die Familienbande zur bedrohlichen Fessel, die alltäglichen Begegnungen zum Spiel um Leben und Tod werden? »Ich habe immer gesagt, nur eine«, lautet die lapidare Erklärung der jungen Mutter, als sie die Zweitgeborene am Straßenrand aussetzt. »Die Mutter meiner Freundin hat nicht so ein Theater gemacht, als sie Krebs hatte«, beschwert sich eine völlig überforderte Tochter. Jeder Satz trifft mitten ins Herz und entlarvt unsere manchmal allzu tief verschüttete Verletzlichkeit.

04/1064/01/R

PIPER

Annette Pehnt

Mobbing

Roman. 176 Seiten. Gebunden

Er gab sich kämpferisch, warf den Briefumschlag auf den Küchentisch. Und mit einem merkwürdigen Ausdruck der Erleichterung fügte Joachim hinzu, sie haben es geschafft. Entlassen hatten sie ihn, fristlos. Was sie gegen ihn vorbrachten, war gelogen. Sagte er. Seine Frau wusste nicht mehr, was stimmte. Denn Feinde, Gespenster, Verschwörungen gehörten seit vier Jahren zu ihrem Leben. Jetzt mussten sie wenigstens nicht mehr über seine Arbeit reden, jetzt hatte er keine Arbeit mehr. Längst aber ging es um etwas ganz anderes, es ging um ihn selbst, für wen ihn die anderen hielten. Und außer den Kindern, die sich freuten, dass er nun so oft zu Hause war, stellte er jedem die eine Frage: wer auf seiner Seite stand und wer nicht.
In der Verbindung aus Anteilnahme und literarischer Distanz gelingt Annette Pehnt ein glänzender Roman, der von Macht und Ausgrenzung in der Arbeitswelt erzählt und behutsam und klug seine großen Themen Vertrauen, Achtung und Würde ins Alltägliche einzubetten versteht.

01/1644/01/R